南开哲学百年文萃（1919—2022）

南开大学中外文明交叉科学中心资助出版

总主编　翟锦程

通变古今　融汇中外

（逻辑学卷）

田立刚　主编

南闹大学出版社

天　津

图书在版编目(CIP)数据

通变古今 融汇中外. 逻辑学卷 / 田立刚主编. —
天津：南开大学出版社, 2023.3(2023.9 重印)
（南开哲学百年文萃：1919—2022 / 翟锦程总主编）
ISBN 978-7-310-06434-2

Ⅰ.①通… Ⅱ.①田… Ⅲ.①逻辑学－文集 Ⅳ.
①B－53

中国国家版本馆 1CIP 数据核字(2023)第 013839 号

通变古今 融汇中外(逻辑学卷)
TONGBIAN GUJIN RONGHUI ZHONGWAI(LUOJIXUE JUAN)

南开大学出版社出版发行

出版人：陈　敬

地址：天津市南开区卫津路 94 号　　邮政编码：300071
营销部电话：(022)23508339　营销部传真：(022)23508542
https://nkup.nankai.edu.cn

天津创先河普业印刷有限公司印刷　全国各地新华书店经销
2023 年 3 月第 1 版　　2023 年 9 月第 2 次印刷
230×170 毫米　16 开本　18.5 印张　2 插页　303 千字
定价：98.00 元

如遇图书印装质量问题,请与本社营销部联系调换,电话:(022)23508339

出版说明

一、2022 年是南开哲学学科建立 103 年，建系 100 周年，哲学院（系）重建 60 周年。为全面展现南开哲学百年来的发展进程和历史底蕴，特编选出版"南开哲学百年文萃（1919—2022）"。

二、本文萃的编选范围是自 1919 年南开大学设立哲学门以来，在南开哲学学科任教教师所发表的代表性论文，并按现行一级学科的分类标准，分马克思主义哲学、中国哲学、外国哲学、逻辑学、伦理学、美学、宗教学、科学技术哲学八个专集编辑出版。

三、本文萃编务组通过各种方式比较全面地汇集了在南开哲学学科任教的教师名单，但由于 1952 年以来的历史档案和线索不甚完整，难免有所遗漏。如有此情况，专此致歉。

四、本文萃列入南开大学中外文明交叉科学中心 2022 年度支持计划。

五、本文萃在编辑过程中，得到校内外各界人士的全力支持，在此一并致谢。

六、本文萃所收录文章由于时间跨度大、发表于不同刊物以及原出版物辨识困难等原因，难免有文字错误及体例格式不统一等问题，敬请读者谅解。

南开大学哲学院

2022 年 10 月

目 录

墨子的逻辑思想

温公颐

一、问题的提出

中国的逻辑学体系完成于先秦墨家一派,这是一般学者所公认的。但墨家的逻辑究竟只限于战国末期的后期墨家,抑在战国初年为墨派奠基者的墨翟本人即已创始了逻辑。学者们有不同意见。

多数人的倾向,认为系统的逻辑学应从《墨经》(即指《墨子》书中的《经上》《经下》《经说上》《经说下》《大取》《小取》六篇,亦称《墨辩》)开始。但《墨经》的作者为谁,又有不同意见。晋朝的鲁胜主张《墨经》是墨翟所著。他说:"墨子著书,作辩经以立名本"(鲁胜:《墨辩注序》)。梁启超则认为"《经上》,《经下》是墨子自作。(容有后人增补)……《经说》是经的解说,大概有些是墨子亲说,有些是后来墨家的申说。……《大取》,《小取》两篇,……像是很晚辈的墨家做的。"①汪奠基先生认为："……《经上》和《大取》语经部分作于墨子，而《经下》，《经说上·下》及《小取》主要内容则是战国时期南北两派墨辩学者从科学实际认识中总结得来的成果。"②杜国庠先生、冯友兰先生和任继愈同志等则又把《墨经》归为后期墨家的作品。③

从上边所谈的情况看，尽管对《墨经》是否墨翟所作的问题有不同看法，但认为墨翟本人对逻辑思想有贡献，是一致的。但因《墨经》的作者有问题，所以像詹剑峰同志那样采用《墨经》来讲墨翟的逻辑，也不一定妥当④。现在我只根据《墨子》书中除了《墨经》和第十四、第十五两卷以外的许多篇来谈谈墨子本人的逻辑思想。这些篇都是墨子门徒的记录，它们出于墨子的口述当无问题。我们从墨子十大主张的材料，以及散见《耕柱》《公孟》《非儒》各篇所录，已可概见墨子逻辑思想的轮廓。从这些材料中研究出墨子本人的逻辑思想，然后再进一步去研究《墨经》中的逻辑，就可看出墨家逻辑如何从墨子到后期墨家的整个发展过程。

二、关于逻辑推论的基本范畴

中国的逻辑思想虽远发轫于周初的所谓"正名百物"和"析字辩名"的语言文字工作（例如《诗经》就有许多关于草木鸟兽的名词概念的说明），但真正的开始，应从春秋战国阶级斗争剧烈化的时代算起。墨子出身于战国初年鲁国的小手工业阶级，他代表着手工业劳动者的利益，向当时的旧氏族贵族和当时的统治阶级作政治斗争。他的尚贤、尚同、兼爱、非攻、节用、节葬、天志、明鬼、非乐、非命等十大主张都是针对旧氏族的"以氏别贵贱"的奴隶主等级制和当时统治阶级的互相攻伐以及儒者的厚葬久丧，习为声乐，进行辩难时提出的。

① 梁启超：《墨子学案》，上海：商务印书馆，1921年，第79页。

② 汪奠基：《中国逻辑思想史料分析》第一辑，北京：中华书局，1961年，第269页。

③ 参阅《杜国庠文集》，北京：人民出版社，1962年版，第220-223页。冯友兰：《中国哲学史新编》，北京：人民出版社，1962年版，第390-391页。任愈主编：《中国哲学史》（第一册），北京：人民出版社，1963年版，第185页。

④ 詹剑峰：《墨家的形式逻辑》，武汉：湖北人民出版社，1956年。

墨子为争取小手工业者的政治地位，他要打破旧有的等级制，要和"无故富贵，面目美好"（《墨子·尚贤下》）"政以为便譬，宗于（族）父兄故旧"（《墨子·尚同中》）的旧制度作斗争。他要维护手工业者的生活，所以要和好攻战的国君，奢侈浪费的贵族作斗争。他提倡发展生产，就要和执有命说的儒者作斗争。总之，墨子是作为一位思想战士出现于战国初年。《老子》书是采韵文体，《论语》是问答体，而《墨子》书则采论辩体。墨子要明辨是非，批判谬论，自然要用谨严的逻辑方法。所以我国的逻辑科学思想应以墨子为伟大的始创者。

墨子的逻辑思想有它形成的客观条件。在墨子的教学中，"谈辩"已作为重要的一科。墨子答县子硕问为义时，曾说："能谈辩者谈辩，能说书者说书，能从事者从事"。（《墨子·耕柱》）这是因为要宣传"为义"，必须破立兼行，推翻论敌的主张，提出自己的论点，有赖于谈辩。我们从现存《墨子》书中，仔细研摩，不难发见其中闪烁着可贵逻辑思想的光辉。

在《墨子》书中，对于逻辑科学的各个方面，都涉及到。逻辑推论的基本范畴，名词判断的分析，以及推理论证的各种形式都有所论述。墨子虽没有写出逻辑的专著，但《墨子》书本身确是一部重要的古代逻辑教材。我们可以从那里吸取许多宝贵的逻辑知识。

先谈谈关于逻辑推论的基本范畴。

墨子的逻辑推论的基本范畴，有类、故、法（仪），三种。

（1）类。类是推理论证的客观依据。明是非，别同异，判真伪，必须从"察类"做起。墨子抓住了类的武器和论敌进行辩论。他提出要"察类"和"知类"。①

墨子在反驳好攻战之君提出禹征有苗，汤伐桀武王伐纣为例说明攻伐之为利时，他说道："子未察吾言之类，未明其故也。彼非所谓攻，所谓诛也。"（《墨子·非攻下》）这里他把诛有罪的义战和攻无罪的不义战区别开来。决不能把不同类的东西混为一谈，陷入概念混淆的逻辑错误。

墨子依据类的概念广泛运用他的辩诘术。

《耕柱》载："巫马子谓子墨子曰：'子兼爱天下，未云（有）利也；

---

① 《墨子·非攻下》，又《公输》："义不杀少而杀众，不可谓知类。"

我不爱天下，未云（有）贼（害）也。功皆未至，子何独自是而非我哉？'，子墨子曰：'今有燎者于此，一人奉水将灌之，一人掺（操）火将益之。功皆未至，子何贵于二人？' 巫马子曰：'我是彼奉水者之意，而非夫掺火者之意。' 子墨子曰：'吾亦是吾意而非子之意也'"。

《贵义》载："子墨子南游于楚，见楚献惠王。惠王以老辞，使穆贺见子墨子。子墨子说穆贺，穆贺大说，谓子墨子曰：'子之言则成（诚）善矣，而君王天下之大王也，毋乃曰，贱人之所为而不用乎？' 子墨子曰：'唯其可行，譬若药然，（一）（草）之本，天子食之，以顺其疾，岂曰一草之本而不食哉？今农夫入其税于大人，大人为酒醴粢盛以祭上帝鬼神，岂曰贱人之所为而不享哉？故虽贱人也，上比之农，下比之药，曾不若一草之本乎？'"

这里墨子以"奉水者"与"宣传义者"为同类，以"一草之本"与"贱人之义"（役夫之道）为同类，对论敌进行反诘，使论敌不得不折服。

墨子不但依据类概念对论敌进行辩诘，还依据类概念作种种类比或譬喻。关于这点，以下谈类比法时再为申述。

（2）"故"。推论的客观依据为类。类是就外延上讲（推论的范围）。同类、异类、大类、小类，应该分别清楚。

但类之所以为类，有它成立的所以然之故。例如，一中同长为圆，一中同长即形成圆类之故。有生命的东西都叫生物，那末，具有生命，即是生物一类形成的缘故。这样，断定某物是否和另一物为同类，就要明确某物是否具有另一物所以形成之故。所以明故是察类的必由之路。

为什么不能把汤伐桀武王伐纣归到被非的攻战一类去呢？即因为汤武的征伐具有和一般攻战不同的特征，即伐罪吊民。这样，他们的征伐就和一般的攻战（不义战争）不同，应属不同的类。

所以推论的内在依据即客观事物的原因，也即一事形成之故。指出客观事物的真实原因，即可区别不同的类属关系。

正确的逻辑推论必须根据充分的理由。客观事物的真实原因总可反映为逻辑理由，虽事实上不一定经常作为认识的理由。

任何科学的论断都必须有充分的理由。具有充足理由的主张，墨子称之为"有故"，或"有说"。（"故"，"说"和理由同义）。《非儒下》载："仁人以其取舍是非之理相告，无故从有故也，弗知从有知也。无辞必服，见善必迁，何故相（与）？（相敌）。""无故从有故"，即没有理由或理由不充分的应该服从有充分理由的。

墨子在和论敌辩论时总要提出他的故，同时又揭发论敌的"无故"。他提出"明故"（《墨子·非攻下》）为论辩的基础。墨子书中，作为逻辑推论的"故"，经常出现。例如《尚同下》："今此何为人上而不能治其下，为人下而不能事其上，何故以然，则义不同也。"又《尚贤下》载："是故以赏不当贤罚不当暴，其所赏者已无故矣。"

上引的"何故"，"是故"等等词汇也散见《墨子》书上其他篇章。

故有大故与小故之分，有必要的和充足的不同。这要到后期墨家才有详细说明。

（3）法。第三个推论的基本范畴为法。墨子又叫作"仪"。墨子说："（言）必立仪。言而毋仪，譬犹运钧之上而立朝夕者也，是非利害之辨不可得而明知也。故言必有三表。"（《墨子·非命上》）"仪"即标准，"仪"和"表"义同。譬如立表测景，立朝夕以正东西的方位。这样立表就不能在旋转无定的运钧上边，而必需有固定位置。立言以断定是非同异，也必须有个标准。否则标准不定，就难有公共的是非。

《非命上》的"三表"（仪），在《非命中》与《非命下》都作"三法"。《非命中》更说到："凡出言谈由（为）文学之为道也，则不可而不先立义法。"可见在墨子书中，"法""仪""表"，都具同一意义。《管子》载："法者，无下之仪也。"（《管子·禁藏》）尹知章注云："仪谓表也。"

法有模范或规范作用，工人制器不能离开法。《法仪》篇说："天下从事者不可以无法仪。……虽至百工从事者亦皆有法。百工为方以矩，为圆以规，直以绳，正以悬，平以水（此三字依孙诒让校补），无巧工不巧工，皆以此五者为法。"规、矩、绳、悬、水，是制作正直方圆的必具之法，所以正确的立论也同样必须依照思维的法则，正误的分辨即依法则的从违如何来断定。

法在《墨经》中有所发展。《大取》语经中的理，实具有"法"的意义。

以上所谈"类""故""法"三个范畴，是逻辑推论的基础，而这三个范畴是互相联系着的，同法者必同类，凡从同样的规画出来的图形都属圆类。而正确的故又都可作为一类的法。"类"显示推论的范围，"故"显示推论的理由，"法"显示推论的规则。明确了推论的对象范围，根据可靠的理由，依据一定的法则，这样得出的论断是不易随便攻破的。对于这点，墨子颇有自豪感。他说："吾言足用矣。舍（吾）言而革思者，是犹舍获而捃粟也。以其言非吾言者，是犹以卵投石也。尽天下之卵，其石犹是也；不可毁也。"（《墨子·贵义》）

墨子逻辑中的"类""故""法"，推演而为《大取》语经的"故""理""类"三物。"三物必具，然后足以生"（《墨子·大取》），这即是说：正确的辞，必须依据于有客观根据的理由；再照逻辑的规则进行推论；最后，再根据客观物类的同异，进行类取、类予的分析。这是一套极严密的逻辑活动。

三、关于逻辑思维的基本规律

墨子不但注意到逻辑推论的三个基本范畴，而且还巧妙地运用了思维规律来揭露论敌的谬误，证成自己的主张。当然，墨子还不可能明确地提出思维规律的定义来，但在他的辩论过程中是突出地抓住了矛盾律的思想，有时也运用了排中律进行反击。这点是无可怀疑的。

墨子所处的时代，正是社会矛盾激化的时代。既有地主阶级和奴隶主阶级的矛盾，还有农民、小手工业者和地主阶级的矛盾，地主阶级彼此间还有争夺土地和劳动力的矛盾。反映在意识形态方面，为地主阶级保守派服务的儒家思想和为手工业劳动者服务的墨子的思想也发生尖锐的矛盾。总之，从经济政治战线到思想文化战线都充满矛盾的对立状态。

客观矛盾的存在必然反映到思维意识中，形成了孕育着各种矛盾的思想体系。鬼神的权威已经动摇了，但为维持宗法制关系却又不能不讲求祭祀。封建国家的规模形成了，需要新的官僚制度来配合，但用人唯亲的老制度，在一些人心中又死抓住不放。生产扩大了，大家应该强力疾作，解除饥寒劳苦的威胁，但又偏执有命说。发展生产应增加生产资料和劳动力，但偏致力攻杀，毁灭生命财产，"弃所不足而争所有余"。如此各种情况，在墨子看来，是极其矛盾的，不应该有的。

为了揭露各种主张的矛盾，就不能不使用矛盾律。墨子运用矛盾律采用各种不同的形式。现略述如下。

1．从正面推论，把论敌引入矛盾。如《非攻上》从入人园圃窃桃李，攘人犬豕鸡豚，取马牛，以至最后杀不辜人，夺人衣裘，取戈剑，都知道说它不对，从而说它为不义；但是到了攻人国家，杀成千上万人时，却不说它不对，反而称誉它是义。这就自相矛盾了。因义是有利于人；不利于人，就应说它不义。以攻国为义，显然和义之为利的标准矛盾。把上述推论列成命题就成为：（1）亏人自利的事是不义（夺东西，杀不辜人）；（2）亏人自利的事是义（攻国，杀千万人）。这是两个对立的矛盾判断，是违反矛盾律的。

2．通过反诘法（关于反诘法本身下详）暴露论敌的矛盾，使论敌承认错误。

《耕柱》篇载："巫马子谓子墨子曰：'子之为义也，人不见而服（耶），鬼（而）不见而富（福），而子为之，有狂疾'。子墨子曰：'今使子有二臣于此，其一人者见子从事，不见子则不从事。其一人者，见子亦从事，不见子亦从事，子谁贵于此二人？' 巫马子曰：'我贵其见我亦从事，不见我亦从事者。' 子墨子曰：'然则是子小贵有狂疾也'。"如果巫马子认为墨子之为义是有狂疾的话，那么，巫马子之择臣，也同样有狂疾。如果巫马子不认为他有狂疾，那他就不应反对墨子之为义了。

又《公孟》篇载："公孟子谓子墨子曰：'实为善人，孰不知，譬若良巫（玉）处而不出，有余糈；譬若美女，处而不出，人争求之。行而自衒，人莫之取也。今子偏从人而说之，何其劳也！'子墨子曰：'今夫世乱，求美女者众，美女虽不出，人多求之。今求善者寡，不强说人，人莫之知也。且有二生于此，善筮。一行为人筮者，一处而不出者。行为人筮者，与处而不出者，其糈孰多？'公孟子曰：'行为人筮者其糈多。'子墨子曰：'仁义钧，行说人者，其功善亦多，何故不行说人也？'"这里，如果公孟子承认行为人筮者其糈多，那么，他就不应该反对墨子之行说人为善。

3．通过比喻来揭露论敌之矛盾。墨子经常用譬喻的方法来揭露论敌主张的矛盾。例如：

《公孟》载："公孟子曰：'无鬼神'。又曰：'君子必学祭礼'。子墨子曰：'执无鬼而学祭礼，是犹无客而学客礼也，是犹无鱼而为鱼罟也。'"

又载："公孟子曰：'贫富寿夭，齰然在天，不可损益。'又曰：'君子必学。'子墨子曰：'教人学而执有命，是犹命人葆（包裹其发）而去亓（其）冠也。'"

墨子反对厚葬久丧。他说："计久丧为久禁从事者也。财已（以）成者，挟（扶）而埋之，后得生者而久禁之（久禁死者亲属从事），以此求富，此譬犹禁耕而求获也。"（《墨子·节葬下》）又久丧结果，要使男女隔离，"败男女之交多"。所以"以此求众，譬犹使人负剑，而求其寿也"（同上）。无鱼而为鱼罟，命人葆而去其冠，显然是矛盾的。而禁耕求获，责剑求寿，更是南辕北辙了。

4. 从一种主张之可以推演为相反的二义以揭露其矛盾。如《节葬下》云："今逮至昔者，三代圣王既没，天下失义，后世之君子，或以厚葬久丧，以为仁也义也，孝子之事也，或以厚葬久丧，以为非仁义非孝子之事也。曰：二子者言则相非，行则相反。"

5. 从概念本身矛盾的揭露，以论证其矛盾。

《非儒下》云："儒者曰：'君子必古言服（原作服古言，依孙校改），然后仁。'应之曰：'所谓古之言服者，皆尝新矣，而古人言之服之，则非君子也。然则必服非君子之服，言非君子之言，而后仁乎？'"

把上段列成命题加以分析，就可揭露其矛盾。

（1）君子必古服古官为仁。

（2）古之言服者皆尝新矣。

（3）古人新言新服必非君子。

（4）服非君子之服，言非君子之言为仁。

（5）君子必新服新言为仁。

显然，上例的（1）和（5）为对立命题，互相矛盾。

除了经常运用矛盾律外，墨子有时也用排中律。例如《非乐上》，为驳斥王公大人和士君子的习为声乐，就运用这一规律。他首先界说"乐"为快乐，这只有在与众同乐的条件下才能实现。他说："大人锈然奏而独听之，将何乐得焉哉？"（《墨子·非乐上》），接着，他又提出与众同乐不外二途，即一和贱人同乐，一和君子同乐。但贱人为乐就会怠于从事君子为乐，就会怠于听治，所以二者都不利，因而最后得出结论"为乐是不利的"。

当然，为乐是否只能和贱人或君子两类人来进行。王公大人为乐又是否必须和贱人或君子在一起，这是有问题的。但墨子把这一问题简单化，认为王公大人为乐的对象，只限于贱人与君子，没有第三者，这样，把这仅有的二可能加以排斥之后，就可以把为乐主张否定了。

墨子在《明鬼》中同样使用了排中律来证成明鬼之有利。他推论说，如果鬼神诚有，则祭祀鬼神可以享神得福。如果鬼神诚无，则可以利用祭品来合欢聚众，取亲乡里。所以不论鬼神是有是无，我们总可以祭祀而得鬼神之福，或和乡众们欢聚一堂，总归是有利的。

关于同一律的运用，在禁止概念混淆或偷换概念时，也有所体现。例如在《公孟》中，墨子把"告"与"毁"分开来。《公孟》云："程子曰：'甚矣，先生之毁儒也'。子墨子曰：'儒固无此四政者，而我言之，则是毁也。今儒固有此四政者，而我言之，则非毁也，告闻也。'"从此可以看出"告"和"毁"有不同内涵，不能把它们混淆。

正确的论断，必需有充足理由。墨子重视"故"，就意味他已模糊地意识到充足理由律问题。墨子主张"无故从有故"，"无辞必服"（《墨子·非儒下》）这是论辩的基本原则。在《墨子》书中一再提到"何说""何故""何以""足以""是故"，或"故"等等。可见墨子重视立敌双方的理由。墨子对于儒家的只知其然，而不知其所以然的态度是不满的。《公孟》载："子墨子问于儒者曰（曰字依孙校移此）：'何故为乐？'曰：'乐以为乐也'。子墨子曰：'子未我应也。今我曰何故为室？曰：冬避寒焉，夏避暑焉，室以为男女之别也。则子告我为室之故矣。今我问曰何故为乐，曰，乐以为乐也，是犹曰，何故为室，曰，室以为室也'。"①《耕柱》载"叶公子高问政于仲尼，曰：'善为政者若之何？'仲尼对曰：'善为政者远者近之，而旧者新之'。子墨子闻之曰：'叶公子高未得其问也，仲尼亦未得其所以对也。叶公子高岂不知善为政者之远者近也，而旧者新之是哉？问所以为之若之何也。不以人之所不智告人，以所智告之，故叶公子高未得其问也，仲尼亦未得其所以对也'"。墨子事事要问个为什么，这是合乎科学精神的。对于传统的一切制度言论都要用他的"义"去衡量一番，究竟对人民大众有没有利，这是值得赞许的。

---

① 按《乐记》"乐以为乐也，"第二个"乐"字应念"洛"音，指快乐说，字形同而音义不同，是两个不同的概念。墨子只从字形的同一，说这两个字的意义相同，这不足以说服儒者。

四、关于名词概念的分析

墨子为阐明他的主张，批判和他相反的论点，很重视名词概念的分析。名词概念是立言的基础，名词概念歪曲，就要影响到论断本身。正确的论断应有正确的名词与概念为基础。

墨子从劳动者的立场出发，不满意于孔子之自上而下的正名方式。孔子从当时统治阶级的立场出发，以维护封建社会的等级制度所需的名分为正名的标准，所以孔子的正名是唯心主义的、形式主义的，是抽象的演绎。用这样方法来解决伦理政治的问题是无济于事的。

墨子从客观事物本身的实际出发，分析每一名词概念所指的具体内容，提出"取实予名"的唯物主义的正名原则，这和孔子的由名定实的唯心主义原则，正立于反对地位。

墨子说："今天下之君子之名仁也，虽汤禹无以易之。兼仁与不仁，而使天下之君子取焉，不能知也。故我曰：'天下之君子，不知仁者，非以其名也，亦以其取也。'"（《墨子·贵义》）去实谈名，就会和瞽者之谈白黑，并不能说真知白黑的区别。

"取实予名"应从两方面入手，即一，感觉经验的真实凭据；二为实际效用的功能凭据。名以举实，有是实才能有是名，如果没有客观真实对象的依据，也没有实际效用的功能。这样的名就成为不反映任何东西的假名，假名是造成思想混乱的一个重要因素。

墨子根据"取实予名"的原则，审核当时流行的名词概念，澄清人们的混乱思想。例如对于"命"，就是一个空洞虚假的概念；因为既没有人看见命，听见命，也不能从"命"得出什么好的实际效用。相反的，大家如相信命，就会产生恶劣的结果。又如"仁人""君子"之所以为"仁人""君子"，并不在于穿古服，说古话，而在于能兴天下之利，除天下之害。

儒家说，"义者宜也"，义只是"应该"，这不能解决问题。因什么是"应该"，还莫名其妙。照墨子说，义不是空洞的"应该"，而指有实利，即对天、鬼、人都有利。他说，世人之"誉义"，正因其"上中天之利，中中鬼之利，下中人之利"。我们决不能仅有"誉义之名，而不察其实也"。①

从劳动人民大众的利益出发，判定名词所含的同异是非的具体内容，是墨子分析名词意义的重要方面。例如关于"义"与"不义"的分别，墨子曾深刻批评了当时一些所谓"君子"。因这些君子们只知道小为非，如偷窃桃李牛羊衣服为不义，而对大为非，攻人国，杀人盈野，反以为义。墨子说："今小为非，则知而非之，大为非攻国则不知非，从而誉之，谓之义：此可谓知义与不义之辩乎？"（《墨子·非攻中》）

墨子在厘定名词概念的过程中，特别重视对立概念的提出。因为对立概念正所揭露是非同异的好方法。通过对立概念的分析，则谁是谁非的问题就很容易了解。

例如墨子提出"力"来和"命"相对。这是具有深刻意义的新概念。通过力与命的对比，又可引申出一系列的对立概念。强力疾作，必然会得到国家的富强安宁，人民的尊荣饱暖。反之，不强力疾作而听之于命，则又会得出国家的贫弱危乱和人民的贱辱饥寒；最后他归结到"赖其力者生，不赖其力者不生"（《墨子·非乐上》）的光辉命题。

"兼"和"别"又是一对重要的对立概念。他要"兼"以易"别"，设为"兼士"与"别士"，"兼君"与"别君"；说"兼之所生，天下之大利"；"别"是有害的，"别之所生，天下之大害"。这样，又得出"别"非而"兼"是的结论。现分条排列如下：

（一）"力"→"强""富""尊""荣""治""宁""饱""暖"。

　　　"命"→"弱""贫""贱""辱""乱""危""饥""寒"。

（二）"兼"→"利""是"。

　　　"别"→"害""非"。

墨子注意概念的确定性，揭露论敌以混淆概念的手法来进行诡辩。例如《鲁问》篇载："鲁阳文君曰：然，吾以子言观之，则天下之所谓可者，未必然也。"这里"可"和"然"是有不同的。

在上边举的例子中，墨子把"诛"和"攻"区别开来，把"告"和"毁"区别开来。这也是确定每一概念的内涵，避免概念混淆的逻辑错误。

---

① 参阅《墨子·非攻下》。墨子的天鬼已和西周时代的天鬼不同。西周时代的天鬼是为奴隶主阶级服务；而墨子的天鬼却为人民服务。因此，天鬼的利益和人民的利益一致。

墨子之所以注意一个概念的内涵，正因为有时概念的语词形式虽同，但所指的内涵不一，就成了两个绝不相同的概念。例如，《鲁问》载："鲁阳文君谓子墨子曰：'有语我以忠臣者，令之俯则俯，令之仰则仰，处则静，呼则应，可谓忠臣乎？'子墨子曰：'令之俯则俯，令之仰则仰，则似景也，处则静，呼则应，是似响也，君将何得于景与响哉？若以翟之所谓忠臣者，上有过，则微之以谏。已有善，则访之上，而无敢以告，外匡其邪而入其善，尚同而无下比，是以美善在上，而怨仇在下，安乐在上而忧戚在臣，此翟之所谓忠臣也。'"这里鲁阳文君之所谓忠臣，和墨子的忠臣，内涵正相反对。

又《耕柱》载："子墨子谓骆骨厘曰：'吾闻子好勇'。骆骨厘曰：'然，我闻其乡有勇士焉，吾必从而杀之。'子墨子曰：'天下莫不欲与（兴）其所好，度（废）其所恶。今子闻其乡有勇士焉，必从而杀之，是非好勇也，是恶勇也。'"这里，骆骨厘之所谓"好勇"正是墨子所指的"恶勇"，是"好勇"的对立面。

《鲁问》载："公输子自以为至巧。子墨子谓公输子曰：'子之为雏也，不如翟（匠）之为车辖。须臾刘三寸之木，而任五十石之重'。故所为功，利于人谓之巧，不利于人谓之拙。"这里公输子的"巧"正是墨子之所谓"拙"。

概念内涵的分析可以用为审核一种论点之有无矛盾，例如"祭"的内涵，应含有"信鬼神"在内，所以学祭礼而又主无鬼神，就会取消原有概念的内涵，给概念以否定。

有时概念的内涵不但因质的不同而有所不同，还会因量的不同而有所差别。例如《公孟》载："公孟子谓子墨子曰：'子以三年之丧为非，子之三日之丧亦非也。'子墨子曰：'子以三年之丧非三日之丧，是犹裸谓撅者不恭也。'"撅衣即揭衣，裸即赤体，撅虽不恭，但裸更甚，不能把"撅"和"裸"等同起来。

《公孟》又载："公孟子谓子墨子曰：'知有贤于人，则可谓知乎？'子墨子曰：'愚之知有以贤于人，而愚岂可谓知矣哉？'"愚者偶尔做一件聪明的事，不能就成为智者，作为"智者"的要求，远比做一件聪明事要多得多。所以我们不能把愚者偶然做的一件聪明事和智者所做的行为等同起来，模糊了"智"和"愚"的差别。

五、关于判断的运用

墨子为有效地进行辩论，分析问题，就必须运用不同的直言判断，明确地提出问题。这样既可使自己论点鲜明，又可使论敌无法模糊论点，回避问题。直言判断之外，兼用选言、假言等等判断形式。

墨子运用判断的形式，有如下几种。

（一）肯定与否定判断的连举。

简单的肯定判断或简单的否定判断有时不易清楚地指示论辩的对象范围，所以容易被诡辩者钻空子。例如说："青年们要努力学习"，并不意味着非青年就不要努力学习。又如说"本门课程不需考试"，也不意味着别门课程也不需考试。但有些错误的推论却往往从这类简单的肯定或否定判断推演出来。为明确提出问题，就有时需从正面提了情况后，从反面再作一些陈述，这样就使论敌无法钻空子，歪曲我们的论点。

在《墨子》书中，经常运用肯定、否定判断连举的方法来确切地提出问题，表述自己的主张。因而他的论证过程能明白准确，使人容易得到清楚的概念。例如，

《兼爱上》："圣人以治天下为事者也，必知乱之所自起，焉能治之；不知乱之所自起，则不能治。譬之如医之攻人之疾者然，必知疾之所自起，焉能攻之；不知疾之所自起，则弗能攻。"这里从"能治"与"不能治"，"能攻"与"弗能攻"，正反双方来表达治国与治病的重要关键所在。

又《非命下》载："彼以为强必治，不强必乱；强必宁，不强必危。……强必贵，不强必贱；强必荣，不强必辱。……强必富，不强必贫；强必饱，不强必饥。……强必暖，不强必寒。"这里从正反双方说明强力疾作的重要性。

《尚贤下》载："凡我国能射御之士，我将赏贵之；不能射御之士，我将罪贱之。……凡我国之忠信之士，我将赏贵之；不忠信之士，我将罪贱之。"这里也从正反两方面明确国家赏贤和罚恶的清楚意图。

（二）对立判断。

墨子除用肯定，否定判断连举法以明确论点之外，复注重提出对立

判断。肯定与否定连举是用以表述论主的论点所在，明确了论点。对立判断的提出，重在全面考虑"两点"，既考虑到正面的措施，也考虑到反面措施，这样就可立于不败之地。

《尚同下》载："知者之事，必计国家百姓所以治者而为之，必计国家百姓之所以乱者而辟之。"

墨子经常使用对立判断来警告人应从正面去做，避免反面的失败。《天志中》即从兼者和别者二方作出两相反对的论断，使当时统治者有所选择。《天志中》云："兼者处大国不攻小国，处大家不乱小家；强不劫弱，众不暴寡，诈不谋愚，贵不傲贱。观其事，上利乎天，中利乎鬼，下利乎人。三利无所不利，是谓天德。……别者：处大国则攻小国，处大家则乱小家。强劫弱，众暴寡，诈谋愚，贵傲贱。观其事，上不利乎天，中不利乎鬼，下不利乎人，三利无所利，是谓天贼。"

（三）矛盾判断。

墨子有时也用矛盾判断来阐述他的主张。《天志中》："今夫轮人操其规，将以量度天下之圆与不圆也。曰，中吾规者谓之圆，不中吾规者，谓之不圆；是以圆与不圆，皆可得而知也。"中规与不中规为矛盾判断；这是立于圆法之下的两相矛盾的判断。

同样在"方法"之下，又成立了"中矩"与"不中矩"的二相矛盾的判断。这样，他最后提出了在"天之意（即'天志'）"的仪法之下，又表现为"顺天意"的"善意行"和"反天意"的"不善意行"的二相矛盾的判断。

（四）选言判断。

在对立或矛盾判断的引导下，墨子进而提出选言判断。从选言肢的选择表达他的主张。

《天志中》："然则义何从出？子墨子曰：'义不从愚且贱者出，必自贵且智者出。'"这里，"愚且贱者"和"贵且智者"形成了判断的选言关系。选言判断的选言肢应当是互相排斥而又穷尽。但"愚而贱"与"贵且智"的两个对立概念所形成的选言判断，用否定到肯定的方式推出结论，是不可靠的。这点，墨子并没觉察到，这是他的推论的一个缺点。

（五）假言判断。

选言判断之外，墨子也使用假言判断，并以假言判断为基础作出假言的推论。关于假言推论，下段再谈。现在先谈一下假言判断。

墨子常用"使""苟""借设""若……则""若苟……则""若使……则""若使……犹有""若……犹"等语法联系来表达假言判断。例如：

《耕柱》载："今使子有二臣于此。"

《天志下》："苟天兼而食焉，必兼而爱之。"

《公孟》："儒若无此四政而我言之，则是毁也。"

《鲁问》："籍设而天下不知耕教人耕，与不教人耕而独耕者，其功孰多。"

《尚贤中》："若苟赏不当贤而罚不当暴，则是为贤者不劝，而为暴者不沮矣。"

《尚贤中》："若使之治国家，则此使不智慧者治国家也，国家之乱既可得而知已。"

《兼爱中》："若使天下兼相爱，爱人若爱其身，犹有不孝者乎。"

《非攻中》："万人食此，若医四五人得利焉，犹谓之非行药也。"

在《墨子》书中，也有不用假言的语法联系而表示为假言判断的。如"赖其力者生，不赖其力者不生"（《墨子·非乐上》）。"不义不处，非理不行"（《墨子·非儒下》）。

（六）假言与选言判断的联合运用。

还有把假言判断与选言判断连合使用，构成包孕着选言判断的复杂的假言判断，如《鲁问》载："彭轻生子曰：'往者可知，来者不可知。'子墨子曰：'籍（藉）设而亲在百里之外，则遇难焉，期以一日至也，及之则生，不及则死。今有固车良马于此，又有奴（驽）马四隅之轮于此，使子择焉，子将何乘？'对曰：'乘良马固车，可以速至。'子墨子曰：'焉在不知来'（原作'焉在矣来'）。"这里，选言判断的选择关系是作为假言判断的后件出现的。

（七）双重否定判断的运用。

墨子为表示肯定态度的坚决性，他不用一般的肯定形式，而特用双重否定的办法。这接近于直接推论。例如：

《法仪》："天下从事者，不可以无法仪；无法仪而其事能成功者未之有也。"

《辞过》："凡费财劳力，不加利者不为也。"

《节用中》："诸加费不加民利者，圣王弗为。"

《天志中》："三利无所不利。"

总之，墨子运用判断的形式是极其丰富多彩的。

六、关于推理论证的各种形式

墨子逻辑思想的丰富性，从上边所述已可概见。他不但对逻辑推论的基本范畴、思维规律，以及概念判断等等都有所研索，而且在推理论证的形式上，也变化多端。墨子经常运用演绎归纳和类比等简单形式，也有时把各种形式结合。例如他把演绎和归纳结合，从个别概括成一般，更从一般论证新的个别。这比西方逻辑之或重演绎，或重归纳，片面强调一方者，实胜一筹。现分述如次。

（一）演绎推理。演绎推理的大前提应该是全称命题，这点墨子似已注意到。在《法仪》中，他批评父、母、学、君都不足为法，因这些对象不全都是具仁的特性，所谓"天下之为父母者众而仁者寡若皆法其父母，此法不仁也"。在他看来，只有以兼爱交利为事的天，才能具有全称大前提的资格，因而天志成为墨子推理的最高标准。天志即一切推论的"法仪"。我们抽开他的宗教内容，而只看他的逻辑形式结构，他是要求推论的大前提应有全称的量。否则就会造成从特殊推到特殊，得不出切实可靠的结论。这一点是正确的。

1. 定言三段论式。《耕柱》载："所谓贵良宝者为其可以利也。而和氏之璧，隋侯之珠，三棘六异，不可以利人，是非天下之良宝也。"列成定言三段论如下：

大前提："所谓贵良宝者为其可以利也"；

小前提："而和氏之璧，隋侯之珠，三棘六异，不可以利人"；

结论：所以（和氏之璧，隋侯之珠，三棘六异）"非天下之良宝也"。

又，"今用义为政于国家，人民必众，刑政必治，社稷必安。所为贵良宝者，可以利民也，而义可以利民，故曰，义天下之良宝也"（《墨子·耕柱》）。兹列式如下：

可以利民的是天下之良宝——大前提；

义可以利民——小前提；

故义是天下之良宝——结论。

前一式为第二格之 AEE 式；后一式，则为第一格之 AAA 式。论式是正确的。

《尚贤下》载："凡我国能射御之士，我将赏贵之，不能射御之士，我将罪贱之。问于若国之士，孰喜孰惧。我以为必能射御之士喜，不能射御之士惧。"把大前提补出列成下式：

赏贵是人之所喜，罪贱是人之所惧。——大前提

凡能射御之士，我将赏贵之，不能射御之士，我将罪贱之——小前提

故能射御之士必喜，不能射御之士必惧。——结论。这是一个复合的定言三段论。（第一格 AAA 式）。

上式是用对立判断组成的定言式。《墨子》书还有用联言判断组成的定言式。

《天志上》："天下有义则生，无义则死；有义则富，无义则贫；有义则治，无义则乱。（大前提）

然则天欲其生而恶其死；欲其富而恶其贫；欲其治而恶其乱。（小前提）

此所以我知天欲义而恶不义也。"（结论）

这里大前提中联言判断的每一组成部分都由选言判断组成。小前提的联言判断每一组成部分却把大前提中选言判断的选言肢择取其一而排其余。这是一个复杂的定言论式。

从上可知墨子的定言推论基本上和西方亚里士多德的三段论相同，不过表现的形式却复杂得多。

2. 假言推论。墨子不但用定言式的演绎推论还用假言式的演绎推论。

《明鬼下》载："昔者武王之攻殷诛纣也，使诸侯分其祭。……故武王必以鬼神为有，是故攻殷伐纣使诸侯分其祭。若鬼神无有，则武王何祭分哉？"

这里，墨子运用了假言推论来论证他的明鬼说。现分析如下：

（例一）如果要祭祀，则必以鬼神为有（大前提）；

"若鬼神无有"（没有鬼神）……（小前提）；

"则武王何祭分哉？"（则不必祭祀）……（结论）这是否定后件的形式。

（例二）如果要祭祀，则必以鬼神为有（大前提）；

"武王攻殷伐纣，使诸侯分其祭"（要祭祀）……（小前提）；

"故武王必以鬼神为有"……（结论）。

这是承认前件的形式。我们把这里的宗教内容抽去，从逻辑的形式上说，是一个正确的论式。

又《节葬下》载："是故凡大国之不攻小国者，积委多，城廓修，上下调和，是故大国不耆攻之。无积委，城廓不修，上下不调和，是故大国耆攻之。今唯无以厚葬久丧者为政，国家必贫，人民必寡，刑政必乱。若苟贫，是无以为积委也。若苟寡，是（修）城廓沟渠者寡也。若苟乱是出战不克，入守不固。此求楚止大国之攻小国也，而既已不可矣。"将此段列成假言推论式如下：

（例一）"凡大国之所以不攻小国者，积委多，城廓修，上下调和"……（大前提）。

"无积委，城廓不修，上下不调和"……（小前提）；

"是故大国耆攻之"……结论。这是否定后件式。

（例二）"今唯无以厚葬久丧者为政（即如以厚葬久丧为政）

国家必贫，（若苟贫，是无以为积委也）。

人民必寡，（若苟寡，是修城廓讲渠者少也）。

刑政必乱，（若苟乱，是出战不克，入守不固）……（大前提）。

（以厚葬久丧为政）……（补小前提）。

国家必贫，人民必寡，刑政必乱。"（大国必耆攻之）……（结论）。

这是承认前件式。

第二式是一个较为复杂的假言式，其中包含了联言的、联锁式的假言推论。我们把其中的重要环节补充起来，即成下式：

（1）今唯无以厚葬久丧者为政，国家必贫，人民必寡，刑政必乱；

（2）若苟贫，是无以为积委也；

若苟寡，是修城廓讲渠者寡也；

若苟乱，是出战不克，入守不固。

（3）如无积委，修城廓讲渠者寡，出战不克，入守不固，则大国必耆攻之。

（4）今唯无以厚葬久丧者为政，则大国必耆攻之。这里，整个论式是假言式的联锁式的；但在（2）（3）两个前提中又表现为联言式。

3. 选言推论。墨子运用定言和假言推论，也运用选言推论。例如《天志中》载："子墨子曰：'义不从愚且贱者出，必自贵且智者出。'何以知义之不从愚且贱者出，然必自贵且智者出也？曰：'义者善政也。'何以知义之为善政也？曰：'天下有义则治，无义则乱，是以知义之为善政也。夫愚且贱者不得为政乎贵且智者，[贵且智者]然后得为政乎愚且贱者。此吾所以知义之不从愚且贱者出，而必自贵且智者出也。'这里墨子运用了比较复杂的选言推论式。试分析如下：

"义不从愚且贱者出，必自贵且智者出"……（大前提）。

"义不从愚且贱者出"，因为"义者善政也。""义之所以为善政"因"天下有义则治，无义则乱"……（小前提）。

所以"义必从贵且智者出"……（结论）。这里小前提是双重的带证体。

或者愚且贱者为政乎贵且智者，或者贵且智者为政乎愚且贱者……（大前提补）。

"愚且贱者不得为政乎贵且智者"……（小前提）。

所以"贵且智者然后得为政乎愚且贱者"……（结论）。

上列二式都采用否定肯定的选言论式。

4．两难推论：墨子以辩的方法向论敌作斗争，因而他常用两难法的锐利武器，迫使论敌无法招架。

《耕柱》篇中载巫马子提出"故我有杀彼以利我，无杀我以利彼"时，墨子采用了两难法进行反驳。"子墨子曰：'子之义将匿邪？童将以告人乎？'巫马子曰：'我何故匿我义？吾将以告人。'"接着，墨子提出两难说：

"然则一人说子，一人欲杀子以利己；十人说子，十人欲杀子以利己；天下说子，天下欲杀子以利己。"

一人不说子，一人欲杀子，以子为施不祥言者也；

十人不说子，十人欲杀子，以子为施不祥者也；

天下不说子，天下欲杀子，以子为施不祥言者也。……（大前提）

人或说子，或不说子……（小前提补出）。

人均欲杀子（"说子，亦欲杀子；不说子，亦欲杀子"）……（结论）

《耕柱》又载："大国之攻小国，譬犹童子之为马也。童子之为马，足用而劳。今大国之攻小国也，攻者农夫不得耕，妇人不得织，以守为事。攻人者亦农夫不得耕，妇人不得织，以攻为事。故大国之攻小国也，譬犹童子之为马也。"墨子这里采用二难式来论证他的"大国攻小国，譬犹童子之为马"的主张。列成论式：

"今大国之攻小国也，攻者农夫不得耕，妇人不得织，以守为事；攻人者亦农夫不得耕，妇人不得织，以攻为事"……（大前提）。

攻战不外攻人或被攻……（小前提补出）。

"故大国之攻小国也，譬犹童子之为马也"（即劳而无功）……（结论）。

又《尚贤上》载："故得士则谋不困，体不劳，名立而功成，美章而恶不生，则由得士也。是故子墨子言曰：得意，贤士不可不举；不得意，贤士不可不举。尚欲祖述尧舜禹汤之道，将不可以不尚贤。"这里，墨子利用二难来证成尚贤的必要。列成论式：

"得意，贤士不可不举不得意，贤士不可不举"……（大前提）

得意或不得意……（小前提补出）。

贤士不可不举（"将不可以不尚贤"）……（结论）。

墨子对儒家丧礼的批评，也采用二难法。其式如下（《墨子·非儒下》）：

其亲死，列尸弗敛。登屋窥井，挑鼠穴，采涤器而求其人矣。以为实在则赣愚甚矣。如（知）其亡也，必求焉，伪亦大矣……（大前提）。

死者或有，或亡……（小前提补）。

因而列尸弗敛以求亲，非愚则伪……（结论）。

墨子不但运用两难法来难论敌，使论敌屈服。而且对于论敌采用两难来攻击他时，他却善于找出论敌两难的错误，进行反击。我们知道破除两难的方法不外三种：第一，否定大前提中假言判断的前件与后件的必然联系；第二，否定小前提的选言肢为穷尽；第三，采用相反的两难。墨子则采用第一种的破斥法。

《公孟》载："有游于子墨子之门者，谓子墨子曰：'先生以鬼神为明知，能为祸（人）（哉）福，为善者富之，为暴者祸之。今吾事先生久矣，而福不至，意者先生之言有不善；鬼神不明乎？我何故不得福也'。子墨子曰：'虽子不得福，吾言何遽不善？而鬼神何遽不明？'"

我们把那位为难墨子的话排成二难式如下：

如果鬼神明知，能为祸福，则我应得福；如墨子言善，我信墨子言，则也应得福……（大前提）。

现在我久不得福……（小前提）。

所以或者鬼神不明，或者墨子之言不善……（结论）。

这里，把大前提的两个假言判断的后件加以否认，结论把大前提的两个假言判断的前件亦加以否认，构成互相排斥的选言判断。鬼神不明，墨言不善，二者必居其一。

对论敌的二难，墨子一针见血地否定了论敌所假拟的假言判断前后件的必然联系。所以他说："虽子不得福，吾言何遽不善？而鬼神何遽不明？"这是说鬼神的明否和墨言的善否与论敌的得福并无必然关系。

《公孟》又载："子墨子有疾，跌鼻进而问曰：'先生以鬼神为明，能为祸福，为善者赏之，为不善者罚之。今先生圣人也，何故有疾？意者先生之言有不善乎？鬼神不明知乎？'子墨子曰：'虽使我有病，[鬼神]何遽不明？人之所得于病者多方：有得之寒暑，有得之劳苦，百门而闭一门焉，则盗何遽无从入'？"跌鼻也用二难式向墨子提出问题。列式如下：

如果墨子所言是善言，则他不应有疾；如果鬼神明知，能为祸福，则墨子不应有疾（因鬼神会保佑他）……（大前提？）。

现墨子有疾……（小前提）。

所以"或者墨子之言不善，或者鬼神不明，不能为祸福"……（结论）。

墨子对跌鼻所提的二难，也用破斥大前提中假言判断前后件为必然联系的方法。这就是他的生病和他所说的话与鬼神的明知，都没有必然联系。墨子并明确地指出，得病的原因甚多，不能武断地指定只有某一个原因和它有关系。原因的多样性问题，墨子已觉察到。

5. 联锁推论：墨子注重故，上文已详。他为使自己主张具有坚强的逻辑力量，往往采用联锁推论，步步追述其理由。《法仪》中采用联锁推论证明天之欲人相爱相利，不欲人之相恶相贼。列式如下：

（1）"奚以知天之欲人之相爱相利，而不欲人之相恶相贼也；以其兼而爱之，兼而利之也。"

（2）"奚以知天之兼而爱之，兼而利之也以其兼而有之，兼而食之也。"

（3）（奚以知天之兼而有之，兼而食之也？）"今天下无大小国，皆天之邑也。人无幼长贵贱，皆天之臣也。此以莫不刍牛羊、豢犬猪，絜为酒醴粢盛，以敬事天，此不为兼而有之，兼而食之耶"？

（4）"天苟兼而有食之，夫奚说以不欲人之相爱相利也。"

《尚同下》也有采用联锁式进行论证的地方。"子墨子知者之事，必计国家百姓所以治者而为之，必计国家百姓所以乱者而辟之。然计国家百姓之所以治者，何也？……

上之为政得下之情则治，不得下之情则乱。"

（式一）上之为政，得下之情，则是明于民之善非也。①

若苟明于民之善非也，则得善人而赏之，得暴人而罚之。②

善人赏而暴人罚则国必治。③

（式二）上之为政也，不得下之情，则是不明于民之善非也。①

若苟不明于民之善非也，则是不得善人而赏之，不得暴人而罚之。②

善人不赏，暴人不罚，则国必乱。③

这里，墨子采用两套联锁式论证"得下之情"对治国的必要性。

6. 量的推论。在墨子的演绎推论中，除定言、假言、选言、二难、联锁等形式外，还有一种类似量的推理。这就是从事情的大小、轻重、贵贱等方面，进行推论。

《贵义》载："子墨子曰：'万事莫贵于义。'今谓人曰：'予子冠履而断子之手足，子为之乎？'必不为，何故？则冠履不若手足之贵也。又曰：'予子天下，而杀子之身，子为之乎？'必不为。何故？则天下不若身之贵也。争一言以相杀，是义贵于其身也。故曰：'万事莫贵于义也。'"（《淮南子·泰族训》）"天下大利也，比之身则小；身之重也，比之义则轻"，这是关于两类事物间轻重分量的比较推论。

《贵义》篇又云："子墨子自鲁即（至）齐，过（遇）故人，谓子墨子曰：'今天下莫为义，子独自苦而为义，子不若已'。子墨子曰：'今有人于此，有子十人，一人耕而九人处，则耕者不可以不益急矣'。何故：则食者众，而耕者寡也。今天下莫为义，则子如（宜）劝我者也，何故止我？"（《墨子·贵义》）这是关于事物的量的多少的推论。因为有一个人为义，总比没有一个人为义强些。

《贵义》篇又载："子墨子曰，商人之四方，市贾信（倍）徙，虽有梁关之难，盗贼之危，此为信（倍）徙，不可胜计，然而不为，则士之计利，不若商人之察也。"这是拿商人和士对利益大小计算来比较。

（二）归纳推理。墨子运用多种演绎推论，也用归纳。有时把归纳和演绎结合起来，加强论证的逻辑力量。先介绍他的归纳推理，再谈两类推理的结合。

在《节葬下》，墨子采用求同法的归纳推理来批评厚葬久丧，证明厚葬久丧，并非圣王之道。

（1）"昔者尧北教乎八狄。道死，葬蛩山之阴，衣衾三领，谷木之棺，葛以缄之，既泥（窆）而后哭，满坎无封。已葬而牛马乘之。"

（2）"舜西教乎七戎，道死，葬南已之市、衣衾三领，谷木之棺，葛以缄之，已葬而市人乘之。"

（3）"禹东教乎九夷，道死，葬会稽之山。衣衾三领，桐棺三寸，葛以缄之，绞之不合，通之不坎，土（掘）地之深，下毋及泉，上毋通臭，既葬收余壤其上，垄若参耕之亩，则止矣。"

（4）"若以此三圣王观之，则厚葬久丧，果非圣王之道也。"

以上根据尧舜禹三例，在不同的情况中，有一点是相同的，即都薄葬短丧，依求同法，厚葬久丧，并非圣王之道可明。

墨子并进一步运用归纳法说明厚葬久丧之所以为"中国君子，为而不已，操而不择"的原因，不过是"便其习而义（宜）其俗而已"。

（1）昔者越之东，有輆沐之国者，其长子生，则解而食之，谓之宜弟。其大父死，负其大母而弃之，曰鬼妻不可与居处。此上以为政，下以为俗，为而不已，操而不择，则此岂实仁义之道哉？此所谓"便其习而义其俗也"。

（2）楚之南有炎（啖）人国者，其亲戚（父母）死，朽其肉而弃之，然后埋其骨乃成为孝子。

（3）秦之西，有仪渠之国者，其亲戚死，聚柴薪而焚之，熏上谓之登遐，然后成为孝子。此上以为政，下以为俗，为而不已，操而不择，此岂实仁义之道哉？此所谓便其习，而义其俗者也。

（4）最后得出结论，厚葬久丧，果非圣王之道，不过是便其习，义其俗，此所以中国君子为而不已，操而不择之故也。（《墨子·节葬下》）

墨子的归纳运用，往往结合演绎进行，他从特殊事例中归纳得通则，再根据通则推到其他的个别事例。既有事实根据，又有理论说明，这和西方的全归纳派或全演绎派迥然有别。

我们举《非攻上》为例。在《非攻上》中，先列举各种不义的事例，如：

（1）入人园圃窃桃李，…………亏人自利…………不义；

（2）攘人犬豕鸡豚，…………亏人自利…………不义；

（3）入人栏厩取牛马，…………亏人自利……………………不义；

（4）杀不辜人，拖衣裘，取戈剑…………亏人自利…………不义；

根据以上四例，归纳得结论说"凡亏人自利之事都是不义的"。再以此归纳所得的结论，作为大前提进行演绎。

（1）凡亏人自利之事是不义的，…………大前提

攻人之国是亏人自利之事，…………………小前提

所以攻人之国是不义，………………………结论

（2）凡亏人自利越多，它的不义越厉害，………大前提

攻人之国是亏人自利之最多者，…………小前提

所以攻人之国是最不义的，…………………结论

凡亏人自利之事都可归于"不义类"，这是"以类取"。攻人国既属亏人自利之事，就可以把"不义"的属性给它，这是"以类予"。如果以攻国为义，就破坏了类取类予的原则，因攻国本无正义，今反求人承认它为义，是无诸己，反而求诸人。另一方面，攻人国既具亏人自利的属性，又反对人指它为不义，这是有诸己，而又非诸人。所以后期墨家的"以类取，以类予。有诸己不非诸人，无诸己不求诸人"的原则，实已滥觞于墨子。

归纳和演绎的结合是多方面的。有时归纳和定言三段论结合，如《天志中》论证"义必从天出"。他先用归纳证明天为贵且智于天子。

（1）天子为善，天能赏之；

（2）天子为暴，天能罚之；

（3）天子有疾病祸祟，要斋戒沐浴，洁为酒醴粢盛，以祭祀天鬼，则天能除去之。依求同法，可见天之力大于天子。

（4）然而未知天之祈福于天子也。

依求异法，可知天子之力小于天。从同异两面结合，得出"天为贵且智于天子"的结论。

再用此归纳所得的结论作为大前提，再作定言三段论的论证，

天为贵且智……………………………………………大前提

义从贵且智者出，不从愚且贱者出…………………小前提

所以义必从天出………………………………………结论

在墨子的眼光看来，只有天是贵且智的，因而这一判断的简单换位，即"贵且智为天"也是真的。所以上列第二格的形式好像犯了肯定前提

的错误，但实际上是正确的（就逻辑形式上说）。

在《兼爱中》墨子运用归纳与假言推论结合，论证了兼爱交利，只要君说之，则士众能为之。他先提出"苟君说之，则士众能为之"的假言判断。然后采用归纳事例，得出如上的通则，最后再作假言推论的证明。

"苟君说之，则士众能为之。"…………假言前提

归纳论证：

（1）昔者晋文公好士之恶衣，（君说恶衣）。故文公之臣，皆牂羊（牝羊）之裘，韦以带剑（韦不加饰），练帛（大帛）之冠，入以见于君，君出以践于朝。

——（臣能为之）

（2）昔者楚灵王好士细腰，（君说细腰）故灵王之臣，皆以一饭为节。胁息（屏气喘息）然后带，扶墙然后起，比期年，朝有黧黑之色。

——（臣能为之）

（3）昔越王勾践好士之勇，（君说士之勇）。教训其臣，私令人（原作"和合之"无义）焚舟失火，试其士曰，国之宝尽在此。越王亲自鼓其士，而进之。士闻鼓音，破碎（萃，即行列）乱行，蹈火而死者，左右百人有余，越王击金而退之。（臣能为之）。

（《墨子·兼爱中》）

由以上之例可得出"苟君说之，则士众能为之"的结论。再用此为大前提，作假言推论如下：

苟君说兼爱交利，则士众能为之………………前提

君说兼爱交利………………………………………小前提

则士众能为之………………………………………结论

这证明了兼爱交利不是难事。"是故子墨子乃若夫少食少衣，杀身而为名，此天下百姓之所皆难也，若苟君说之，则众能为之，况兼相爱，交相利，与此异矣。夫爱人者，人亦从而爱之，利人者人亦从而利，……此何难之有焉。特君不以为政，而士不以为行故也。"（《墨子·兼爱中》）这里，墨子兼用了更确然的推论法。因为兼爱交利并不像少衣食和杀身之难，只要在上者提倡，在下的人就容易做到了。

在《公孟》篇中，墨子对公孟子所提"君子服然后行乎？其行然后服乎？"，他答以"行，不在服"。墨子这里采用归纳和选言推论的结合。

（1）"君子服然后行乎？行然后服乎？"……………大前提。

"行"……………………………………………………小前提。

"不在服"…………………………………………………结论。

（2）昔者齐桓公高冠博带，金剑木盾，以治其国，其国治（a）

昔者晋文公大布之衣，牂羊之裘，韦以带剑，以治其国，其国治（b）

昔楚庄王鲜冠组缨，绛（缝）衣博袍，以治其国，其国治。（c）

昔者越王勾践，剪发文身，以治其国，其国治（d）

依求异法，分析得知服装如何和国家的治理没有关系。因"此四君者，其服不同，其行犹一也"。在和定言及假言推论的结合中，归纳加强了它们的大前提。在和选言推论中，归纳加强了它的结论。依推论式的不同，所以结合的方式也各异。

（三）类比推理。墨子论辩注重类，前已谈到。墨子是极善于运用类比来阐述他的主张，或反驳论敌的主张。当然，在《墨子》书中所运用的类比，大多还是一种比喻的意义，还不是严格逻辑意义下的类比推理。但在推论的过程中已起了帮助说明的作用。墨子止楚勿攻宋，说楚王攻宋，和那种有偷东西毛病的人一样，结果楚王停止攻宋，这是很生动的例子。兹再举几个例子来说明他的类比法。

《三辩》载："程繁曰：'子曰，圣王无乐，此亦乐已，若之何其谓圣王无乐也'。子墨子曰：'圣王之命也，多寡之（病其多者，则务寡之）食之利也，以知饥而食之者智也，因为无智矣。今圣（王）有乐而少，此亦无也。'"这里用智之甚少可谓无智来类比圣王之有乐而少，可谓无乐。

《耕柱》载："子墨子怒耕柱子，耕柱子曰：'我毋愈于人乎？'子墨子曰：'我将上太行，驾骥与羊，子将谁策'？耕柱子曰：'将策骥也'。子墨子曰：'何故策骥也？'耕柱子曰：'骥足以责'。子墨子曰：'我亦以子为足以责'。"这里，用策骥和责备耕柱子进行类比，使耕柱子心服。

墨子也注意到类比的重要原则，即同类相比，异类不比。并依此原则揭露论敌类比的错误。

《兼爱中》载："然而今天下之士君子曰：'然'若乃兼则善矣。虽然，不可行之物也，譬若挈太山，越河济也。子墨子言：'是非其譬也，夫挈太山而越河济，可谓毕劫（劼）有力矣，自古及今，未有能行之者也。况乎兼相爱，交相利，则与此异，古者圣王行之。'"挈太山，越河济，是不可能之事；而兼相爱，交相利，是可能之事。二者不同类，不能进行类比。

《耕柱》载："子夏之徒问于子墨子曰：'君子有斗乎'？子墨子曰：'君子无斗'。子夏之徒曰：'狗豨犹有斗，恶有士而无斗矣'？子墨子曰：'伤矣哉！言则称于汤文，行则譬于狗豨，伤矣哉！'"狗豨和人不同类，不能比。

关于类比推理的原则到了后期墨家，就讲得更精细了。

七、关于逻辑方法的运用

墨子对论敌进行辩难时，除运用各种逻辑推理的形式之外，还采用一些逻辑方法。最显著的有如下几种。

（一）对比法。对比法主要从正反两方面比较分析入手，揭出了正面之所以对，反面之所以错，然后得出正确的结论来。例如《辞过》篇把节俭与奢侈浪费进行对比，然后总结出节俭之所以致治，而浪费奢侈之所以致乱，最后论证了节用的正确性。兹分析如下：

"是故圣王作为宫室，便于生，不以为观乐也。作为衣服带履便于身，不以为僻怪也。故节于身，诲于民，是以天下之民，可得而治，财用可得而足"……（正面）

"当今之主，其为宫室，则与此异矣。必厚作敛于百姓，暴夺民衣食之财，以为宫室台榭曲直之望，青黄刻镂之饰。……是以其财不足以待凶饥，振（赈）孤寡，故国贫而难治也"……（反面）

"君实欲天下之治，而恶其乱也，当为宫室，不可不节"……（结论）

在《兼爱下》中，墨子设为"兼士"与"别士"、"兼君"与"别君"的对比。从两方行为的对比中，得出"兼士""兼君"的可靠，被众人所信托；而"别士""别君"却被众所弃。这样作出"兼爱"说的正确论证。

"是故别士之言曰：'吾岂能为吾友之身，若为我身，为吾友之亲，若为吾亲'。是故退睹其友，饥即不食，寒即不衣，疾病不侍养，死丧不葬埋。别士之言若此，行者此"……（反面）

"兼士之言不然，行亦不然，曰：'吾闻为高士于天下者，必为其友之身，若为其身，为其友之亲，若为其亲，然后可以为高士于天下'。是故退睹其友，饥则食之，寒则衣之，疾病侍养之，死丧葬埋之，兼士之言若此，行若此"……（正面）

今有人远行，托亲寄子，"不识于兼之有（友）是乎，于别之有（友）是乎？我以为当其于此也，天下无愚夫愚妇，虽非兼之人，必寄托于兼之有（友）是也"……（结论）

在《非命上》中墨子把"非命者"和"有命者"对比。

"是故古之圣王，发宪出令，设为赏罚以劝贤。是以入则孝慈于亲戚，出则弟长于乡里，坐处有度，出入有节，男女有辨。是故使治官府，则不盗窃，守城则不崩叛，君有难则死，出亡则送。此上之所赏，而百姓之所誉也"……（正面，非命者）。

"执有命者之言曰：'上之所赏，命固且赏，非贤固赏也。上之所罚，命固且罚，不（非）暴故罚也'。是故入则不慈孝于亲戚，出则不弟长于乡里，坐处不度，出入无节，男女无辨，是故治官府则盗窃，守城则崩叛，君有难则不死，出亡则不送。此上之所罚，百姓之所毁也"……（反面，执有命者）。

而强执此者，此特凶言之所自生，而暴人之道也。是故子墨子言曰："今天下之士君子，忠实欲天下之富，而恶其贫，欲天下之治而恶其乱，执有命者之言，不可不非，此天下之大害也"……（结论）。

对比法的优点，即在摆出双方的论点，尽量推演出可能有的情况，使是非利害鲜明地表现，胜负即很快可决。

（二）三表法，或简称三法。三表法是一种证明的方法。证明是非的最有效办法，即人们的实践经验。一种主张能经得起前人的经验，当前人的经验和未来人的实际效益的考验，就是对的，否则就是不对的。

《非命上》云："何谓三表？子墨子言曰：有本之者，有原之者，有用之者。于何本之？上本之于古者圣王之事。于何原之？下原察百姓耳目之实。于何用之？发（废）以为刑政观其中国家百姓人民之利。此所谓言有三表也。"

例如命是否有的，我们可以先用第一表，拿先王的事、先王的书、先王的宪查查看。拿先王的事看，"世未易民未谕，在于桀纣，则天下乱，在于汤武则天下治，岂可谓有命哉？"；再看先王之书、宪、刑，也并没说"福不可请，而祸不可讳（避），敬无益，暴无伤"（《墨子·非命中》）。可见有命说，在第一表是通不过的。

第二，再看第二表。《非命中》云："今天下士君子，[或以命为有]，或以命为亡。我所以知命之有与亡者，以众人耳目之情，知有与亡。有闻之，有见之，谓之有。莫之闻，莫之见，谓之亡。然胡不考之百姓之情，自古以及今，生民以来者，亦尝见命之物，闻命之声者乎？则未尝有也。"可见第二表也通不过。

第三，最后再依第三表，即有命说，相信了，是否可得实际利益。答复是否定的。因为农民如信命，就不努力耕种；妇女如信命，就不努力织绩。可见信命是很不利的。可见第三表也通不过。总结以上三表的考核，可以证明命是没有的。

（三）反诘法。墨子最善于用反诘法来揭露论敌的矛盾，迫使论敌屈服。反诘法即先从论敌的论点出发，逐步推衍，引入自相矛盾的结论，最后使论敌的论点站不住。

《耕柱》载："子墨子谓鲁阳文君曰：'今有一人于此，羊牛犓豢，维（雍）人但割（袒割）而和之，食之不可胜食也。见人之作饼，则还（睘、警视也）然窃之。'曰：舍（予）余食。不知日月（明）安不足乎？其有窃疾乎？'鲁阳文君曰：'有窃疾也。'子墨子曰：'楚四竟之田，旷芜而不可胜辟·誖灵数千，不可胜（入），见宋郑之闲邑，则还然窃之，此与彼异乎？'鲁阳文君曰：'是犹彼也，实有窃疾也。'"这里，墨子先让鲁阳文君承认一件显然错误的事情，然后从这里引申，分析对方的主张，暴露对方的错误，而使其不得不放弃自己的主张。

《鲁问》载："子墨子见齐大王曰：'今有刀于此，试之人头，倅然断之，可谓利乎？'大王曰：'利'。子墨子曰：'刀则利矣，孰将受其不祥？'大王曰：'刀受其利，试者受其不祥'。子墨子曰：'并国复军，贼敖（杀）百姓，孰将受其不祥？'大王俯仰而思之，曰：'我受其不祥'。"这里，墨子从齐大王所承认的道理来暴露他自己攻战主张的错误。

《鲁问》又载："吴虑谓子墨子曰：'义耳，义耳，焉用言之哉？'子墨子曰：'籍设而天下不知耕，教人耕，与不教人耕而独耕者，其功孰多？'吴虑曰：'教人耕者，其功多。'子墨子曰：'籍设而攻不义之国，鼓而使众进战，与不鼓而使众进战而独进战者，其功孰多？'吴虑曰：'鼓而进众者，其功多。'子墨子曰：'天下匹夫徒步之士，少知义，而教天下以义者，功亦多，何故弗言也？若得教而进于义，则吾义岂不益进哉？'"这里，从吴虑承认教人耕战者，其功多出发，迫使他承认不宣传义为错误。

（四）定义法。有时墨子还用定义法来进行论辩，揭露相反论点的错误。《鲁问》载："鲁君之嬖人死，鲁君（应作人）为之诔，鲁人（应作君）因说而用之。子墨子闻之曰：'诔者，道死人之志也。今因说而用之，是犹以来首（狸首）从服，（言以狸驾车，不能胜任）也'。"这里，墨子从诔的定义出发，批评鲁人诔的不当。

当然，所谓定义法不是只作名词上的规定，而应重视定义所指的具体内容，这是和墨子的讲实效相符合的。墨子所谓"仁人"，所谓"义士"，都不是普泛的、空洞的道德名词，而是对广大人民能有实际利益行动的人。至于墨子所谓"义"，也不是儒家所谓空洞的"宜"，而是能够"有力以劳人，有财以分人"（《墨子·鲁问》）的模范人物。墨子的"仁人"，也不是像儒家所指的空洞地爱人，而指"必务求兴天下之利，除天下之害"（《墨子·兼爱下》）。在《非攻中》墨子曾谈到有誉义之名，就应有誉义之实。《非攻下》云："子墨子曰：今天之下所誉善者，其说将何哉？为其上中天之利，而中中鬼之利，而下中人之利，故誉之与？意亡非为其上中天之利，而中中鬼之利，故誉之与？虽使下愚之人，必曰，将为其上中天之利，而中中鬼之利，而下中人之利，故誉之。"所谓"善"决不是空洞的道德名词，而是指具有实际利益来说的。

八、结束语

老子说："知者不言。"（《道德经》，56 章）又说："大辩若讷。"（《道德经》，四十五章）孔子最讨厌"佞者"，认为"利口"能复邦家。[1]老、孔都不主张言和辩。老子站在小农阶级立场反对奴隶主的黑暗统治和新兴地主阶级的经济压迫。但老子的不满，抒发为韵文式的篇章，未作详细的逻辑论证。孔子站在地主阶级保守派的立场，提出"徕远人""举贤才"等有利于封建制的一些措施。同时对旧的文物制度又不舍得完全

---

[1]《论语·阳货》："恶利口之复邦者。"

抛弃。他用正名的办法来调和新旧的矛盾。他有因有革，而不是彻底地变革。他只作了许多道德的、政治的训条，没有作出逻辑的论证。墨子站在小手工业劳动者的立场，反对旧有奴隶主阶级的黑暗统治和封建地主阶级的奢侈与攻夺。不论对于保留旧的，如天鬼，或提出新的，如兼爱、非攻、非乐、节用等等，他都提出充分的理由来，加以逻辑的论证。他一方面"不异"，但又"不与先王同"。不论是异，是同，都要找出合理的根据。这一合理根据的客观基础，即当时小手工业劳动者的利益。墨子注重"谈辩"。他的各种主张都按逻辑推论进行。"非人者必有以易之"，而这一"易"，就需要有充分的逻辑论证，否则不易使人信服。墨子之成为我国古代逻辑思想的先驱者，不是偶然的。

墨子从劳动者的利益立场出发，敢于正视现实中的矛盾。同时他又是工匠出身，不像老、孔生长于奴隶主贵族家庭，因而他能确认客观现实，坚持从外到内的唯物主义认识论路线。这和老、孔的认识论陷入唯心主义者相反。

墨子从唯物主义认识论出发，树立他的唯物主义的逻辑思想。他确认客观现实，以感觉经验为知识的可靠依据。这样，他的逻辑思想也以个别具体事例为始基，以"类"为逻辑推论的关键，以实际效果为正确性的最后标准。这些都是具有唯物主义精神的光辉思想。

墨子关于思维形式的运用是灵活的。演绎、归纳和类比是错综为用，相互配合，正表现他逻辑思想的全面性。虽则思维形式的结构尚未能明白确定，这是草创期所难免的情况；但墨子本人的逻辑思想基本上是健康的。

在另一方面，墨子的逻辑思想也还存在着缺点。他的世界观是宗教唯心主义的，这就不可避免地给他的逻辑思想以坏影响。例如他片面强调耳闻目见的感觉经验，竟信鬼为真；强调实际利益，把天鬼利益和人的利益摆在一起，且以"天志"作为一切推论的最后依据。在反儒的斗争中，也受阶级偏见的影响，有时陷于诡辩。例如他用"室以为室"的命题批判儒家的"乐以为乐"的命题，错误地使用同语反复的驳难。又如在《三辩》中，墨子反驳程繁圣王有乐说时，认为圣王的乐很少，可以说是无乐。但在《公孟》中，反驳公孟子对三日之丧的批评时，却又说三日之丧和三年之丧不同。这样，对很少的乐和很少的丧就产生两种相反的态度，不能说不是一种矛盾。

　　小生产者在以往社会发展的各个阶段中都是被压迫者，所以有革命性的一面。但小生产者不是无产者，他总企图保持他的有限的生产，并希望能有发展。所以小生产者的革命性是不彻底的。他容易在统治阶级的压迫下进行妥协。墨子对奴隶社会的不满，不是进行彻底的革命，而把希望寄托于虚无缥缈的天鬼。这样，就使他的逻辑思想蒙上一层非科学的色彩，这是受他的阶级所制约的。当然，墨子的认识论和思想方法比起老、孔来已前进一大步。不过小生产者对于建立完整的封建主义文化是无能为力的。小生产者不是推翻奴隶制的主力军。在当时巨大的政治变革中，小生产者只能起到协助的作用。小生产者的软弱性决定着他的思想的不彻底性。封建主义的文化只有到了战国晚期封建地主阶级取得了巩固的胜利之后才真正形成。墨家的逻辑思想也只有到了战国晚期后期墨家的手中才形成完整的科学体系，墨子的宗教迷信成分才被剔除。后期墨家正代表着由小手工业阶层上升为商人地主阶级的利益。由于阶级关系的转变，反映到逻辑思想方面也自不能不有相应的转变。恩格斯认为思想体系的重大变化，"是由造成这种变化的人们的阶级关系即经济关系引起的"[1]。这从墨家逻辑思想的发展可以得到证明。

　　我国古代的唯物主义思想到战国末期发展到了高峰。后期墨家的逻辑科学体系、荀子的自然天道观和韩非的社会进化观，代表着地主阶级在当时所能达到的、文化方面的最高成就。毛泽东同志说："在阶级社会中……各种思想无不打上阶级的烙印。"[2]于此更信而有征了。

　　（本文原载《中国逻辑思想论文选（1949-1979）》，北京：生活·读书·新知三联书店，1981 年）

---

[1]《马克思恩格斯选集》第四卷，北京：人民出版社，1972 年，第 253 页。
[2]《实践论》，《毛泽东选集》（一卷本），北京：人民出版社，1966 年，第 273 页。

逻辑的共同性与特殊性

崔清田

一、问题的提出

在逻辑史研究与逻辑的比较研究中,诸多中外学者早就注意到不同历史条件和文化背景下的逻辑有共同的一面,也有特殊的一面。沈有鼎所著《墨经的逻辑学》一书的"结论"是很简短的,但在这十分简短的"结论"中,却有一大段文字被用来讨论具有人类共同性的思维规律和形式在中国的表现方式的特质。他说:"人类思维的逻辑规律和逻辑形式是没有民族性也没有阶级性的。但作为思维的直接现实的有声语言则虽没有阶级性,却是有民族性的。中国语言的特性就制约着人类共同具有的思维规律和形式在中国语言中所取得的表现方式的特质,这又不可避免地影响到逻辑学在中国的发展,使其在表达方面具有一定的民族形式。"[①]我国另外一些著名学者也从不同角度、用不同方式提出了逻辑的共同性与特殊性的问题。胡适在 1919 年初版的《中国哲学史大纲(卷上)》中指出:《墨辩》即名学,即逻辑学;《墨辩》的逻辑学有不同于印、欧逻辑的特点;墨家名学"形式的(Formal)一方面,自然远不如印度的因明和欧洲的逻辑,……有学理的基本,却没有形式的累赘,这是第一长处。印度和希腊的名学偏重演绎,墨家名学却把演绎归纳一样看重。……这是第二长处"[②]。金岳霖在《冯友兰〈中国哲学史〉审查报告》中,也提出了论理的普遍性与特殊性的问题:先秦诸子的思想"如

---

① 沈有鼎:《墨经的逻辑学》,北京:中国社会科学出版社,1980 年,第 90 页。
② 胡适:《胡适学术文集·哲学》上册,北京:中华书局,1991 年,第 154、155 页。

果有一空架子的论理，我们可以接下去问这种论理是否与欧洲的空架子的论理相似。……如果先秦诸子有论理，这一论理是普遍呢？还是特殊呢？这是写中国哲学史的一个先决问题"①。

詹剑峰"历时四载，三易其稿，潜心苦思"而成《墨家的形式逻辑》。他在该书"弁言"中谈到印度因明、希腊逻辑与中国辩学，认为其"思维逻辑的发展有共同性"。同时，在该书"结论"中，他也指出了"墨家形式逻辑"的特异之处。他说："墨子形式逻辑关于论式方面，不免简略。譬如推论式，墨子就没有明确的论述，更谈不上周密，比起希腊逻辑和印度的因明略有逊色的。""《经》下后一部分所采用的立论形式，有时亦有标奇立异，耸人听闻，使人有诡异之惑。""墨子的认识论和逻辑在表现'务实'的特征。"②

欧洲逻辑学家安东·杜米特留（Anton Dumitriu）以逻辑发展的历史过程为据，明确提出了逻辑的多样性；"我们已经论述了二千五百多年的逻辑史，可以看到在此期间人们以各种方式构想和简述逻辑学，可以发现在不同时期之间有巨大差别。……逻辑演变过程的各个阶段，都反映了一种特殊的历史背景。"

上述各家所论中的具体内容虽不尽相同，一些看法或可有待商榷，但是他们都涉及或提出了有关逻辑的共同性与特殊性问题。尽管各家提出这一问题的角度、方式和态度有别，但无碍所提问题的重要意义。因此，我们应当对之进行深入的思考与探讨。

二、逻辑的共同性

不同社会和文化背景下，人们运用的推理均有共同的组成、共同的特征、共同的基本类型和共同的原则。同时，这些共同方面也构成了不同逻辑理论或思想的共同基本内容。

共同的组成：任何推理都是由命题组成的，而命题是由词项构成的。与之相应，有关词项、命题和推理的理论，就成了逻辑学的共同内容。

---

① 金岳霖：《金岳霖文集》第 1 卷，兰州：甘肃人民出版社，1995 年，第 627 页。
② 詹剑峰：《墨家的形式逻辑》，武汉：湖北人民出版社，1956 年，第 123 页。

例如，亚里士多德的三段论学说包含了实然命题和构成实然命题的词项的理论，以及三段论推理的理论。与之相类，中国古代的逻辑思想也有关于名、辞、说的全面讨论。

共同的特征：任何推理都是由前提得出结论的过程，是以一个或几个命题为根据或理由以得出一个命题的思维过程。中国古代逻辑思想在论及辞的得出或确立（"立辞"）时，也明确地提出了应以理由为根据予以推出。这就是所谓的"夫辞，以故生，……立辞而不明于其所生妄也"（《大取》），以及"以说出故"（《小取》）。这表明，墨家的"说"，也是由作为理由的（"故"）的"辞"去得出和确立另一个"辞"的过程。

共同的基本类型：对于推理的划分有两种观点。一种观点是，依照思维进程的走向将推理区分为：由一类事物或现象的一般性知识推出该类的个别或部分事物、现象知识的推理；由个别或部分事物、现象的知识推出该类事物或现象普遍性知识的推理；由一个或一类事物现象的知识推出另一个或一类事物、现象知识的推理。另一种观点是，依照前提与结论联系的状况将推理区分为：由前提必然得出结论的必然性推理和由前提不必然得出结论的或然性推理。

这些类型的推理普遍地存在于东、西方各民族人民的实际思维中，也被不同程度地反映于不同的逻辑理论或思想中。例如，亚里士多德的三段论是一种必然性推理。同时，《墨辩》也提出了推论必然性的学说与相应的"效"式推论。所谓"以说出故"，"故，所得而后成也"，"大故，有之必然，无之必不然"等等论述，都表明《墨辩》认识到了推论中的必然性的一面。这就是由理由（故）得出结论（辞）的过程（立辞）中，理由（故）与结论（辞）之间有必然的关系。

共同的原则：同一律、矛盾律、排中律在传统逻辑中有重要地位。这几条规律是全人类都要遵守的推理原则，不会因为地域、民族、文化的不同而有所区别。不同文化背景下的逻辑理论或思想，也都反映和概括了这几条规律。例如，亚里士多德在《形而上学》中对矛盾律有如下的表述："互相对立的命题不可能同时都是真。"与之相类，"矛盾律和排中律就在《墨经》所给'彼'的定义中明确地表示出来了"[1]。这就是《墨经》所谓的"辩，争彼也"，"或谓之牛，或谓之非牛，是争彼也"，

---

① 沈有鼎：《墨经的逻辑学》，北京：中国社会科学出版社，1980 年，第 13 页。

"彼，不两可两不可也"（"彼"据胡适校，"不两可两不可"据沈有鼎增前"两"字）。

此外，逻辑学总结的正确的推理形式和规律，是获得科学知识和进行正确交际与沟通所必需的工具，可以被不同地域、民族、国家以及不同阶级的人们使用，因而具有普遍意义。

三、逻辑的特殊性

约略说来，由于社会和文化条件不同而形成的逻辑的特殊性，主要表现在以下几方面：

其一，居于主要地位的推理类型不同。

现实生活中的推理论说活动，是社会实践的一部分。它总是围绕着社会实践的需求，并服务于这种需求而进行的。因此，社会需求的状况，就会影响到推理论说的状况；前者的不同，就会带来后者的差异。

在我们就希腊、印度和中国的古老文明进行比较时，有人认为中国传统文化更富有人文精神。这种人文精神的突出表现是伦理政治受到特别的关注，以至形成了文化的轴心。对自然界的探索与神学宗教体系的建立则相对地较为缺乏。就文化中起主导作用的哲学而言，庞朴也强调了中国哲学的人文特征。"哲学在西方的意思是爱智；而在中国，哲学则是明智之学。爱智追求理性的享受，明智则致意于做人。"[①]

上述的文化背景，使"诚意、正心、修身"的道德修养要求，以及"齐家、治国、平天下"的政治要求融为了一体，成为古代中国社会思想与实践的主题。与之相应，人们的推理论说也就主要服务于伦理政治方面各种思想的教化与宣扬，以及不同主张之间正误当否的争辩。

社会的这种需求和实证科学的缺乏，没有导致推理的规范、严密，却在关注论说正误的同时，也十分关注论说的直观、简明、生动，为的是便于运用推理论说去晓喻和说服他人与取胜论辩的对手。由此，以事物或现象之间的同异为依据的"推类"（或"类推"），就成了古代文献中占有重要地位的一种推理，同时，"在古代人的日常生活中类比推论

---

① 庞朴：《中国文化的人文精神》，上海：上海人民出版社，1987年，第54页。

有着极广泛的应用"①。

古代希腊与古代中国不同。在那里，虽然有论辩对推理的要求，但更有科学的发展，特别是科学发展对推理的需求。科学的发展要求一种可以产生科学知识的推理。由真实前提必然得出真实结论的演绎推理符合这种需求，在科学研究中得到了应用。罗素指出："几何学对于哲学与科学方法的影响一直是深远的。希腊人所建立的几何学正从自明的，或者被认为是自明的公理出发，根据演绎的推理前进，而达到那些远不是自明的定理。""从一般的前提来进行演绎的推理，这是希腊人的贡献。"②亚里士多德概括了古代希腊的科学成果，建立了以演绎推理（三段论）为核心内容的传统形式逻辑。

其二，推理的表现方式不同。

所谓表现方式可以包括：第一，相同类型的推理，在不同文化背景下的具体特征不完全相同。第二，推理具有规范论式的状态不同。

就推理具体特征的差异而言，我们可以举出类比作为例子。西方传统逻辑的类比是根据两个或两类事物在若干属性上相同，推出它们在其他属性上相同的过程。沈有鼎认为，墨家的"类推"包含了"类比推论"，但这里的"类比推论"与上述类比不同。其表现是，"善于运用类比推论的，一定是能在表面上不相似的东西之间发现本质上的'类同'的人"③。这说明《墨经》的"类比推论"与西方传统逻辑的"类比"有不同的具体特征。

推理具有规范论式的情况也不尽相同。

古代希腊的人们早就运用并且思考推理。在亚里士多德之前或同时，古希腊不仅有论辩的论证、形而上学的论证，更有数学尤其是几何学的论证。几何的方法是纯演绎的、一定程度公理化的。几何论证的重要性质不仅在于所由出发的某些命题的自明性，更在于"推导必须是形式的或者对于几何学所讨论的特殊对象是独立的"④。古希腊最早的逻辑研究多半是由对这种推理的考察所引起的，而且正是包括几何学在内的数学为亚里士多德提供了对证明做的大部分解释。因此，亚里士多德

---

① 沈有鼎：《墨经的逻辑学》，北京：中国社会科学出版社，1980年，第42页。
② 罗素：《西方哲学史》上卷，北京：商务印书馆，1976年，第24页。
③ 沈有鼎：《墨经的逻辑学》，北京：中国社会科学出版社，1980年，第43页。
④〔英〕威廉·涅尔、玛莎·涅尔：《逻辑学的发展》，北京：商务印书馆，1985年，第6页。

的三段论既有明确的论式，也有系统的推演规则。

《墨经》也涉及了推理的必然性。《墨经》中"效"被做了如下说明："效者，为之法也。所效者，所以为之法也。古中效则是也，不中效则非也。"（《小取》）但是，由于现实生活中应用的"效"式推论没有明晰规范的论式，所以《墨经》难于对之作出说明。沈有鼎指出，《墨经》虽有对"效"这种演绎的一般概括，但对论式（"法式"）则"没有如亚里士多德那样的精详研究"[①]。

其三，逻辑的水平及演化历程不同。

人们对推理的运用和认识，是一个不断发展的过程。因此，逻辑也是一个无限的、充满进步的过程。其间，能够对推理类型、推理形式及推理规则给出系统的总结和清晰、规范的说明的，相对而言是逻辑发展的较高水平；反之，则不然。在这个意义上，应当说中国古代的逻辑没有达到古代希腊逻辑学的水平。这正如张岱年所言："由于重视整体思维，因而缺乏对于事物的分析研究。由于推崇直觉，因而特别忽视缜密论证的重要。中国传统之中，没有创造出欧几里德几何学那样的完整体系，也没有创造出亚里士多德的形式逻辑的严密体系。"[②]

不同社会和文化背景下的逻辑的演化历程也不同。

在西方，逻辑学与哲学一起，发源于公元前 6 至前 5 世纪的古希腊。公元前 4 世纪，亚里士多德建立了传统形式逻辑。此后，逻辑不断获得发展。17 世纪，弗朗西斯·培根奠定了归纳逻辑的基础，时至今日已发展出了现代归纳逻辑。同样在 17 世纪，思维就是计算的思想由霍布斯提出，时至今日已发展成了现代形式逻辑。

与西方逻辑的发展不同，中国古代逻辑经历了一条曲折的道路。先秦时期的《墨辩》，已对"推类"进行了研究。到了汉代，随着百家被黜，墨家的逻辑学说及名家的分析思想均走向了衰微。此后，中国古代逻辑再没有获得重大发展。这不能说不是中国传统文化的一大缺憾。

---

① 沈有鼎：《墨经的逻辑学》，北京：中国社会科学出版社，1980 年，第 50 页。
② 张岱年：《文化与哲学》，北京：教育科学出版社，1988 年，第 208 页。

四、问题的意义

讨论并正确认识逻辑的共同性与特殊性至少有以下三方面的意义。

其一，有助于认识不同的逻辑传统。

我们认识逻辑的共同性，就是要看到推理的基本方面以及反映这些方面的逻辑学有全人类性。就这点来说，逻辑是普遍的、单一的，不承认有不同民族的逻辑和不同阶级的逻辑。

我们认识逻辑的特殊性，就是要看到相对于推理的共同性一面的特异之处，以及与之相应的逻辑理论的特异之处。就这点而言，逻辑有多样性，由于社会条件与文化背景不同而有不同的逻辑传统。正如周礼全所说："逻辑作为一个知识体系，总是某一时代、某一民族和某些个人的产物，因而就不可避免地要带有某个时代、某个民族和某些个人的特点。因此，在逻辑发展的历史过程中，就产生了许多不同的逻辑体系并形成了三个不同的逻辑传统，即中国逻辑传统、印度逻辑传统和希腊逻辑传统。"

中国古代的《墨辩》，不仅讨论了"立辞"的基本特征（"以故生"），也讨论了"立辞"中的名、辞、说和基本原则，较为系统地反映并概括了推理的共同的基本方面。应当说，《墨辩》初步讲述了具有普遍意义的逻辑。同时，《墨辩》的"立辞"重在"推类"，并没有形成亚里士多德式的三段论，也缺乏对推理形式和规则的精详研究。所以，《墨辩》又是不同于古希腊逻辑的另一种逻辑，我们不会因为只看到《墨辩》所含逻辑的特殊的一面，就视之为"用逻辑"，而不是"讲逻辑"。

其二，有助于认识逻辑的历史。

逻辑的特殊性是由社会与文化条件的不同造成的。不同的社会与文化背景，会对思维方式及推理的运用产生影响，从而使逻辑也有了一定的特性。社会不断发展，社会条件与文化条件不断演化；受这种不断变化的历史背景的影响，就有了不同构想和阐述的逻辑。这些不同历史时期逻辑的存在，使逻辑有了不同的阶段，处于不断运动的状态，成了一门活的科学，有了自己的历史。

如果我们认定，某一特定时期的特定逻辑类型是逻辑的唯一，不承认逻辑的特殊性与多样性，就会使逻辑成为既没有过去，也没有未来的"现在"，成为丧失自己历史的死的科学，而这是不符合逻辑自身的实际的。

其三，有助于正确进行逻辑的比较研究。

对中外逻辑关系的考察，应当比较而不应比附。

比较，是把中外逻辑视为各自独立的文化现象，顾及它们各自所由生成的社会及文化背景，看到其中相同的东西，更要注意其中诸多因素的巨大差异，以及由此所带来的不同逻辑传统之间的共同性和特殊性。比较要求同，更要在求同的基础上求异。注意求异，我们才能认识逻辑的多样性，才能认识逻辑的历史，也才能进一步探求逻辑的发展规律。

比附，是把一种逻辑视为另一种逻辑的类似物，或等同物，置中外社会及文化背景的巨大差异于不顾，也很少注意甚至无视不同逻辑传统的特殊性，而是一味求同。一味求同，就会使人们以一种文化下的逻辑传统为标准，搜寻其他文化中的相似物并建构符合这唯一标准的逻辑。其结果是，使逻辑的比较研究走向了一种逻辑的复制或再版，而不是对不同历史时期和不同文化背景下的不同逻辑传统的深刻认识与剖析。

中外逻辑的比较之所以走向比附，我们不能排除文化价值取向和文化心态等方面的因素，但从认识上讲，无视逻辑的特殊性应当是重要原因之一。所以，认识逻辑的共同性与特殊性，是正确进行逻辑比较研究的前提。

（本文原载《社会科学》，1999 年第 2 期）

论经验性思维的局限性

张东江

一

所谓"经验性思维",是指在理论推演、实际决策以及日常生活中将特定经验普泛化、固着化,并以之作为思考问题、作出判断的主要依据的一种思维倾向或思维方法。所谓"经验",通常是指感性经验,即人们在实践过程中,通过眼、耳、鼻、舌、身等肉体感官直接接触客观外界而获得的、对各种事物的表现现象的初步认识。经验在人们的认识过程中有着重要的地位,它不仅是由"具体上升到抽象"即由感性认识上升到理性认识的基础,而且是由"抽象到具体"即由理性认识到实践的必要中介。

与经验在认识过程中的重要地位相关联,"经验思维"也成为人类思维的一个重要组成部分。人们通常把思维区分为"感性思维"和"理性思维"两个阶段,而理性思维又是由"经验思维"与"理论思维"(包括形式逻辑思维与辩证思维)两部分组成的。"经验思维"是一种以经验为出发点,适用自己的亲自感受或自己以往所接受的传统观念来进行思考,以认识和把握具体事物的现象及其外部联系的思维活动。从具体的思维过程来看,经验思维是由感性思维上升到理性思维特别是辩证思维不可缺少的重要发展阶段。从人类思维的发展阶段来看,经验思维在人类认识史上起过重要的作用。它不仅是科学发展初期人类所运用的主要科学研究方法之一,而且在十七至十九世纪上半叶,典型的经验思维模式成为当时科学界的主导性思维形式,包括弗兰西斯·培根等在内的许多世界级科学家,主要是凭借经验思维方法,在各自的领域中,建立了名垂青史的丰功伟绩，从而为科学由古典理论形态向以系统论、控制论、信息论为代表的现代形态的发展奠定了历史性的基础。

作为认识发展阶段之一的"经验思维"并不就是本文所讲的"经验性"思维。只有把特定经验固着化、将具体经验普泛化，并在事实上将思维的向度仅仅封限在"经验"的范围之内、自觉不自觉地以"经验"作为思维取向的至上权威时，思维才会表现出"经验性思维"的倾向。在这个意义上，所谓"经验性思维"的外延，就不仅包括感性思维，也包括经验思维，而且还可以包括理论思维中的形式逻辑思维。可以说，在整个思维阶段的非辩证思维层面所表现出来的"唯经验主义"的倾向，都可以归于"经验性思维"。辩证思维作为理性认识的高级阶段，其本质正在于它充分体现了"普遍联系"与"永恒发展"的要求，因此，从理论上讲，真正意义上的辩证思维，应当不会陷入"经验性思维"，应当不会被经验性思维所局限。

二

经验性思维的局限性主要表现在如下几个方面。

第一是狭隘性。如上所述，"经验"是在人们认识过程中起重要作用的一种因素，"经验思维"构成了理论思维的必要前提。在认识过程中，经验的表现形态是多种多样的，既可能是形象形态的，也可能是观念形态的，还可以是形象形态与观念形态的交织物，事实上成为感性认识与理性认识的综合体。在不断进行的人类认识活动中，经验成了认识主体的思维活动赖以依靠的重要"记忆库"。当认识主体受到新认识课题的刺激或挑战时，这个记忆库便会活跃起来，进而着意去寻找，选择与新情况、新问题相同或相似的经验知识，并以此作为思考问题的出发点，去确立解决当前问题的思路与方法步骤。

因此，我们可以说，在人们的认识活动中，经验有着重要的效用性。但是，经验本身又有着天然的缺陷。这就是它尽管有用，却难免狭隘。经验的狭隘性主要表现在以下几个方面。首先，就经验自身来看，既有形象形态的也有观念形态的，既包括感性内容也包括理性内容，但它的基本构成因素或主体毕竟是感性经验，即人们在实践过程中通过肉体感官直接接触客观事物而获得的一种认识。即使其中有一定程度的理性认识内容，但当这些理性认识以"经验"的形式作用于实践主体的认识活动时，这些理性认识已经脱离了先前认识的具体环境，并采取了感性直观的形式。其次，就对某个具体事物的认识而言，经验所涵摄的往往主要是表面现象。尽管事物的现象是认识活动不可逾越的起点，是整个认识得以顺利进行的基础和前提，但事物的本质作为认识活动更为重要的对象和内容，却并非直接呈现在表面现象之中，而是必须运用理性思维"透过现象看本质"才能把握，而这显然不是"经验思维"本身所能完全做到的。最后，就对事物间关系的认识而言，经验所包括的往往主要是外部联系。同类的现象与内在本质的关系相类似，外部联系虽然是把握事物整体关系的入口和起点，但并不能替代事物之间内在联系的内容。可以说，如果不能真正把握事物之间其他的内在联系，就很难说有对其关系的正确认识。而要做到这一点，显然不是经验以及经验思维能够竟其功的。

由于经验及经验思维只是人类整体思维活动中的组成因素或组成部分，因此，它们所具有的上述局限性在一定程度上是在所难免的。而"经验性思维"则以一种趋于极端的形式凸显了经验与经验思维本身所具有的狭隘性。

"经验性思维"总是要将特定经验普泛化、固着化，并将之作为思考问题，作出判断的至上权威，实质上是将思维投向框限在经验之中，以经验作为思维的价值取向来权衡思维对象。这样就把经验与经验思维从整体的认识过程中游离了出来，并扩而充之，使之成为认识活动基本的乃至唯一的环节，从而断绝了经验思维与理论思维之间联系，也排除了这两种思维互相作用使思维向更高层次跃升的可能。可以说，经验性思维对特定经验的固着化、绝对化，把经验思维中的狭隘性局限推向了极端。

第二是保守性。由于经验思维强调以经验作为出发点来进行思维，这本身就包含了一定的保守性，因为任何经验却显然是先在地存在着的，以它为思维的出发点，事实上就树立了一个以先在的观念来剪裁客观的思维向度，从而在理论上表现出了保守的特征。"经验性思维"则将这种保守性特征推向了顶点。经验性思维的保守性主要包括如下两个方面。

　　首先，经验性思维把经验视为思维活动的最重要准则，而经验又是先在的认识与实践活动的结晶，对于尚待进行或正在进行的人类认识活动而言，不是强调根据新的时代精神来批判、改造、充实，发展已有的经验，而是相反，一厢情愿地要求认识活动适应先在的经验，为既有的经验所限定。这种将认识封限在既有的经验性的思想观念中，是经验性思维保守性的突出表现。

　　其次，经验性思维要求以经验来确定认识活动，从根本上颠倒了从客观事物到主观观念的认识路线，希图以既有的主观观念去裁削不断发展的客观世界。在唯物辩证法看来，人类的认识是一个不断发展的过程，不仅感性认识要上升到理性认识，理性认识要返回到客观认知对象相结合，而且认识并不是仅仅通过一个从"具体上升到抽象"，再由"抽象到具体"的往返过程就能完结的，它是一个不断往复不断深化的过程。这个认识过程是建立在客观事物自身处于永恒发展这一前提下的。经验性思维以经验来框衡人类的认识活动，总想以既成的主观观念去裁制不断发展变化的客观对象，这不仅颠倒了从客观事物到主观观念的认识路线，而且使认识滞留在感性经验的水平上，使认识僵化。

　　与经验性思维价值取向的后顾性及以经验框衡认识活动的意向相联系，经验性思维的保守性另一些表现就是满足现状，维护现状，不求发展。这种思维会"不自觉地"产生对发展变化的抵触情绪，有时还动情地排斥发展。从我国实行改革开放的政策以来，特别是党提出由计划经济模式向市场经济模式转化以来，从我们周围不难找到坚持这种思维方法的实例。

　　第三是封闭性。经验性思维把人的思维向度紧紧固着在经验的层面上，这就难免其封闭性。

　　经验性思维的封闭性突出表现为排斥间接经验，排斥理论。因为经验性思维被同化以后，往往只是崇信自身的直接经验，而前文所述及的经验思维中的理论成分已被感性经验所"同化"，成为经验性思维的附属品。这样，其思维起点全部固着在经验性层面上，这些思维方法成了观念上的"嫡系"，由此产生对他人的经验、对理论的轻视，排斥便是自然而然的事了。

　　经验性思维的封闭性另一表现是割断认识与实践的联系。人类思维、人类的认识能力之所以会不断发展提高，其根本源泉是社会实践。

实践—认识—再实践—再认识的运动规律推动了认识随着实践的发展而发展。这个过程，从一定意义上讲，是不断超越经验思维的过程。而经验性思维在感情和习惯的作用之下，将其孤悬在以观念形态存在的"经验"之中。正是在这种极度封闭的"经验"主导之下，教条主义和经验主义这一对孪生兄弟的出现就是难以避免的了。

三

充分认识经验性思维的局限性，努力学会超越思维，对于我们今天的改革开放与建设有中国特色的社会主义的伟大事业有着重要的现实意义。

中华民族曾经创造了光辉灿烂的古代文明。这一文明是建立在农耕自然经济基础之上的。农耕文明贴近自然、循环运作的特点为中国传统文化强调实用、注重经验的特点奠定了深厚的基础。我国传统文化的这一特点在科学技术领域有着鲜明的表现。

众所周知，与中华文化的灿烂成就相呼应，在科学技术领域中，中华民族也曾长期居于世界领先地位。但是自从十七、十八世纪以来，我国的科学技术却逐渐陷入了落后的境地。究其原因，除了我国当时已进入封建社会晚期，社会停滞不可避免地给科学技术的发展带来负面影响之外，只重实用性、固守经验思维应该说也是十分重要的原因。

正如著名科学家李约瑟博士所指出的，在古代科技领域中，中国文明的一个基本特点，也就是其鲜明的实用性。中国古代除了中医学建立博大的理论体系，因而至今仍然有着强大的生命力之外，其他许多领域均缺乏系统的科学基础理论建树。天文学丰富的天象观察、精密的天体测量、频频改进的历法，终因陷入政治应用的轨道而未能进入哲理推理与科学抽象的殿堂。传统数学以实用为前提，成了天文、农业、赋税、商业的附庸，重计算，轻逻辑，始终没有形成严密演绎体系，未能进一步以符号形式来表示各种量的关系。量的变化，以及在量之间进行推导和运算，长期停滞在借助自然语言叙述各种运算的阶段上。这就妨碍了数学发展成为理论性的独立科学。至于技术领域中的一系列发明、创造，更往往"言其所当然而不言其所以然"（阮元：《畴人传》卷 46），"译于法而不著其理"（王锡阐：《晓庵遗书·杂著》），不仅大大影响了技术进步的速度，而且同一技术往往不得不重复"发明"，造成人力物力的极大浪费。可以说，重实际应用虽然作为一种巨大的推动力促进了我国古代科技的发展，但是，讲究实用，满足于经验思维而轻视理论的探讨，终于使科学技术在经历了一定发展之后很难跃上新的水平。因此，当科学发展已进入理论思维阶段，而我国的科技依然停留在经验思维水平时，我国的科技在近代的落伍就是在所难免的了。

近代中国科技的落后，可以看作经验思维对中国历史所产生的负面影响的一个缩影和例证。尤其值得注意的是，经验思维时至今日还是许多国人自觉不自觉的主导性思维方式。经验思维的极端表现——经验性思维——至今仍有较大的市场。这种情况对我国的改革开放和建设有中国特色的社会主义事业是非常不利的。一方面，开放的国际环境要求我们与国际接轨，另一方面在国内我们面临着由计划经济体制向市场经济体制、由粗放式经营向集约化经营的两个转变。这两个方面都要求我们用新的思维方式对待。解放思想，就是要从传统的、习惯性的经验思维方式中解放出来，避免经验性思维方式造成的各种危害。事实上，经验性思维已经给我们造成了不少损失。只看到局部利益和眼前利益，看不到整体利益和长远利益；只看到有形的利益，看不到无形的利益，凭感性经验"拍板"定调，给我们的社会主义事业造成的损害是触目惊心的。除了某些别有用心者外，究其根源，大多与一些人经验性思维作怪有关。

杜绝经验性思维，努力在原有思维基础上发展理论思维，提高理论思维能力，应该是今后推进思维方式变革的一项迫切任务。恩格斯早就指出："一个民族要想站在科学的最高峰，就一刻也不能没有理论思维。"[1]学会理论思维是超越经验思维、杜绝经验性思维的基本途径。当然，思维方法的改变和提高，不同于用不同的具体方法解决同一个实际问题。思维方法科学化，必须是思维者自身有一种内在的要求，对已有的经验思维有所认识，对经验性思维方法的危害有痛切的感受。有了内心的驱动力，才能谈得上学习新的科学的理论思维方法。

---

[1]《马克思恩格斯选集》第 3 卷，北京：人民出版社，1972 年，第 467 页。

时代赋予了我们极其重大的历史责任,中华儿女不仅能建成一个繁荣富强的社会主义国家,也会在这个伟大的社会实践中实现认识方法和认识能力的飞跃,经验性思维的局限性将被理论思维方法所克服。

（本文原载《河北学刊》，1996 年第 6 期）

评《普通逻辑概论》

于永年

迟维东《普通逻辑概论》（天津人民出版社）一书的问世是逻辑学界的一大幸事，它标志着普通逻辑的教学与研究达到了一个新的水平。《概论》值得称道的精湛之处在于以下几方面。

首先，从传统逻辑与现代逻辑（或称之为"数理逻辑"）相互兼容或联系角度架起了二者沟通的桥梁。这是该书的突出贡献。20世纪80年代以来，围绕形式逻辑改革问题全国逻辑学界争论了许久，涌现出"替代论"与"吸收论"两派意见：替代论者认为，形式逻辑学科发展到现在已过于陈旧、不合时宜了，有必要由迅速崛起的数理逻辑取而代之。吸收论者认为，形式逻辑与数理逻辑毕竟是不同的逻辑学科，从内容、研究角度与研究方法、用途等各方面看二者不能相互替代，也无法替代。形式逻辑主要讲传统逻辑的内容，使用的是自然语言，主要用于说话和写文章，使之出言行文合乎逻辑，旨在训练人的思维与表达能力。而数理逻辑则是在两个演算的基础上讲集合论、递归论、证明论、模型论等逻辑理论的，使用的是人工语言（符号语言），主要用于纯思维训练，具有纯形式化的特点，是一种关于数学的逻辑，有着极其严密的推理系统。正是由于传统的形式逻辑主要借助于自然语言表达，而自然语言往往不够规范，这就使得其逻辑理论在叙述方面尚欠逻辑性。因此，有必要吸收或借助于数理逻辑中的有关公式或符号，吸收其有益的营养，来改造传统的形式逻辑。这就是所谓"吸收论"。《概论》的作者主要从"吸收论"的观点出发，又注入了自己独特的见解，也就是侧重于传统逻辑与数理逻辑的联系性上构建普通逻辑体系。其突出表现在于：第一，侧重于命题尤其是复合命题间的相互转换，并把它们之间的转换上升到纯命题公式（符号公式）的转换。初次接触形式逻辑的人往往不习惯于符号公式，但作者则从人们熟悉的具有具体内容的命题开始，从中抽象出其符号公式，显得既自然又简易，使读者从习惯于前者到习惯于后者。本书的作者还加大了复合命题综合推理的力度，并用构造有效演绎推演序列的方法，简化了推理的语言表达。这不但使逻辑推理更合乎逻辑，而且便于普通逻辑与数理逻辑的接轨，为有志钻研现代形式逻辑的人打下坚实的基础。本书架起了从传统逻辑到现代逻辑联系的桥梁，从逻辑理论上填补了传统形式逻辑与数理逻辑联系的空白。在这一点上具有开创性。第二，突出了逻辑真值表理论，为理解普通逻辑原理知识提供了可资借鉴的工具，同时也探寻出由传统逻辑到数理逻辑的有效途径。大凡介绍普通逻辑理论的书，一般也使用逻辑真值表方法，但往往只是使用而已，并没说明真值表的来历与制作过程，导致读者在学习普通逻辑理论时只知其然而不知其所以然，从而使读者被迫地机械记忆各种复合命题的逻辑真值表，增加了学习难度。《概论》的作者从真值表的形成与制作入手，全面讲述了真值表的各种功用，它不但可用来显示各种复合命题的逻辑特性，而且可进行各种复合命题之间的转换，还可以判定任意两个命题之间的各种逻辑关系，复合命题推理形式有效与否等。更难能可贵的是，本书还能将真值表方法与生产实际挂起钩来，使读者感到逻辑的实用价值。通过对真值表的全面解说，把传统逻辑与现代逻辑融为一体，使读者真正体会到现代形式逻辑确实是传统逻辑的新发展，是更高层次的形式逻辑理论。

其次，根据普通逻辑理论自身的各个知识点之间的固有的逻辑联系，变以往的逻辑理论的"板块结构"为"逻辑系统结构"，使普通逻辑更富有逻辑性。搞逻辑的都知道，普通逻辑中演绎逻辑部分的基本内容由五论构成，即概念论、命题论、推理论、规律论、论证论。但这几论如何衔接，特别是命题论与推理论应怎样安排才更合乎逻辑呢？认识是不同的，处理方案也有别。不少逻辑书在叙述了概念理论之后讲述命题的理论，接着讲逻辑基本规律，再讲推理的理论；有的逻辑书则先讲命题逻辑（复合命题及其推理），后讲词项逻辑（概念与由其组成的简单命题及其推理），但又难免违背"由浅入深、由易到难"的一般知识结构程序，从而人为地增加了学习难度。而《概论》的作者则做了较为合乎逻辑的技术处理，使这几块逻辑理论得以最佳组合。特别值得一提的是，在概念论之后，将"命题论"与"推理论"有机结合起来，每讲一种命题则马上跟踪该命题的推理，充分体现了逻辑理论的前后相继性，也突出了"讲逻辑则更合乎逻辑"的特点。

（本文原载《山东社会科学》，1998 年第 3 期）

管理问题认知与科学决策

陶文楼

一、关于管理问题的认知

自然界的研究者提出了《十万个为什么》，人类社会的研究者又提出了《千万个为什么》，研究方方面面的科学的人都提出了许许多多的为什么。为什么就是问题，问题是认识自然界、认识人类社会之网上的纽结，是研究认知问题的一个重要范畴。

研究管理科学的也是一样，也提出了诸多的为什么，这就是管理问题。管理问题是管理科学的一个重要范畴。管理问题作为管理科学的范畴，它是主观的、抽象的、高度概括的。但管理问题作为管理科学的研究对象，它又是客观的、具体的，内涵与外延又是非常丰富的。因此，管理问题作为一个科学的范畴是主观性和客观性的辩证统一。

管理问题之所以具有客观性，因为它是管理活动中客观矛盾的反映。毛泽东说过，问题就是矛盾，也可以说矛盾就是问题，管理活动中的客观矛盾就是管理问题。因此，管理问题不是从天上掉下来的，也不是人的头脑中固有的，而是从管理的实践中被认知的。管理问题绝不是无源之水，无本之木。管理问题又具有主观性。它作为认识范畴、概念是一种思维活动，是认识主体，即管理者对管理活动中客观矛盾的反映。它作为一种反映的形式，因此它是认识的符号、指称。

从认知过程来研究，认知的主体（管理者）与客观矛盾相互作用的结果，便形成了管理问题意识，实际上只有形成了自觉的管理问题意识，才算真正发现和提出了管理问题。

管理问题作为管理科学范畴既是抽象的，又是具体的，是抽象和具体的辩证统一。管理问题的抽象性表现在它把其中的具体的人和事都舍弃了，抓住其本质内容而形成科学的范畴、概念。然而管理问题又有具体性，具体性主要表现在多样性上。下面主要考察管理问题的具体性、多样性问题。

管理问题的具体性多样性主要是指它是多种规定的综合。正如马克思所说："具体之所以具体，因为它是许多规定的综合，因而是多种性的统一。因此它在思维中表现为综合的过程，表现为结果，而不是表现为起点，虽然它是现实中的起点，因而也是直观和表象的起点。"

那么，管理问题的具体规定性是什么？关于这个问题，研究管理科学方法论的人有些不同的认识。

一种观点认为，管理问题是需求与满足需求的矛盾，"问题就产生于需求与满足需求的交叉点上。有需求，满足不了就是问题，需求被满足了，问题就解决了。新的需求产生了，又满足不了，于是又产生新的问题。所以我们说发现问题是创造之父，满足需求是创新之母。一切创新根源于此。"这里是把"需求"与"满足需求"作为管理问题的最基本的规定性研究的。

另一种观点认为管理问题是管理标准与管理现状之间的偏差。当管理现状与管理标准之间发生偏离或相距很远时，管理活动就产生了矛盾，产生了管理问题。在这里是把现实状况与管理标准作为管理问题的基本规定性来考察与研究的。

还有一种观点就是把管理问题看作是在管理活动中希望达到的状况与现实状况之间的差异。"希望达到的状况集中表现为管理目标或计划规定的目标，现实状况是指组织内外发生的一切现象和变化的总和。由于组织内部和外部各种因素的相互作用及由此引起的组织变化和发展是十分复杂的，因而，在现实状况和管理目标之间常常出现一定的偏差，这种偏差就是管理问题。"在这里，是把"管理目标"与"管理现状"作为管理问题的最基本的规定去研究的。

上述观点中提出的规定，都是深入研究的成果。虽有差别，但都表明管理问题具有具体性和多样性的特点。

以上观点中所表达的规定是管理问题的最基本的规定，或者说是管理问题的主要因素。管理问题还表现为其他的规定性。管理问题有时表现为机遇。这是由于组织运行或生产经营的运行状况顺利，并产生了出人意料的后果，这种后果将大大超过预期的管理目标，于是产生了管理问题。这种问题一旦出现，管理者必须抓住机遇，即必须抓住这种管理问题，充分利用。就当前的一些企业来说，由于我国加入世贸组织（WTO），国际、国内形势发生了很大变化，政策法规也发生了很大变化，加上科学技术的日新月异的发展，为企业的发展提供了发展的大好环境，使企业的效益有可能大大超过未来预定的目标。如果管理者能够科学地预测形势变化的趋势，抓住机遇，制定科学的决策，会使企业快速腾飞。

有时，管理问题还表现为思维方式的矛盾。例如，在社会主义市场经济条件下，还用计划经济条件下的思维方式。计划经济条件下的思维方式是以计划为基础为前提的，而社会主义市场经济条件下的思维方式是以市场为基础为前提的。社会主义市场经济条件下的价值观念、时效观念、竞争观念等与计划经济条件下的观念是有根本差异的。这种差异也构成管理问题，同样需要加以解决。

管理活动中思维方式的逻辑矛盾也属于一种管理问题，有逻辑矛盾的思维方式是一种错误的思维方式，在管理中是不允许存在的，解决的办法是管理者要学点逻辑，按照逻辑科学的要求去做。管理问题还有深层次的内涵方面的规定性。我在我主编的《管理科学方法论》中，把管理问题规定为管理目标与管理现状之间的矛盾或偏差。

所谓管理现状，是指在组织运行（包括生产经营运行）的过程中，组织内外发生的一切现象和变化的总和。管理现状是一个复杂的系统，主要包含事变、当事人、时间、空间等因素。

事变是指超出一定限度的事件的变化。管理问题的产生首先是同事变相关的。实际上，组织内部和外部的各种因素无时无刻不在发生变化，变化是绝对的。但是并非一切变化都能产生管理问题。许多变化是实现管理目标所不可缺少的，有些变化是不利于实现管理目标的。只要这种变化保持在一定限度之内，就不会引起管理问题；一旦超出了这个限度，就会使管理现状偏离目标，产生管理问题。因此，为了准确地把握问题，必须密切注意事变这个要素，要进一步弄清是什么东西的变化超出了限度。

当事人是指引起事件变化的人。管理问题的产生总是和具体的人相关。人的知识水平、技能水平、工作水平、身体状况、思想道德素质等等，都可能与管理问题的产生相关。因此，掌握当事人的状况，才能准确有效地把握问题，找到解决问题的方法。

时间是指事件变化发生的时间。事变总是有它特定发生时间的。了解管理问题发生的时间对分析问题产生的原因很重要，产生的原因或者与事变同时存在，或者先于事变而存在，但决不会在事变发生之后。因此，明确了事变发生的时间，对于掌握问题也很重要。

空间是指事变发生的地点，可能是发生了事变的部门、地区或工序流程等等。明确事变发生的空间，对于准确地把握问题、了解问题产生的原因和范围都有重要的意义。

所谓管理目标，是指管理者希望达到的结果，其中包含方向、原则、标准等方面。它可能是一种理想，也可能是一种行为规范、准则，还可能是一组数字。例如，"实现共产主义""社会主义现代化三步骤""行为高尚""四有新人""一亿吨钢""三百亿元利润"。管理目标有的相当明确，如每小时生产多少产品，生产每辆轿车降低多少成本，每年增加多少利润等等。有的就较为含混，例如"提高知名度""提高信誉度""改善组织形象"等。管理目标是一个体系。整个组织有一个总目标，总目标有抽象的，也有具体的。要在一个复杂的系统中实现总目标，必须依靠各个成员、各个部门共同努力和协调实现总目标。为此，要将总目标分解为不同的分目标或具体目标。如果需要，还可继续分解，直至每个成员都有自己的具体目标。管理者只有准确地把握目标体系，才可能把现状与管理目标对照，才能发现在哪里出了问题，问题的关键是什么，这样才能找到解决问题的有效方法。

明确了管理问题的规定性之后，还要善于发现问题和准确地提出问题。是否善于发现问题，直接决定着管理的成败，竞争的胜负。

可见，发现问题在管理和竞争中具有多么重大的作用。是否善于发现问题，是管理成败的重要标志。成功的管理者成功的一个秘诀，就在于他们善于及时、自觉、主动地发现管理问题。

发现管理问题的关键是了解管理现状和明确管理目标。说来容易，操作很难。就拿明确管理目标来说，如果掌握得过于严格，就认为到处都是问题；如果掌握得过宽，就可能感觉不到问题。因此，对管理目标的理解是否合理、全面，对于发现管理问题是有重要影响的。如果你把提高利润当作企业的唯一目标，就会把不择手段地赚钱看作好事，把由此引起的不良的社会后果置若罔闻；如果你把企业自身效益和社会效益的统一当作管理目标，你就不仅会把影响企业自身的效益的行为看作问题，而且会把影响社会效益的行为看作问题。如果你把创名牌产品当作管理目标，就会把技术开发、创造新产品中的一切薄弱环节当作问题，你把"保名牌"作为管理目标，你就看不到这些问题。如果你把培养职工民主精神当作管理目标，你就会把职工敢于提出不同意见，敢于批评与当家作主的精神看作好事；如果你把树立个人权威当作管理目标，你就会把群众批评当作问题来抓，如此等等。因此，明确和掌握管理目标不是一件轻而易举的事。了解管理现状也是如此。要了解管理现状，一要把握现实情况，掌握相关的信息；二要抓住信息的内在联系和事件本质；三要注意从整体上全面了解现状。

管理者不仅要善于发现管理问题，而且要准确地提出问题。所谓正确地提出问题，一要准确；二要提的角度合理；三要题解域恰当。所谓准确就是抓住问题的本质，准确地予以表达。提问题的角度要合理，是指提问题有利于问题的解决，而且有明确的针对性，并能较快地实现达到管理目标的目的。正确地提出问题的另一个要求是正确规定题解域，即要有明确的解决问题的方向和适当的范围。

以上是从内涵方面认知管理问题的。我们还可以从外延上广泛认知管理问题，关于这方面的研究，有的认为管理问题有常规问题、非常规问题，战略问题、战术问题与业务问题，单一问题与复合问题等等。还有的认为有现象问题与本质问题、内容问题与形式问题、全局问题与局部问题等等。这方面的研究成果不少，不再赘述。

二、关于科学决策

认知管理问题是属于认知世界的问题。科学决策是属于改造世界的问题。

认知管理问题对于科学决策有什么重要意义呢？我认为管理问题是科学决策的逻辑起点和出发点。

关于科学决策的起点问题，人们提出了一些不同的观点，正确认识这些观点，对于深入理解科学决策的起点问题，无疑是非常重要的。

有人认为，科学决策是理论型决策，它总是在某种理论指导下进行的，因而，掌握必要的管理知识和科学决策的理论，是科学决策的起点。这种看法，把科学决策的前提与科学决策的逻辑起点混为一谈了。要进行科学决策，固然要掌握一定的管理知识和决策的理论，但这只是决策的前提，是科学决策的必要准备，当然这种知识和理论的准备是非常重要的，并有时对决策的科学性及深刻性有重大影响。但是管理者仅仅掌握了一定的管理知识和决策的理论还不能说他已进入了现实的决策过程，他为什么而决策的问题还没有解决。

有人认为，科学决策是根据工作计划做出的，因而制定计划是科学决策的起点。这种观点也是不明确的。决策过程固然需要制定计划，但要弄明白，为什么要制定计划，针对什么制定计划。任何计划都是解决管理问题的计划，计划本身都是为了解决问题而制定的。没有管理问题，计划也就无法制定。

有人认为，科学决策总要以一定的授权为依托，因而授权成了科学决策的起点。但是，管理者之所以必须任命干部，进行授权，正是因为存在急需要解决的问题。授权的目的是解决问题，没有管理问题，也就无须授权。

有人认为，管理者只有在实践的基础上通过调查，通过观察和实验，得到感性材料或信息，并进而加以去粗取精、去伪存真、由此及彼、由表及里地加工整理，才能发现管理问题。因而，他们认为社会调查、观察、实验才是科学决策的起点。如果认为管理问题是科学决策的逻辑起点，就背离了马克思主义的认识论。

关于科学决策的逻辑起点问题真是众说纷纭，莫衷一是。

我认为，科学决策的逻辑起点只能是管理问题。这里要注意，我们研究的逻辑起点，即对科学决策的理性认识的起点问题，而不是研究关于科学决策的起源的认识过程问题。另外，科学决策首先是关于解决未来事件的决定或抉择，而认识未来的事件只能靠推理等理性思维活动去认知。那么以什么作为理性思维的出发点，只能以现有管理问题作为逻辑始点。

就科学决策来说，管理问题贯穿于科学决策的全过程，根据管理问题提出决策方案，针对解决管理问题验证决策方案的有效性和形成最终决策，以及根据如何解决管理问题制定实施计划。因此说，没有管理问题，就没有科学决策的全过程。为什么说社会调查、观察和实验等实践过程不能作为科学决策的逻辑起点呢？这是因为在决策的过程中，确实需要社会调查、观察和实验等实践活动，并提供经验材料和各种信息。但是在科学决策过程中，调查、观察和实验都不是盲目进行的。换句话说，社会调查、观察和实验是有目的、有计划的实践活动。就是说，在科学决策过程中，社会调查、观察和实验的目的是什么、是针对什么去进行呢？说到底还是针对管理问题去进行。因此我们说科学决策的逻辑起点是管理问题，而不是实践活动。其实，这与马克思主义认识论并不矛盾。

既然管理问题是科学决策的逻辑起点，并贯穿于科学的全过程，对科学决策有如此重要的作用，因此，管理者必须树立正确的管理问题意识。

首先，要树立全面的问题意识。所谓全面的问题意识是指针对管理目标，把存在的全部问题找出来，并一一加以解决。毛泽东反复教导我们"要学会全面地看问题"，也就是要树立全面的问题意识。

其次，要树立发展的问题意识。发展的问题意识是指管理现状与管理目标是变化、发展的，随着管理现状与管理目标的变化、发展，管理问题也在变化和发展。因此，我们发现和提出管理问题，必须有发展的意识。比如一个不断发展的企业，去年的管理目标就是今年的管理现状，管理目标一年比一年高，管理现状也跟着一年比一年雄厚，同样管理问题也一年比一年不同。因此，发现和提出管理问题也要有发展的意识。

最后，要树立创新的问题意识。所谓创新的问题意识，是指创造性地发现和提出问题的意识，也就是敢于想别人不敢想，提别人不敢提的管理问题。要树立创新的问题意识就要敢于打破陈规，突破思维定式，不循规蹈矩，敢于异想天开。这样才能创造性地发现和提出管理问题。

树立正确的问题意识的目的是为了进行科学的决策。科学决策关键是确立科学的决策观。管理者应当树立以下的决策观。

第一，超前的预见观。决策都是以现存的管理问题为出发点，以解决管理问题和达到未来的目标为结果的，都是关于未来事件做出的抉择或决定。因此，任何决策必须有超前的意识，对处理未来的事件进行积极的预见和思考，运用科学预见的创造性思维方法。当然，超前不是想入非非，不是超越客观实际，不能像 1958 年中国"大跃进"那样，设想明天就提前实现共产主义。

第二，开拓的创新观。决策都具有探索性，对探索性的设想，要敢试、敢干、敢闯、敢于开拓，敢于创新。

第三，全局的战略观。决策要求决策者要有整体性、方向性和策略性。决策既要有利于长远，也要有利于当前。科学决策必须立足于事关全局的胜算，为此，必须确立明智的战略思想和方法。

第四，足实的效益观。决策必须讲究效益，既要注重社会效益，又要注重经济效益，而且这种效益要是足实的。为此就要充分地利用时间和空间，讲究效率，尽快实现管理目标，在实现目标前，要算计经济利润的获得，要强调必要的社会效益。

第五，科学的逻辑观。在决策过程中，无论是发现和提出管理问题，还是验证决策方案，形成最后的决策，都要运用科学的逻辑方法，特别是非必然性推理的方法，例如集合论的方法、概率与统计推理的方法。就是说，任何决策都是应用逻辑，都要用逻辑的或非逻辑的科学思维方法制定科学决策。

（本文原载《中共南京市委党校学报》，2003 年第 5 期）

论中国逻辑的思想基础与知识体系新构建

翟锦程

逻辑是具有工具性的论证科学,在逻辑史的研究中我们把具有工具性的论证思想划归到逻辑范围。①逻辑也是哲学的基础与根基,任何哲学的发展都与逻辑有密不可分的关系。古希腊逻辑、印度逻辑（因明）和中国逻辑（一般称为"名辩学"）被誉为世界古代逻辑的三大源流。西方哲学从古至今的发展始终有传统逻辑与现代逻辑作为不同形态哲学的论证工具；因明作为印度"五明"知识体系的组成部分,也是内明的论证工具；中国传统哲学从先秦一直持续发展到清末,在不同历史阶段呈现出不同的思想形态,因此,与中国传统哲学演进相伴,其背后必然有论证与支撑中国哲学的中国逻辑。

长期以来,中国逻辑研究存在着比附西方逻辑的取向,这固然是西方逻辑传入后中国逻辑研究与之相对应的必然结果,但"中国逻辑的合法性"问题始终存在。本文将参照逻辑在西方哲学中的根基作用,来挖掘根植于中国本土传统思想生态的、能够对中国传统哲学生长与发展起到根基作用的"中国的逻辑"（Chinese Logic）,从中国逻辑的思想基础、基本对象和内容、核心概念等方面来构建中国逻辑的知识体系。

一、逻辑作为哲学与知识体系的基础

逻辑是知识体系的重要组成部分,也是哲学知识体系的基础,起着

---

① 翟锦程:《用逻辑的观念审视中国逻辑研究——兼论逻辑史研究中的几个问题》,《南开学报》（哲学社会科学版）2007 年第 4 期, 第 36-45 页。

根基作用。逻辑的这一作用在西方知识体系的形成过程以及在中国的传播过程中都得到了充分展现。西方知识体系的源起最早可以追溯到古希腊智者学派和柏拉图。智者学派的雄辩术、修辞学和文法，柏拉图的算术、几何、音乐理论和天文学，构成了古希腊"七艺"的雏形，是西方知识体系的早期形态。到 4 世纪，"七艺"被确定为学校课程的教学内容，6 世纪时"七艺，作为基督教教育的课程，至此便定型了"①。

亚里士多德是公认的多个学科的奠基者，几乎涉及西方知识体系的各个领域，他把知识分为理论的、实践的和创制的三类②，但其中并没有涉及逻辑。显然，逻辑不同于具体知识，而是处理这些知识的工具和方法。这也是后人把亚里士多德的逻辑著述汇集为《工具论》的重要原因。亚里士多德在评价苏格拉底的时候，明确地说明了逻辑的根基作用，他指出："归纳论证和一般定义，这两样东西都是科学的出发点。"③归纳论证与一般定义实际涉及了逻辑的两个核心部分，是科学的出发点，也是知识体系的基础。爱因斯坦也认为："西方科学的发展是以两个伟大的成就为基础，那就是：希腊哲学家发明形式逻辑体系（在欧几里得几何学中），以及通过系统的实验发现有可能找出因果关系（在文艺复兴时期）。"④由此可见，逻辑无论对西方哲学体系的构建，还是对自然科学的发展都起到了根基作用。

中世纪是西方知识体系的巩固与完善阶段，亚里士多德逻辑的根基作用也得到了进一步加强，并成为大学教育的核心内容。例如，1254年巴黎大学攻读文学士、硕士学位 23 本指定书目中，逻辑著作就多达6 本，亚里士多德的著作有 4 本，另外两本是波菲利和波伊提乌对亚里士多德著作做的注解。⑤可以看出，中世纪欧洲大学教育对亚里士多德逻辑高度重视，凸显了逻辑在西方知识体系中的基础地位。1599 年最

---

① 曹孚等编：《外国古代教育史》，北京：人民教育出版社，1981 年，第 95 页。

② 〔古希腊〕亚里士多德：《形而上学》，吴寿彭译，北京：商务印书馆，1959 年，第 118-119 页；苗力田主编：《亚里士多德全集》第一卷，北京：中国人民大学出版社，1990 年，第 488、524 页。

③ 北京大学哲学系外国哲学史教研室编译：《西方哲学原著选读》上卷，北京：商务印书馆，1981 年，第 58 页。

④ 《爱因斯坦文集》第一卷，许良英、范岱年编译，北京：商务印书馆，1976 年，第 574 页。

⑤ 〔美〕E. P. 克伯雷选编：《外国教育史料》，任宝祥、任钟印主译，武汉：华中师范大学出版社，1991 年，第 183-184 页。

终成形的《教育计划》（Ratio Studiorum）是耶稣会在世界各地实施教育的总纲，亚里士多德逻辑在其中的重要性更为突出，这个《教育计划》也是西方知识体系在中国早期传播的基本依据。

早期来华传教士以利玛窦提出的"学术传教"为策略开始传播西方知识体系，并十分强调逻辑的根基作用。高一志撰写的《童幼教育》之《西学》（成稿于 1615 年）第一次向中国知识界介绍了欧洲中世纪知识体系的概貌，明确提出逻辑是"诸学之根基"①。1623 年艾儒略的《西学凡》比较简明系统地介绍了西方知识体系框架，包括文科、理科（哲学）、医科、法科、教科、道科。其中哲学由逻辑、物理学、形而上学、数学和伦理学组成，而逻辑是"立诸学之根基"②，是知识体系各个分支的根基。1631 年由傅汎际译义、李之藻达辞的《名理探》有"爱知学原始"一节，论及"欲通诸学先须知名理探"③，名理即逻辑。他们谈道："惟名理探先设，然后他学得借之以为用耳。"④南怀仁 1683 年编纂 60 卷《穷理学》对逻辑的根基作用作了类似的刻画。由此可见，西方知识体系在中国的早期传播对逻辑及其根基作用给予了充分重视。

古代印度有比较完整的"五明"知识体系。五明包括声明、工巧明、医方明、因明、内明，涵盖了当时印度的知识领域，其中因明为"考定正邪，研核真伪"⑤，是论证内明的工具，在古代印度知识体系中具有重要的位置。由此可以看出，无论是逻辑于西方知识体系，还是因明于印度知识体系，都与哲学层次的知识直接关联，而且也各自具有独立的理论形态。

中国古代知识体系比较典型的有"六艺""七略"和"四部"之说。"六艺"，一为周之"六艺"，《周礼·地官司徒·保氏》曰"养国子以道，乃教之六艺"，即礼、乐、射、御、书、数；二为孔子"六艺"之学，包括《诗》《书》《礼》《乐》《易》《春秋》。至汉代，中国传统知识体系

---

① 〔意〕高一志：《童幼教育》，〔比利时〕钟鸣旦、〔比利时〕杜鼎克等编：《徐家汇藏书楼明清天主教文献》（一），台北：方济出版社，1996 年，第 377 页。

② 〔意〕艾儒略：《西学凡》，《天学初函》（一），台北：台湾学生书局，1978 年，第 31-37 页。

③ 〔葡〕傅汎际译义、李之藻达辞：《名理探》，北京：生活·读书·新知三联书店，1959 年，第 28 页。

④ 〔葡〕傅汎际译义、李之藻达辞：《名理探》，第 31 页。

⑤ 〔唐〕玄奘撰：《大唐西域记全译》，芮传明译注，贵阳：贵州人民出版社，1995 年，第 98 页。

则集中体现为官方的图书分类。"七略"是刘歆将刘向《别录》简化后，把图书分为六部分，即《六艺略》《诸子略》《诗赋略》《兵书略》《数术略》《方技略》，六略共有 38 种，涉及各个知识领域和各家，前有总论《辑略》为全书的概要。魏晋时期"四部"分类法开始萌芽，唐初修《隋书·经籍志》正式以经、史、子、集四部类目命名各类图书，形成了涵盖 55 大类知识的分类体系，其影响长达一千多年。

"六艺""七略"和"四部"之说能否代表中国古代的知识体系还需要作进一步的研究，但这些分类几乎涵盖了中国古代全部知识领域。然而，在这些知识分类中，并没有具有独立形态的"名辩学"或直接与之相关的内容。那么，在中国古代知识体系之中或者之外，有没有类似逻辑于西方知识体系、因明于印度五明，对中国传统知识体系和哲学的发展起到支撑与论证作用的那个东西呢？如果有，它是不是我们要探寻的基于传统思想生态的中国的逻辑呢？因此，研究中国逻辑需要根植于中国传统思想生态，挖掘对中国传统知识体系和哲学起到支撑与论证作用的中国逻辑，而不是对应西方传统逻辑的教学体系来构造中国逻辑的知识体系。

二、对中国逻辑的思想史考察

不同的哲学传统有不同的逻辑作为论证工具。中国逻辑是在中国传统学术与文化这一特定的思想生态中发生和成长起来的，是中国知识体系的重要组成部分，脱离这个思想生态我们就无从讨论中国逻辑；如同亚里士多德逻辑是在古希腊思想生态中发生和成长起来的一样，它是古希腊知识体系的重要组成部分，脱离古希腊的思想生态我们也无法理解亚里士多德逻辑。

中国逻辑这个知识领域是在西方传统逻辑第二次传入中国之后开始出现的。[①]以西方传统逻辑为框架研究中国逻辑的模式始于梁启超，完善于章士钊。梁启超于 1904 年明确提出，墨子"辩"即论理学，"名"

---

① 翟锦程：《近代中国逻辑思想研究源论》，《中国高校社会科学》2016 年第 1 期，第 51-64；157 页。

即名词，"辞"即命题，"说"即前提，并构造出墨家逻辑体系。[①]章士钊于 1917 年开始"以欧洲逻辑为经，本邦名理为纬"[②]编写《逻辑指要》，勾勒出中国逻辑的体系。这种研究模式为近代以来探讨中国逻辑开辟了一条新的路径，其影响一直持续到今天。但其实质是将西方传统逻辑作为一种超越了西方哲学与文化传统的普遍的逻辑，而中国逻辑不过是这种普遍的逻辑在中国文化与哲学中的反映，这样的中国逻辑实际上是西方传统逻辑的体系加上中国传统学术的术语与例证，是"在中国的西方逻辑"的缩影，而不是根植于中国传统思想生态、支撑中国传统哲学与文化的"中国的逻辑"。

逻辑是哲学的间架结构，对哲学的发展起着支撑作用。中国近代以来诸多研究家也意识到了这个问题，胡适指出："回顾九百年来的中国哲学史，不能不深感哲学的发展受到逻辑方法的制约影响。"[③]方东美也认为："我们在研究西洋哲学，或者是对印度本土的雅利安民族所带来的这个思想体系里面，开门见山总是先要把这一套思想建立的程序，同它所应用的逻辑原理拿出来。"[④]从这个意义来看，无论是西方哲学、印度哲学，还是中国哲学的发展和演进，都离不开支撑与论证其思想内容的哲学方法，亦即逻辑。

中国传统哲学的发展从先秦一直持续到清末，作为支撑与论证中国传统哲学的中国逻辑也应该有这样持续的发展进程。近代诸多学者提出的中国逻辑在秦以后便销声匿迹、中断而绝的观点则很难成立。他们的基本认识是，中国逻辑先古至秦为名学或辩学，汉至明末为印度因明，明末至清初则为西方逻辑。[⑤]虽然印度因明在中国有所流传和发展，但对汉至明的中国哲学的发展并没有产生全局性的影响，不足以支撑这一时期的中国哲学。西方逻辑在明末至清初第一次传入中国，与中国传统哲学之间没有什么直接的联系，更谈不上对中国传统哲学的支撑。西方

---

① 《梁启超全集》第六册，北京：北京出版社，1999 年，第 3186-3187 页。

② 章士钊：《逻辑指要》，《章士钊全集》第 7 册，上海：文汇出版社，2000 年，第 295 页。

③ 胡适：《先秦名学史》，合肥：安徽教育出版社，1999 年，第 9 页。

④ 方东美：《华严宗哲学》（下），北京：中华书局，2012 年，第 681 页。

⑤ 陈启天：《中国古代名学论略》，《东方杂志》1922 年第十九卷第四号，第 29-48 页；郭湛波：《先秦辩学史》，北京：中华书局，1932 年，自序。

逻辑对中国近代哲学新体系构建的影响则是在 20 世纪初期以后。[①]

在过去 100 多年，中国逻辑被称为"名学""辩学""名辩学"等。名辩学的出现有其特殊的历史背景和形成过程，我们在此对其名称含义演变的历史过程作一简要回顾。一是"名学"作为 logic 的译名，源自严复翻译穆勒的《逻辑体系》（System of Logic），译为《穆勒名学》，"逻辑此翻名学"[②]。二是"辩学"或"辨学"作为 logic 的译名，源自艾约瑟翻译耶芳斯的《逻辑初级读本》（Primer of Logic），译为《辨学启蒙》（严复另译为《名学浅说》）。三是"名学""辩学"作为中国逻辑的称谓。胡适将其博士论文的英文题目 The Development of the Logical Method in Ancient China，译为《先秦名学史》。郭湛波写作《先秦辩学史》，提出"用'辩学'二字"来称谓中国逻辑。[③]四是以"名辩"专指中国逻辑，张岱年 1937 年完成《中国哲学大纲》初稿，其中一节为《名与辩》，原名为《中国哲学中之名与辩》，专门谈到"名辩与真知"的问题。[④]郭沫若 1945 年的《名辩思潮的批判》，是"要泛论各家的名辩"[⑤]。从以上整理可以看出，近代学者对名辩学的认识，是将其定位于与亚里士多德逻辑、印度因明平行的中国逻辑。而这个中国逻辑的基本体系和具体内容，则是与西方传统逻辑教材体系进行简单比附而构造出来的，并不是严格的科学体系，由此得来的中国逻辑也不是真正意义上的中国逻辑。

接续近代以来的中国逻辑研究，现当代学者围绕名辩学展开了更为深入的探讨。虽然总体思路上认为名辩学是中国特有的东西，并试图寻找"与逻辑、因明相匹配（对应）的中国名辩学"[⑥]，在研究方法上比近代也有所突破，但在观念上还是接续近代的研究思路、参照西方逻辑来研究名辩学。如周云之的《先秦名辩逻辑指要》"是按照今天传统逻辑的教学结构，从概念、命题、推理、论证和规律几个方面来论述和介

---

① 翟锦程：《近代先秦名学研究的文化意义与价值》，《南开学报》（哲学社会科学版）2004 年第 5 期，第 84-90 页。

② 穆勒：《穆勒名学》，严复译，北京：北京时代华文书局，2014 年，第 2 页。

③ 郭湛波：《先秦辩学史》，北京：中华书局，1932 年，自序第 1 页。

④ 张岱年：《中国哲学中之名与辩》，《哲学评论》1947 年第 10 卷第 5 期，第 8-19 页。

⑤ 郭沫若：《名辩思潮的批判》，《中华论坛》1945 年第 2 期，第 9-19 页。

⑥ 刘培育：《名辩学与中国古代逻辑》，《哲学研究》1998 年增刊，第 12-14 页。

绍先秦名辩逻辑的主要理论成果的"①。这样的名辩学实质上仍然是把西方传统逻辑作为一种普遍的逻辑，如同金岳霖 1937 年在《冯友兰〈中国哲学史〉审查报告》中指出的那样："现在的趋势是把欧洲的论理当作普通的论理。"②因此，这样的中国逻辑实质上是西方逻辑在中国的体现和反映，并不是真正意义上基于中国传统学术与思想生态的中国本土的"中国的逻辑"，没有揭示出中国逻辑的本来面目。对名、辞、辩、说等这些中国逻辑特有术语的理解，是基于与西方逻辑的概念、判断、推理、论证的对应而比附出来的，本质上是基于逻辑术语的翻译而转化为对中国逻辑的理解，并不是基于古汉语与中国传统思想生态对这些术语的解读和把握。虽然中国逻辑的主要内容或对象围绕名及其相关问题而展开，但名、辞、辩、说的本来含义是什么，还需要回归到古汉语本身，结合先秦哲学，综合诸子的典籍作出符合其本来意义的解读。

三、中国逻辑的思想基础

在以往研究中国逻辑产生的基础问题时，谈及比较多的是先秦时期百家争鸣的时代背景、诸子对峙的论辩风尚等，论辩的方法似乎构成了中国逻辑的主体内容。不可否认，这些要素对中国逻辑的发生产生了直接影响，但还不能构成中国逻辑生长的思想基础。如同古希腊时期虽然论辩之风盛行，但也不是亚里士多德逻辑的思想基础，只是催生逻辑产生的外在要素，而且古希腊的论辩术、修辞学也不同于亚里士多德逻辑。按照一般的理解，逻辑主要是思维活动与过程，而论辩则更多地表现为语言及其他相关的活动与过程，所以，以论辩为主的这部分学说还不能构成中国逻辑的主体内容。中国古代思想生态的主题是"天人合一"，这是理解和认识中国古代思想与学术的出发点与基本论域，也是挖掘中国逻辑思想基础的基本论域。因此，需要我们立足中国传统哲学的发生与发展，来挖掘支撑与论证中国哲学的中国逻辑，而且这样的中国逻辑在不同时期各家各派的思想学说中具有共同的基础、共同的对象，而非

① 周云之编：《先秦名辩逻辑指要》，成都：四川教育出版社，1993 年，自序第 3 页。
② 刘琅：《精读金岳霖》，厦门：鹭江出版社，2007 年，第 203 页。

各自构造各家的逻辑。纵观中国古代思想史，名实关系、物类关系和象物关系问题在不同时期，都以不同的方式演变和深化，与中国古代哲学具有密不可分的联系。这些问题也是天人关系问题在各领域的具体反映，是带有普遍性的问题，是中国逻辑的思想基础。

首先，名实关系是中国逻辑根本性的思想基础。正名是中国逻辑发生的直接动因，围绕正名方法及其相关问题构成了中国逻辑的主体内容。究其原因在于：其一，正名有悠久深厚的历史渊源。上古时期正名主要涉及对自然万物的命名，如"禹平水土，主名山川"（《尚书·周书·吕刑》）；也涉及社会政治生活领域对人的等级划分，如"帝厘下土方，设居方，别生分类"（《尚书·书序》）。《礼记·祭法》载有"黄帝正名百物以明民共财"，《国语·晋语·文公元年》中有"官方足物，正名育类"之说。"正名百物""正名育类"具有对事物进行命名和分类，对社会生活秩序进行规范的作用。其二，正名兴起的背景是"名实相怨"（《管子·宙合》）。春秋战国时期社会动荡、秩序混乱，而导致各个领域不同的名实不符的表现，如孔子认为是"名不正"（《论语·子路》），墨子认为是"有名"而"不察其实"（《墨子·非攻下》），公孙龙认为是"名实无当"（《公孙龙子·通变论》），荀子则概括为"名实乱"（《荀子·正名》）。诸子各家均以正名为己任，深入讨论了名实关系问题。其三，正名的基础是"辨同异"（《荀子·正名》）。虽然诸子的思想主张不尽相同，但对正名基础问题的认识是一致的，都以"辨同异"为出发点。韩非有"省同异"（《韩非子·备内》）、荀子有"辨同异"、墨家有"明同异"（《墨辩·小取》）等。其四，正名的核心内容是正名实。对实的认识和把握是正名的关键。名是对实的模拟，如墨家有"以名举实"（《墨辩·小取》），是刻画实的符号或文字；实是具体的人、物、事，即名的对象，墨家的"所谓，名也；所以谓，实也"（《墨辩·经说上》）、公孙龙的"夫名，实谓也"（《公孙龙子·名实论》）即是此意。名与实相对应则名正，荀子有"名闻而实喻"（《荀子·正名》），公孙龙有"正其所实者，正其名也"（《公孙龙子·名实论》）等，都说明了正名实是正名的核心。

由上可知，正名的基础是名实关系，其对象是天人合一的统一世界中的万事万物，也就是以所有存在物为对象。"正名实"作为"正名"的核心，它表明正名在根本上是人们对天地万物的认识，并成为其他一切活动有序展开的基础。而"名实相怨"作为推动正名活动不断发展的背景和原因，表明人们对新旧事物的认识处在不断发展和变化之中。推动正名的依据在于"辨同异"而"分类"，因此，虽然正名以具体的存在物为对象，但正名的基础既直接依赖于物之存在本身，又要基于对存在物所作的分类，"物各从其类"（《荀子·劝学》），这就使中国逻辑的名实关系推进到物类关系上来。

其次，就物类关系而论，实与物相应，物与类相连。物类关系是名实关系的扩展，也为名实关系提供依据。主要原因在于：一是实与物是密切联系在一起的。实是具体的物，是具有特定规定性的物，"物以物其所物而不过焉，实也"（《公孙龙子·名实论》）；自然有万物，但需要对它们进行"辨物"、分物，归为不同的类，因为"天能生物，不能辨物也"（《荀子·礼论》），所以要"分其物"（《墨子·非攻下》），以"摹略万物之然"（《墨辩·小取》），以探究万物的本然属性。二是实在其位才能达到名正。通过名认识实，而实要在其恰当的空间位置，"实以实其所实而不旷焉，位也"（《公孙龙子·名实论》），实不失其位，则名正；荀子也提出"万物莫形而不见，莫见而不论，莫论而失位"（《荀子·解蔽》）。实在其位，作为有具体规定性的物，实的正确空间位置也是正名的根据。三是万物都要归于相应的类。物归属一定的类，"万物之理，各以类相动也"（《荀子·乐论》），具有相同属性的物而为一类，"物各从其类"（《荀子·劝学》），而且"类不可两也，故知者择一而壹焉"（《荀子·解蔽》），一定的物只能归于处于一个层次的一个类，而不能同属于两个不同的类。《周易·乾》物"各从其类"的说法也是此意。万物归于相应的类，构成了物类关系的基础。

再次，就象物关系而论，涉及物的形态，是物类关系的扩展。物类关系已经从个别事物推进到对具有"类"属性的普遍事物及其特性的揭示上，进而使物类关系延展至象物关系。"形"与"象"是物的两种形态，也是把握物的特性的方式，是名实关系与物类关系的扩展，而这种扩展则把正名的推类与周易的推演有机地联系起来，构成了中国逻辑基本的理论形态和体系。其根据在于：

第一，万物在生成过程中"有象""有物"。老子提出："道之为物""其中有象""其中有物"（《老子·二十一章》）；道"衣养万物"而万物最终归于道"万物归焉"（《老子·三十四章》）。与具体的个别的实相比，物既是客观的，又是抽象的，对这样的物可以通过象、形来把握，《周易·系辞传》有"在天成象，在地成形，变化见矣"之说，形与象都是物外在形态的具体表现。

第二，物有形，形而有名。道虽"不称"而无名，但道派生的万物却是有名的，"凡物载名而来"（《管子·心术下》），名得自于物的形状，"物固有形，形固有名"（《管子·心术上》）。后期墨家提出的"名若画俿（虎）"（《墨辩·经说上》）的思想也是如此。而且知象、索形而知名，也是正名的一种方式，管子提出："知其象则索其形，缘其理则知其情，索其端则知其名。"（《管子·白心》）《国语》记载"象物天地，比类百则，仪之于民，而度之于群生"（《国语·周语下》），象物而比类，既是知名，也是分类的方式，与《周易·系辞上传》所云"方以类聚，物以群分"的思想是一致的。因此，物有形、有象，形而有名，知象、索形而知名，也是正名的一个有效途径。

第三，象既是物的外化形式之一，也是把握物之特性的一种方式，包含着物的内在属性，具有双重性。象源于物，即观物取象。"观物取象"出自《周易》，《系辞下传》云："古者包牺氏之王天下也，仰则观象于天，俯则观法于地。观鸟兽之文与地之宜，近取诸身，远取诸物。于是始作八卦，以通神明之德，以类万物之情。"象不仅有物的外在形态、物的属性，还表达不同物之间形成的内在联系，所以，八卦是反映万物形态与本然的一种方式。《系辞上》有"易有太极，是生两仪，两仪生四象，四象生八卦"，从哲学角度论及天地万物的生成过程。也有人提出，"四象生八卦"的这八个卦也象征"八大类型的宇宙万物。其分类依据是万物自身的内在性质"[①]。"观象于天""观法于地"与《系辞传》"在天成象，在地成形"的思想内涵是一致的。"观物取象"，既观于大，又观于小，既观于远，又观于近。"近取诸身，远取诸物"与《系辞下》"其称号也小，其取类也大"也是相应的。《左传·僖公十五年》记有"龟，象也；筮，数也。物生而后有象，象而后有滋，滋而后有数"（杜预注："龟以象告，筮以数告，象数相因而生，然后有占，占所以知吉凶"）。物而有象，象而生数，而象数是易学推演系统的基础。这样，通过物类关系的扩展，名实关系所涉及的名、实、物、类，与象物关系所涉及的物、形、象、数紧密地联系在一起，正名的推类与周易

---

① 郑万耕、赵建功：《周易与现代文化》，北京：中央广播电视大学出版社，1998 年，第 38 页。

的推演构成了中国逻辑基本的理论形态和体系。

在近些年的研究中，诸多学者明确提出易学逻辑是中国逻辑的重要内容。如成中英提出"逻辑易"的概念，他认为，"从逻辑的观点看《易经》，《易经》所包含的逻辑、数理系统具有自己的一系列特点"①。通过对名实关系、物类关系和象类关系的考察，我们可以清晰地梳理出正名的推类与周易的推演之间的内在联系，两者具有共同的思想基础，从而把中国逻辑作为一个整体呈现出来。而这部分内容是西方逻辑和印度因明所完全不具有的。

第四，物有象，象而有意。关于象的意义刻画与表达引发了象意、言意问题，进一步充实了中国逻辑的思想内容。《周易·系辞上传》记载："子曰：'书不尽言，言不尽意。……''圣人立象以尽意，设卦以尽情伪，系辞焉以尽其言，变而通之以尽利，鼓之舞之以尽神。'"这里涉及书、言、意，即书面语、口语和意义的关系问题。先秦诸子虽对言意问题有所涉及，但在正名大潮之中并没有占据主流位置，而在以后中国逻辑的发展中象意、言意问题则以其特有的方式变化和延伸。如汉代王弼提出"得象而忘言""得意而忘象"②等问题。至魏晋时期，则演化为玄学的"言意之辨"，推进了经学向玄学的转变，言意关系及其相关问题构成了这一时期中国哲学与逻辑的主题之一。

四、类的基本类型

我们从名实关系、物类关系、象物关系出发对中国逻辑的阐明，实际上是把逻辑作为一种思维活动与认识过程。一百多年来，比照西方传统逻辑所挖掘出来的中国逻辑，对名实关系、正名及一般的分类问题给予了关注，但对与"物"直接关联的"物类""象物"背后的本体论问题，并没有作出相应的充分讨论。因此，阐明中国逻辑的思想基础，需要探究中国逻辑背后的"物自身"问题。这一探究在根本上是超越经验的，是基于"天人合一"的思想生态，在中国逻辑的核心问题上体现为

---

① 〔美〕成中英：《易学本体论》，北京：北京大学出版社，2006年，第293页。
② 〔魏〕王弼著，楼宇烈校释：《周易注校释》，北京：中华书局，2012年，第284-285页。

对类本性的阐明。

从西方哲学的角度来看，名实、物类、象物关系似乎来自经验归纳，但在中国传统文化中并不属于经验层面。名实、物类和象物关系具有前后相联、依次递进的关系，是彼此内含的生成关系与整体关联，也是"天人合一"在三种关系中的具体反映。名实关系、物类关系和象物关系作为中国逻辑的思想基础，都与类的问题密不可分，而且推类是中国逻辑表达推理的基本方式。但在以往对推类的研究中，关于如何推类、推至何类，还没有作出深入的探讨。这与没有对天地万物的类的类型及类本性作出探究有直接关系。因此，需要对类的类型作出具体分析。

从天人万物的一般属性来看，道是涵盖一切的类。各家虽有不同的表述，但基本思想是一致的。老子提出"道者，万物之奥"（《老子·六十二章》），道是万物的本原，"道生一，一生二，二生三，三生万物"（《老子·四十二章》），道生成万物。荀子认为，万物有其来源，"物类之起，必有所始"（《荀子·劝学》），他以"无共"（《荀子·正名》）之名对"遍举"万物的终极作了概括，与道家之"道"具有同一层次的意义。后期墨家也以"达名"（《墨辩·经上》）来概称所有存在之物，虽然没有像道家和荀子那样提出类似"道"层次的终极之类，但也认为有称谓涵盖天地万物的最高的类——"达"。由此可见，诸子都肯定了有涵盖天地万物的最高层次的类的存在。

从天人万物具有的基本属性来看，则有阴阳两类。阴阳是中国古代认识世界万物起源与根本属性的基本范畴，也是解释事物存在状态和变化的哲学概念。西周时期，阴阳观念发展成为阴阳学说，集中表现在《周易》之中，《庄子·天下篇》所云"易以道阴阳"即指此意。"道生一，一生二，二生三，三生万物，万物负阴而抱阳，冲气以为和"（《老子·四十二章》），既说明了万物的来源，也说明了万物具有阴阳这样的基本属性，阴阳是概括天人万物具有的一般属性的两个基本类。

从天人万物具有的特定的共同属性来看，则有五行之类。五行概念最早产生于周代。《尚书·周书·洪范》记载有："五行：一曰水，二曰火，三曰木，四曰金，五曰土。水曰润下，火曰炎上，木曰曲直，金曰从革，土爰稼穑。润下作咸，炎上作苦，曲直作酸，从革作辛，稼穑作甘。"《洪范》所言五行将万物的存在形态归为五类，并对其基本属性和功能作出了初步的说明。

五行观念和五行学说是古代先哲经过长期探索和思考积累而成的，不是一蹴而就的事情。五行观念形成之后，五行成为区分自然万物和社会生活诸多事物的基本分类标准。《尚书·虞夏书·皋陶谟》记载有："百工惟时，抚于五辰，庶绩其凝。……天叙有典，敕我五典五惇哉！天秩有礼，自我五礼有庸哉！同寅协恭和衷哉！天命有德，五服五章哉！天讨有罪，五刑五用哉！"这里涉及天文、政治体制、律法、社会伦理等。自然界的运行、万物的存在、人的身体以及性情等都可归为五类。

五行学说也构成了中国古代各领域学说的思想基础，影响十分显著，而且这些领域学说的后续发展依然离不开五行学说。齐思和指出，"吾国学术思想，受五行说之支配最深，大而政治、宗教、天文、舆地，细而堪舆、占卜，至医药、战阵。莫不以五行说为之骨干。士大夫之所思维，常人之所信仰，莫能出乎五行说范围之外"[①]。庞朴提出："一般都承认，'五四'以前的中国固有文化，是以阴阳五行作为骨架的。阴阳消长、五行生克，迷漫于意识的各个领域。深嵌到生活的一切方面。如果不明白阴阳五行图式，几乎就无法理解中国的文化体系。"[②]顾颉刚也认为："五行，是中国人的思想律，是中国人对于宇宙系统的信仰；二千余年来，它有极强固的势力。"[③]从这个角度来说，五行学说是中国古代知识体系的基础，也是中国逻辑基本分类方法与体系的思想基础。

以五行为基础的分类思想对先秦诸子的正名学说有直接影响。一般认为，荀子对五行持批评态度，或至少没有直接论及五行。但实际上，荀子对"刑名""爵名""文名"的溯源分析恰恰是认可五行的。荀子提出，"后王之成名：刑名从商，爵名从周，文名从《礼》"（《荀子·正名》）。刑名从商，刑名有五，分别是墨、劓、剕、宫、大辟（见《尚书·周书·吕刑》）。五刑源于五行，与五行有具体的对应关系，《逸周书·逸文》云："因五行相克而作五刑"，以五行为据，解释了五种刑罚的合理性。爵名从周，爵名有五，按《通典·职官·封爵》记载，自尧帝、舜帝以及夏朝，置五等爵：公、侯、伯、子、男。五爵法于五行，《白虎通·爵》云："爵有五等，以法五行也。"文名从《礼》，《周礼·春官宗伯·大宗

---

① 齐思和：《五行说之起源》，《师大月刊》1935 年第 22 期，第 40-51 页。

② 庞朴：《阴阳五行探源》，《中国社会科学》1984 年第 3 期，第 75-98 页。

③ 顾颉刚：《五德终始说下的政治和历史》，《古史辨》第五册，上海：上海人民出版社，1982 年，第 404 页。

伯》记有五礼，分别为吉、凶、宾、军、嘉。《左传·昭公二十五年》载：游吉（子大叔）见赵鞅（赵简子），赵鞅问揖让周旋之礼焉。游吉对曰："是仪也，非礼也。"赵鞅曰："敢问何谓礼？"对曰："吉也闻诸先大夫子产曰：'夫礼，天之经也，地之义也，民之行也，天地之经，而民实则之。则天之明，因地之性，生其六气，用其五行。……是故为礼以奉之。'"由此可见，五行也是礼的根据。"刑名""爵名""文名"源于五行，也是"爵列、官职、赏庆、刑罚……以类相从"（《荀子·正论》）的具体体现。这里我们不讨论道、阴阳、五行之间的关系，而要分析如何进行分类。

在类的三种类型中，道作为最高层次的类，涵盖了天地万事万物，是万物的终极之类；阴阳作为万事万物的基本属性，自然天成，相对固定，分有两类；而作为万事万物特定共同属性的五行，对已有事物可按其属性、功能，归其本类，对新名、新实，则需要作出分辨，以类同、类异为依据，通过推类、度类的方式，归其本类。这样，正名、察实、分物、归类，形成了完整的正名推类链条。

五、中国逻辑知识体系的新构建

西方哲学有与其关系紧密的西方逻辑为基础，中国传统哲学的发展也应该以其自身的逻辑为基础。这个逻辑不是对应于西方逻辑体系构造出来的名辩学，而是有其特定思想基础和内容的中国的逻辑。这样的中国逻辑也是我们重新认识中国传统文化、构建当代知识体系的重要基础之一。从一般意义上来说，中国逻辑与西方逻辑、印度逻辑一样，都是以论证为对象，具有工具性、形式性和规范性这些逻辑的一般特性[①]，中国逻辑表达论证的推理方式是推类，推类既不同于西方逻辑的三段论，也不同于印度逻辑三支作法（古因明为"五支分法"）。我们从中国逻辑的对象与内容、推类的方法、核心概念与问题的新解读、一般性特点等几个方面来具体说明中国逻辑知识体系的新构建。

---

① 翟锦程：《用逻辑的观念审视中国逻辑研究——兼论逻辑史研究中的几个问题》，《南开学报》（哲学社会科学版）2007 年第 4 期，第 36-45 页。

中国逻辑是在名实关系、物类关系、象物关系的基础上，以正名为目的、以推类为方法，对名及其相关问题的考察与研究。在中国逻辑的形成阶段，"正名"就是各家诸子逻辑思想的核心。孔子首创"正名"（《论语·子路》）学说，后经荀子完善形成了系统的"制名"（《荀子·正名》）理论；韩非强调"形名参同"（《韩非子·扬权》）、"名实相持"（《韩非子·功名》），名实之间要相互印证，相互依存；公孙龙把"正名"作为其思想的首要任务——"以正名实，而化天下"（《公孙龙子·迹府》）；墨家学派创立了"以名举实，以辞抒意，以说出故"（《墨辩·小取》）的理论体系；虽然"无名"是道家提出的主张，但老庄的"无名"观点在先秦思想中独树一帜，充分显示了道家对名的问题的关注。

正名的基本路线是从名到实、到物、到类，从类到物、到实、到名，名实、物类构成一个相互印证的正名循环圈。表面上看，从名到类是从个体到一般、从类到名是从一般到个体，与西方逻辑的演绎、归纳推理相类似，但实际上它们之间有着本质的区别。演绎推理是从一般前提到个别结论，而从类到名，中间必须要有辨物、察实的环节，进而到单独的具体的名；归纳推理是从个别前提到一般结论，而从名到类，中间有责实、正位、分物的环节，从单独具体的名到一般的类。这也是中国逻辑与西方逻辑具有不同形态、不同特征的根本标志。从这个意义上来说，以正名为核心的中国逻辑主要包括以下几个方面的基本内容：在名实关系基础上，主要涉及名的生成基础、意义、类型，正名的方式与方法、正名的标准，名的谬误、名言关系等；在物类关系基础上，主要涉及类的基础与根据、分类的原则、推类的方式、方法等；在象物关系基础上，主要涉及象的意义、象形关系、象意关系、象数关系等，以及由此演化而来的易学的推演系统。

中国逻辑的基本方法是推类。实现正名的基本途径是对实所归属的类有正确的认识，通过察实（责实），分物、辨物、别物而归类，达到正名的目的。归类的依据是以类的同异为基础，主要有"类同""不类"（《墨辩·经说上》，即"类同""类异"），"同则同之，异则异之"（《荀子·正名》）等。在这个问题上，诸子各家的认识是一致的。

推类是从名到类、从类到名的归类、度类，通过对类的认识、分辨，可以识别物，进而认识实，实与名相对应而实现名正，也就是通过正确的分类实现正名。诸子也提出了具体的分类方法，如墨子提出"知类"

（《墨子·公输》），后期墨家发展为"推类"（《墨辩·经下》），具体方法为"以类取，以类予"（《墨辩·小取》）；韩非则有"明分以辨类"（《韩非子·扬权》）；荀子除有"推类而不悖"（《荀子·正名》）外，还提出了诸如"以类度类"（《荀子·非相》）、"有法者以法行，无法者以类举"（《荀子·王制》《荀子·大略》）等一些具体的分类方法。关于象物、象数问题的探究，则有周易的推演系统和方法，易学推演的具体方法也是推类，并形成了基于推类的易学推演系统。①

　　根据名实关系、物类关系、象物关系和先秦的思想生态，我们可以对中国逻辑的核心概念与问题作出新的解读，而不是与西方传统逻辑的术语作简单对应。以墨家的"辩"为例："夫辩者，将以明是非之分，审治乱之纪，明同异之处，察名实之理，处利害，决嫌疑。焉摹略万物之然，论求群言之比。以名举实，以辞抒意，以说出故，以类取，以类予。有诸己不非诸人，无诸己不求诸人。"（《墨辩·小取》）对这段话理解的关键是如何解释"辩"。目前，一般将其解为论辩、辩说，但如果从正名、察实、分物、归类的角度来理解，仅作为论辩、辩说是不充分的，而且"辩"的六项任务仅仅依靠"辩"也不能完全实现。吴毓江所撰《墨子校注》中有"'辩'，陆本、茅本作'辨'"②之说。如果将"辩"解为"辨"，则不仅包括了言谈辩说的语言活动，也可以扩展到人的思维活动和认识活动，"辨"就与察实、辨物有机地结合在了一起。这样，以正名为核心，"以名举实，以辞抒意，以说出故"可解为：用名来模拟实，用辞来表达名的意义，用说来解释名具有这种意义的根据。辨的目的是"摹略万物之然，论求群言之比"，探究万物之本然，对各家之言作出评判；《墨辩·大取》所谓"辞以类行……立辞而不明于其类，则必困矣"，也说明了名、辞都是和类有直接联系，而不是与概念、判断简单对应的，是一个完整的正名过程。

　　中国逻辑作为论证的方法具有鲜明的工具性特点。以往的研究，往往认为诸子各家都有自己的论辩、论证方法和判定标准，这样的逻辑实际上起不到一般性的工具作用，只能是服务于某个学派的特殊的论证方

---

①　吴克峰：《易学推类逻辑的类型分析》，《南开学报》（哲学社会科学版）2006 年第 6 期，第 97-105 页。

②　吴毓江撰、孙启治点校：《墨子校注》（下），北京：中华书局，2014 年，第 631 页。

法。从前面的分析可以看出，先秦诸子的逻辑思想具有共同性，都是围绕正名这一核心，是正名实、辨万物、归其类的普遍方法，其工具性特点已经有所明确，正如鲁胜所言："孟子非墨子，其辩言正辞则与墨同。"①各家围绕名实关系、物类关系、象物关系问题从多角度展开了探究，如《公孙龙子》涉及的一系列问题：《名实论》的物、实、位、正问题，《白马论》的白、马之形色问题，《坚白论》的坚、白问题，《指物论》的指物关系问题等。这些问题不仅在公孙龙那里得到充分讨论，其他各家也探讨了这些问题，如涉及形色问题，《庄子·达生》提出"凡有貌象声色者，皆物也，物与物何相远？夫奚足以至乎先？是色而已"。《尹文子·大道上》有"形而不名，未必失其方圆黑白之实"。涉及名、位、物、类问题，韩非提出"审名以定位，明分以辨类"，"名正物定，名倚物徙"（《韩非子·扬权》）。由此可见，各家在讨论正名问题的同时，对与之相关的其他问题也给予了关注。

所谓诸子逻辑思想具有差异性是对天地万物的理解、正名途径、正名的具体方式方法存在不同。如，涉及正名问题，墨家、荀子均提出名辞说的问题，而荀子又进一步深入到心、道问题；涉及名的分类，墨家有达、类、私之分，荀子有大共名、无共、大别名、无别之分，尹文有命物、毁誉、况谓之名的分类（《尹文子·大道上》）。这些问题我们都可以通过对名实、物类、象物关系的理解获得新的解释。先秦诸子逻辑思想的差异性，恰恰说明了中国逻辑内容的丰富性，从而构成了在形成阶段的中国逻辑独特的理论体系。

总之，我们根据先秦时期特有的思想生态，基于名实关系、物类关系、象物关系的把握，对中国逻辑的对象和内容作出了新的解读。这种解读并不是对应西方逻辑的理论体系作术语上的比附，而是参照西方逻辑在西方哲学体系中的基础地位和根基作用，来分析中国逻辑在中国哲学中的地位和作用，对中国逻辑的思想内容和基本理论重新作出新的理解。对中国逻辑的核心概念与关键问题的解读，则采取"以中释中"的方式，既不是用西方逻辑术语，也不是借助现代汉语，而是参照先秦诸子对这些概念和问题的理解，合理地分析其本来含义，作出合乎中国哲

---

① 〔唐〕房玄龄等撰：《晋书》第八册，北京：中华书局，1974 年，第 2433-2434 页。

学与文化的解释。同时，基于象物关系与名实关系、物类关系的内在联系，易学逻辑的推演系统也和推类紧密地联系在一起了。这样，我们看到的中国逻辑就是一个整体的、可以支撑和论证中国哲学，对中国哲学起到根基作用的"中国的逻辑"了。

喻类载道 彰显理性

——试论先秦名辩学对中国古代文学的影响

田立刚

无论在一般人的意识中，还是在科学类别的相关划分中，文学和逻辑学似乎都存在着很大的差别。因此，探讨中国古代的逻辑思想，即先秦名辩学理论，与中国古代文学之间的联系，存在诸多疑难。但是，深入考察宏观文化背景下的先秦名辩学和古代文学，仍然可以发现它们之间的一定关联，找到二者在历史上互动影响的一些现象、线索和规律。

一、逻辑学与文学间联系与区别的文化考辨

逻辑学和文学是既有明显区别，又有一定联系的两个学科。

逻辑学与文学的不同，主要表现在它们的研究对象、思维方式和研究方法等方面的区别。文学研究的基本对象是文字和语言，它属于一个特殊的学术领域。广义上的文学，是研究文字语言的发生、发展及其意义演变，文字构成文章的体例和文字语言表达的规律、规则的科学。狭义的文学，是指以艺术化的方式刻画人物、反映生活、表达思想情感的语言形式。逻辑学则是关于思维形式和规律的一般方法的科学，它不研究文字和文章的具体思想内容，而只研究它们的结构方式。由对象的不同直接影响到二者的思维形式的不同和使用方法的不同，逻辑学研究主要采用抽象思维的形式，重点分析思维或语言对象的类属性和类关系；文学研究则取形象思维和具象思维的形式，关注人和事物具体的形象与现象。文学方法偏重感性描述和语言的具体意义，逻辑学方法则侧重理

性分析和语言的抽象概括。

当然，文学和逻辑学也存在一定的联系。首先，如前所述，广义的文学是文字之学、文章之学、文法之学。文字有意义和对象，逻辑学中与之对应的是概念的内涵和外延。文章要有一定的逻辑结构，特别是论说文对思想观点的论证要采取一定的判断和推理形式，必须遵守逻辑的规则和规律。文法即语法，它和逻辑对思维结构分析的研究方法具有密切联系，这种联系在西方现代语言哲学和逻辑哲学相关研究中表现得尤为突出。其次，即使从文学的狭义规定性上看，文学创作、文学对人物和故事的描述，尽管主要运用形象思维的方法，但是人物心理和行为的关联与变化的描写，故事中各种具体事物复杂关系的叙述，同样要遵循思维的规律，如同一律、矛盾律等。20 世纪中后期曾一度在世界上广为流行的推理小说、推理电影等文学表现形式，直接运用了一种或多种逻辑推理结构描述故事情节的发展，表现了文学创作中应用逻辑方法的可行和必要。再次，文学表现的对象是人和事物，而人类社会与自然界的规律在古代称为"人道"和"天道"，文学理论研究文学发展的特点和规律，具有"名言"的作用，正如隋唐魏徵所言："文者，所以明言也。古者登高能赋，山川能祭，师旅能誓，丧纪能诔，作器能铭，则可以为大夫。"①这也凸现了宋代周敦颐所说的"文，所以载道也"②的社会功能，文章是用来说明"道"的，文学是为行"道"服务的，而"载道"的功能不能脱离思维规律的制约，同样需要应用逻辑方法和逻辑规律。

中国古代文学与名辩学的联系，除具有文学与逻辑学联系的一般情形外，还有其历史文化层面上的特殊联系，这主要是由中国古代社会历史文化背景以及文学最初形态与名辩学产生的相关性使然。中国古代最早的历史文献，如《诗经》《易经》《尚书》和《左传》等，通常被认为是中国最古老的文学作品，先秦诸子的著作也属于最早的文论篇章，它们都属于中国文学史研究的对象。造成这种现象的原因之一，是"中国先秦时期曾将哲学、历史、文学等书面著作统称为文学"。③正是上述古代文论和史籍经典，对先秦名辩学思想的产生和发展有过重要的影响。

---

① 魏徵：《经籍志集部总论》，《隋书》卷三十五，中华书局校点本。
② 参见周敦颐：《通书·文辞》。
③ 参见《辞海》（文学分册），上海：上海辞书出版社，1979 年，第 1 页。

近年来中国逻辑史的研究成果表明,在先秦名辩学理论中占有重要地位的故、理、类等基本范畴,其思想渊源正来自那些古老的文献和著作之中。兹引述如下以证之:

故:"……故有爽德,自上罚其女,女罔能迫。"(《尚书·商书》)"公摄位而欲求好于邾,故为蔑之盟。"(《左传·隐公元年》)"龙车行刑,必问于近训而咨于故实。"(《国语·用语上》)"阳卦多阴,阴卦多阳,其故何也? 阳卦奇,阴卦偶。"(《易传·系辞下》)

理(亦称"法"):"以土会之法,群五地之物生。""以土宜之法,熟十有二土之名物"。(《周礼·卷十》)《诗经·小雅·信两山》:"我疆我理,东南其亩。"《诗经·大雅·绵》:"栖疆栖理,栖宣栖亩。"

类:《尚书》中有"肆类上帝,祀于六宗"(《尚书·尧典》)之说。《周礼》中的"类"大多就祭祀种类而言,如"凡天地之大哉,类社稷宗庙则为位"(《周礼·春官宗伯上》)。《国语·周语》云:"物象天地,比类百则,仪之于民。而应之于群生。"《左传·昭公二十年》云:"民有好、恶、喜、怒、哀、乐,生于六气,是故审则宜类,以制六志。"《左传·昭公七年》云:"六物不同,民心不壹,事序不类,官职不则,同始异终,胡可常也?"

上述古代文论和历史文献中故、理、类等概念的使用及其意义的逐步演变,为先秦名辩理论的出现奠定了基础,同时推动了先秦名辩思想的产生进程。而名辩学范畴和理论形成之后,又反过来对先秦以至后来的文学理论和文学创作产生了长久而广泛的影响。要发现和揭示中国古代文学与名辩学的联系,阐释先秦名辩学对古代文学理论和文学创作的影响,有必要对它们联系与发展的情况和特点作些探讨。

二、先秦名辩方法对秦汉之后文学理论的影响

先秦名辩学中最重要的逻辑范畴,当属"类"和"名"。

类,是反映事物本质规定性和事物之间同异关系的逻辑基本范畴。在中西方古代逻辑思想发展史上,类概念都被认为是逻辑学建立的重要

基础。类对于逻辑如此重要，所以先秦各家的名辩思想都对类作了明确的规定，并提出了以类为推的推理准则和要求。儒家孟子提出："凡同类者，举相似也。"（《孟子·告子上》）荀子指出："凡同类同情者，其天官之意物也同。"（《荀子·正名》）"言以类使。"（《荀子·子道》）名家的邓析提出了"别殊类使不相害"（《邓析子·无厚》）的逻辑要求。墨子对论者反复强调"察类""明故"的名辩原则，并提出了"有以同，类同也；不有同，不类也"的区别类同、类异的标准。

名，这个范畴也是先秦逻辑思想中的重要范畴，它不仅仅是思维论说形式的最基本的组成部分，而且还是名实关系讨论中的主要方面。关于名，先秦墨家、儒家和名家也都非常重视，墨家把"察名实之理"（《墨子·小取》）作为论辩的基本任务之一，并提出了名的分类方法——"名，达、类、私"。（《墨子·经上》）儒家孔子、荀子都讲"正名"，荀子还写下了《正名》篇，专论正名的各种逻辑问题。著名辩者公孙龙更以"正名实而显于天下"（《公孙龙子·迹府》）。

上述情况表明了类和名的观念在先秦名辩学中的重要地位。当然，名和类是密不可分的。凡事物之类必有其名，名是类的符号、标志；而名与名之间则显示了类的分别，即名的区分又要以类为基础。围绕着类和名这两个概念，先秦名辩学还形成了一套较为完整的逻辑思维的方法，这对后世文化和文学的发展产生了深远的影响。

隋唐时代的文学理论家在总结研究文学现象及其发展规律的过程中，引入了先秦名辩学关于类和名的一套方法。如魏徵编作《群书治要》一书，力求对史书中名的散乱现象做系统的梳理，以使其"触类而长"。"但《皇览》《遍略》，随方类聚，名目互显。……引而申之，触类而长。"[①]另一位文学理论家高士廉也指出："以为观书贵要，则十家并弛；观要贵博，则《七略》殊致。……则万物虽众，可以同类，千里虽遥，可以同声。"[②]根据类的原则对名和名目做出全面的整理，在文学中分清事物类的同异，并通过文学理论和文学作品将名的同异关系加以合理的表现，由此形成了古代文学的一大特色。

在事物之名的属对分类研究方面，成就非常突出的当属唐代文论

----

① 魏徵：《群书治要序》，《群书治要》卷首，四部丛刊本。
② 高士廉：《文思博要序》，《全唐文》卷一三四，中华书局影印本。

家、著名诗人上官仪，他的文学理论名篇《论对属》《属对》和《诗人玉屑》等著作，针对名的属对、名的分类，以及属对方法在文学中的必要性和重要性等问题，提出了比较系统的理论和看法。

首先，关于名的属对、分类对文章和文学的必要性。上官仪指出："凡为文章，皆须对属。诚以事不孤位，必有配匹而成。至若上与下，尊与卑，有与无，同与异，去与来，虚与实，出与入，是与非，贤与愚，悲与乐，明与暗，浊与清，存与亡，进与退。如此等状，名为反对者也。……除此以外，并须以类对之。一二三四，数之类也。东南西北，方之类也。青赤玄黄，色之类也。风云霜露，气之类也。鸟兽草木，物之类也。……比物各从其类，拟人必于其伦。此之不明，不可以论文矣。"①在这里，上官仪所强调的"凡为文章，皆须对属"，"此之不明，不可以论文矣"等，都是对名辩学中的类和名的有关思想在文学、文章中应用的重要性的充分肯定。

其次，关于诗歌等文学作品中属对、分类的标准和思路。上官仪提出："诗有六对。一曰正名对，天地日月是也。二曰同类对，花叶草芽是也。三曰连珠对，萧萧赫赫是也。四曰双声对，黄槐绿柳是也。五曰叠韵对，彷徨放旷是也。六曰春拟对，春树秋池是也。"②上述六类中，除后三类是按照文学的音韵修辞原理进行分类外，前三类"正名对""同类对"和"连珠对"，都是按照与名辩思想有关的标准来进行划分的。其中，正名是先秦名辩理论的主题之一，同类借鉴了名辩方法中"同类相推"的原则，连珠则是发端于先秦的一种充分条件假言命题的连锁格式。此外，上官仪还根据《易经》"阴阳相生"和老子"正反相成"的思想，分析了具有反对关系或矛盾关系的名构成属对的情况，他指出："名对。天、地，日、月，好、恶，去、来，轻、重，浮、沉，长、短，进、退，方、圆，大、小，明、暗，老、少，凶、吉，……如此之类，名正名对。"③

最后，对诗歌等文学作品中同类对与异类对的分别作了探讨。"同类对。同类对者，云、雾，星、月，花、叶，风、烟，霜、雪，酒、觞，

---

① 上官仪：《论对属》，《文镜秘府论汇较汇考》北卷，中华书局本。
② 上官仪：《诗人玉屑》卷七，上海古籍出版社排印本。
③ 上官仪：《属对》，《文镜秘府论汇校汇考》东卷，中华书局本。

东、西，南、北，青、黄，赤、白，霄、夜，朝、旦，山、岳，江、河……"
"异类对。又曰：'风织池间字，虫穿叶上文'。"释曰："'风''虫'非
类，而附对是同。'池''叶'殊流，而寄巧归一。或又对以而对回文，
别致同词，故云异类。"①在文学理论上分清属对及其类别，对诗歌等
文学作品的创作具有一定的指导意义，对古典诗歌的格式规范与内容表
达都非常必要。正如刘勰所言："故比类虽繁，以切至为贵。"（刘勰：
《文心雕龙·比兴》）以上所引与先秦名辩思想中类的观念有关的文学理
论探讨，对唐代诗歌的发展起到了推动作用。

　　先秦名辩思想对后世文学观影响较大的还有"道""法""理"的观
念。道，本义为道路，后引申为世界及事物的规律，如老子所言："执
古之道，以御今之有，能知古始，是谓道纪。"（《老子·十四章》）道在
中国传统哲学和名辩学中又有"天道"和"人道"之分。法，也有规律
的意思，但更多的是指事物的法则，如《墨子·经上》云："法，所若
而然也。"《墨子·经下》云；"一法之相与也尽类。"理，本指事物的纹
理，后衍生出事物本质和规律的含义，如："凡以知，人之性也可以知，
物之理也。"（《荀子·解蔽》）上述思想对秦汉、隋唐等时期的文学观和
诗的理论都产生了一定的影响。

　　隋唐时期经学大师孔颖达曾指出："夫诗者，论功颂德之歌，止僻
防斜之训，虽无为而自发，乃有益于生灵。"②无为而发，即顺乎自然，
如墨家所讲的"所若而然"，这样的诗才对人的社会生活和精神世界起
到有益的作用。唐代文学家李翱强调"文以明道"，他指出："《诗序》
曰：情发于中，声成文而谓之音。理世之音，安以乐，其政和。乱世之
音，怨以怒，其政乖。亡国之音，哀以思，其人困。政得失，动天地，
感鬼神，莫近于诗。先王以是经夫妇，成孝敬，厚人伦，美教化，移风
俗。……悦古人之行也者，爱古人之道也。故学其言，不可以不行其行；
行其行，不可以不重其道；重其道，不可以不循其理。"③透过这些论述，
可见先秦名辩思想中理、道等观念对后世文学理论的长久影响。

---

① 上官仪：《属对》，《文镜秘府论汇校汇考》东卷，中华书局本。
② 孔颖达：《毛诗正义序》，《十三经注疏》，中华书局影印本。
③ 李翱：《答朱载言书》，《全唐文》卷六三五，中华书局影印本。

三、名辩学对古代文学创作的具体影响及其表现

　　名辩学除了对古代文学理论和文学创作思想发生过重要影响外，还对具体的文学创作实践活动有重要影响。这可能是一般文学家和文学史家很少关注到的一个方面。因为文学理论研究和文学创作活动，更多的是考察文学史自身的发展，以及文学创作的完善性，而忽略久远历史上的一些作为思想根基或创作源泉的因素。事实上，名辩学对语言表达及论说形式和方法的研究，注定会和历史上像文学这类关于思想、情感及其表达的研究与实践活动有着直接或间接的联系。名辩学对两汉时期辞赋及其演变而成的骈文体，对魏晋南北朝时期的连珠这种文学表达形式的兴盛，甚至对唐代诗歌的兴盛产生的影响，都可以发现上述联系的线索。

　　骈文，是汉代时期出现的具有俪辞偶句特征的一种叙事论说文体，它是由汉代早期的流行的辞赋发展而来。汉初，贾谊、枚乘、邹阳等人的创作，为骈文的产生奠定了基础，其后司马相如、东方朔、扬雄等人都留下众多篇传世的骈文佳作。枚乘在《谏吴王》中写道：

　　　　臣闻得全者昌，失全者亡。舜无立锥之地，以有天下；禹无十户之聚，以王诸侯。汤武之土，不过百里，上不绝三光之明，下不伤百姓之心，有王术也。故父子之道，天性也。忠臣不避重诛以直谏，则事无遗策，功流万世。臣乘愿披腹心而效愚忠，惟大王少加膽测担之心于臣乘言。[①]

　　司马相如《喻巴蜀檄》写道：

　　　　夫旁郡之士，闻风举燧燔，皆摄弓而驰，荷兵而走，流汗相属，唯恐居后。触白刃，冒流失，义不反顾，计不旋踵；人怀怒心，如报私仇。彼岂乐死而恶生，非编列之民，而与巴蜀异主哉？计深虑远，急国家之难，而乐尽人臣之道也。故有剖符之封，析桂而爵，位为通侯，处列东第，终则遗显号于后世，传土地于子孙。行事甚

---

　　① 枚乘：《谏吴王》，参见《汉书》卷五十一本传，《文选》卷三十九。

忠敬，居位甚安逸；名声施于无穷，功烈著而不灭。是以贤人君子，肝脑涂中原，膏液润中原，而不辞也。[①]

这些当时骈文的佳作表明，"骈文与散文是对称的一种文体，也称骈俪文或俪体。骈文之产生，其远因源于俪辞偶语，其近因源于辞赋与散文之会合。我国文学史上这种特有的俪词偶语的出现，不是偶然的，而是有其各方面的原因"[②]。范文澜在《文心雕龙》卷七《丽辞》注中指出："原丽辞之起，出于人心之能联想。既思'云从龙'，类即'风从虎'，此正对也。既思'西伯幽而演易'累及'周旦显而制礼'，此反对也。正反虽殊，其由于联想一也。古人传学，多凭口耳，事理同一，取类相从，记忆匪艰，讽咏易熟，此经典之文所以多用丽语也。"[③]将骈文的出现归于联想，这并没有错误，可并不确切。联想这种思考能力和心理现象在任何文学形式中都会有所表现，并非只存在于骈文之中。真正促成骈文形成和发展的应当是"事理同一，取类相从"的观念，即"理"和"类"的意识。从邓析最早提出的"动之以其类"（《邓析子·转辞》），后来墨家主张的"以类取，以类予"（《墨子·小取》），一直到秦汉之际的《吕氏春秋》所讲的"类同相召"（《吕氏春秋·召类》），这一名辩传统对汉代文学思维方式的影响，可能才是骈文兴起的更重要的原因。另外，墨家提出的"侔，比辞而俱行也"（《墨子·小取》）的论式，对骈文"俪词偶语"的特点应该也有一定的影响。

先秦名辩学对文学的另一重要影响是推动了连珠体的产生，以及在后世使其不断完善。连珠体，又称连珠式、演连珠，它是中国古代的一种文学格式，也是名辩学总结提出的一种论式。连珠因句式含义环环相扣、句型紧密关联，犹如连珠一般，使表达的意思或论述的思想纵向形成严谨的串联逻辑结构，即前一个的命题和语句往往是后一个命题和语句的逻辑前提，故而名之。沈约曾将连珠体的特点概括为："辞句连续，互相发明，若珠之结绯。"[④]

---

① 司马相如：《喻巴蜀檄》，转引自聂石樵：《先秦两汉文学史稿》，北京：北京师范大学出版社，1994 年，第 193 页。

② 聂石樵：《先秦两汉文学史稿》（两汉卷），第 186—187 页。

③ 转引自聂石樵：《先秦两汉文学史稿》（两汉卷），第 187 页。

④ 沈约：《注旨制连珠表》，参见《艺文类聚》卷五十七所引。

关于连珠体的缘起，有始于邓析、韩非以及班固等不同说法。①实际上连珠体最早发端于先秦名辩讨论，孔子关于正名的一段论述，可能是连珠体的最初雏形。孔子曰："必也正名乎。名不正，则言不顺；言不顺，则事不成；事不成，则礼乐不兴；礼乐不兴，则刑罚不中；刑罚不中，则民无所措手足。"（《论语·子路》）孔子之后，韩非对连珠的确立作了重要贡献，在《韩非子》一书中，他写下了二十余篇的连珠文论，其中经典一例如下：

> 徭役多则民苦，民苦则权势起，权势起则复除重，复除重则富人贵；苦民以富人贵，起势以借人臣，非天下长利也。（《韩非子·备内》）

至魏晋南北朝时期，连珠体又有了新的发展。研讨过先秦名辩之学的陆机、葛洪等人把演绎、归纳和类比的逻辑方法融于连珠之中，更注重譬喻的运用。演绎型的连珠，如陆机所作：

> 禄放于宠，非隆家之事；官私于亲，非兴邦之选。是以三卿世及，东国多衰蔽之政；五侯并轨，西京有凌夷之运。②

这就是说，把爵禄和官位给自己的宠臣和亲戚，都不是兴国安邦的良策。因此，才有鲁国重用三卿（仲孙、叔孙、季孙）世家而衰，西汉成帝封侯五个舅舅，而遭政权被篡夺。从一般性命题推出个别性论断，应用了演绎推论的模式。归纳和类比型连珠，如葛洪在《广譬》篇所述：

> 开源不易刊，则无怀山之流；崇峻不凌霄，故无弥天之云；财不丰，则其惠也不厚；才不远，则其辞也不赡。故睹盈大之牙，则知其不出径寸之口；见百寻之枝，则知其不附毫末之木。
>
> 金以刚折，水以柔全，山以高移，谷以卑安。是以执雌节者，无争雄之祸；多尚人者，有召怨之患。（《抱朴子·广譬》）

这两个连珠，前者以山水的源流和崇峻，类推人的财富和才能，属于类比推论。后者以金、山刚高而遭折移，水、谷柔卑却保全安，说明

---

① 参见：《哲学大辞典》（逻辑学卷），上海：辞书出版社，1988 年，第 212-213 页。

② 转引自温公颐、崔清田：《中国逻辑史教程》，天津：南开大学出版社，2001 年，第 197 页。

隐忍节制可避祸,过人逞强招怨恨的一般道理,运用了归纳推理的方法。连珠体若"珠之结绯"的句式很有文学的特色,同时,其中的"则""是以"等连接词的使用,又表现了其思想的连贯和逻辑的严谨,有受先秦名辩学影响的明显印记。

先秦名辩学对古代诗歌的兴盛发展也起过巨大的影响作用。以唐代的诗歌创作为例,"现在见于《全唐诗》一书中的,就有二千三百多个诗人所作的近五万首的诗歌。其中,如李白、杜甫和白居易等,都是负有世界声誉的大诗人"[①]。无论是李白张显的浪漫主义气质,还是杜甫表现的现实主义风格,喻、比、兴等文学要素的运用,都反映出唐代诗歌创作的重要特点。喻,是比喻、譬喻;比,是对比、类比;兴,是借人或事而抒发感情和表达思想;三者都与名辩学的论式有一定的联系。以下引用几首流传较广的唐诗,略加分析。

> 朝辞白帝彩云间, 千里江陵一日还。
> 两岸猿声啼不住, 轻舟已过万重山。（李白《下江陵》）

在这首诗中,李白运用了丰富的比喻,辞白帝城于彩云之间,是指与白帝城临近的巫山上彩云环绕,就像在乘舟人的身旁。白帝城至江陵有千里之遥,沿长江顺流而下,舟急而至,可期以一日,李白在诗中用"一日还""万重山"来比喻船行之疾。猿声自不能将江中的船叫停,此句实比喻没有什么能阻挡轻舟的疾驶。比喻,在墨辩中定义为"辟也者,举他物而以明之也"（《墨子·小取》）。辟,古与譬字通假,义指譬喻。诗中正是通过对诗人眼中两岸景色的描写,来表现诗人归心似箭、舟行如飞的快乐感觉,达到以景喻人、以景喻舟的目的。

> 床前明月光, 疑是地上霜。
> 举头望明月, 低头思故乡。（李白《夜思》）

李白的这首五言绝句,表现了远在他乡的人借月夜思念家乡的情怀,诗中很好地运用了比和兴的文学手法。"明月光"和"地上霜"、"举头"和"低头"、"望明月"和"思故乡"都构成了鲜明巧妙的对比,而且属于同类相对、相比。本来月色是自然景观,思乡是人的心情感受,

---

① 见《中国文学史》（第二卷）,北京:人民文学出版社,1979 年,第 320 页。

二者并无必然联系，但在长期反复出现的生活经历中使人们悟到，月色最容易勾起思乡的情感，所以将二者联系起来，构成观念中的同类事物。

　　关于唐诗中的这种以类成喻，比文而兴意的文学现象，于近处追究应当与前述唐代文学理论对"类"和"名"的研究与规定有关，往远处溯源则受到先秦名辩学中关于类同、类异，以及名的种类和关系的思想影响。当然，在浩瀚的唐诗宝库中，类似的例子不胜枚举，深入的研究能够揭示它们与古代名辩思想之间的更多的联系，因为从思维方式的角度来看，文学创作和文学理论一样，不可能完全游离于传统思维方式之外。这方面的研究工作，有待于今后进一步的挖掘和整理。

（本文原载《南开学报》，2009 年第 1 期）

中国古代从"类"范畴到"类"法式的
发展演进过程

张晓芒

一、引言

援类而推的方法，是中国古代社会特有的并广泛使用的一种思维方法，它是按照两种不同事物、现象在"类"属性或"类"事理上具有某种同一性或相似性，因此可以由此达彼、由言事而论道的一种推理论说方式，它经由"假物取譬"、引喻察类的过程，通过论说者的由"所然"进到"未然"的认知形式，描述、说明、论证或反驳了一个思想的是非曲直。这种方法的特质是建立在"类"概念基础之上的，其发展演变成为中国古代主导的推类"法式"也有其历史的成因。

恩格斯曾经说过："每一时代的理论思维，从而我们时代的理论思维，都是一种历史的产物，在不同的时代具有非常不同的形式，并因而具有了非常不同的内容。因此，关于思维的科学，和其他任何科学一样，是一种历史的科学，关于人的思维的历史发展的科学。"[①]因此，当我们探讨这种主导推理类型的特质时，我们不能不将眼光上溯至产生它的那个年代，寻问它与当时的社会历史文化有无一定的联系。

---

① 《马克思恩格斯选集》第 3 卷，北京：人民出版社，1972 年，第 465 页。

二、从兽名到思维法式的发展演进路程

"类"是中国先秦逻辑思想中的一个非常重要的范畴,它是关于定名、立辞、推论的基本概念。但是,"类"的原初意义却并非如此,它演变成为中国古代推类思想的基础,有一个演变发展的过程。我们有必要将其梳理一番。

1. 兽名及特点

在甲骨文、金文中尚无"类"字的出现,它是在最接近原始形态的神话中出现的:"亶爰之山,多水无草木,不可以上。有兽焉,其状如狸而有髦,其名曰类。自为牝牡相生也。"(《山海经·南山经》)其特点即为"亶爰之兽,自孕而生,曰类"(《列子·天瑞》)。

2. 由兽名引申出来的"祭"名

从红山文化的玉猪龙揆度,在远古狩猎时代,"类"可能也与某个地区的初民群体的生活息息相关,因而日后也曾可能做过某个部落祭祀活动的祭品,体现了一种自然神崇拜,继而被演变为一种祭祀形式的代名。在先秦文献中,"类"作为祭名的语言形式已经确立,在文献中大量出现。

"是类是祃('祃',古代军队驻扎的地方举行的祭礼,引者释),是致是附,四方以无悔。"(《诗·大雅·皇矣》)晋代郭璞注:"师出征伐,类于上帝,祃于所征之地。"《尔雅·释天》解:"是类是祃,师祭也。"

"正月上日,受终于文祖,在(察。引者释)璇玑玉衡,以齐七政,肆类于上帝,禋(望,拜望。引者释)于六宗,望于山川,遍于群神。"(《尚书·舜典》)唐代孔颖达疏:"类,祭于上帝。"类,通禷,《说文解字》云:"禷,以事类祭天。"

"掌六祈以同鬼神示,一曰类,二曰造,三曰禬,四曰禜,五曰攻,六曰说。"(《周礼·春官宗伯下》)[①] "凡师甸,用牲于社宗则为位,类

---

①《周礼》亦称《周官》或《周官经》。搜集周王室官制和战国时期的各国制度,添附了儒家政治思想。《周礼》原有周公所作之说,但近人从先秦铜器铭文所记载的官制,参证《周礼》中政治、经济制度和学术思想,认为是战国时期的作品。但笔者认为,即使是战国时期的作品,其思想也最接近于商周时期古人的思想。

造上帝，封于大神，祭兵于山川亦如之。"（《周礼·春官宗伯上》）"凡天地之大灾，类社稷宗庙则为位。"（《周礼·春官宗伯上》）"大师，宜于社，造于祖，设军社，类上帝。"（《周礼·春官宗伯下》）此外，从"类"的字体结构"類"（䕸）的解释，其由米、犬、猪首构成，也可分析出其与祭祀有关。①

"类"作为祭名，没有丝毫的分类意识，只要是与初民的生活息息相关的动物，就应该全属于一类。

3. 由特点引申出的相似、相像

"自孕而生"的"类"显然会在形貌、形象上酷似，而相似就可以进行比较："猰貐，类貙，虎爪，食人，迅走。"（《尔雅·释兽》）"（中秋之月）是月也，乃命宰祝循行牺牲，视全具，案刍豢，瞻肥瘠，察物色，必比类。"（《礼记·月令》）②因此，在"类"名的使用上也就引申出相似、相像的含义。"公问名于申繻，对曰：'名有五，有信，有义，有象，有假，有类。以名生为信，以德命为义，以类命为象，取于物为假，取于父为类。'"（《左传·桓公六年》）"以类命为象"指由与某物相似、相像而命名的；"取于父为类"指儿子与父亲在面貌上相似、相像而归为一类。因此，"类"意味着像，如古代诸侯死后，继位的世子行过葬礼后朝见天子，称为"类见"，意谓代父受国之礼。为父请谥也称为"类"，并因此而形成一种古代礼名。"既葬见天子，曰类见，言谥曰类。"（《礼记·曲礼下》）反之，"不类"则意味着不像，如《左传·庄公八年》载："杀孟阳于床，曰：'非君也，不类。'"并进而将这种在形貌、形象上相似的特点，扩展、外溢至对各种相似物种的认识中。如："精色内白，类可任兮。"（《楚辞·九章·橘颂》）王逸注："类，犹貌也。""类，种类相似，惟犬为甚。"（《说文解字·犬部》）"类，像也。"（《尔雅·释诂》）"类，似也。"（《集韵·犬部》）"类，肖似也。"（《正字通》）

当然，"类"名作为"祭"名，还丝毫没有逻辑的含义，但它作为祭祀的一种形式，其一，已经有了人伦的同类、同等、相同身份的含义："拟人必以其伦。"（《礼经·曲礼下》）汉代郑玄注："伦，犹类也。"同

---

① 吴建国：《中国逻辑思想史上类概念的发生、发展与逻辑科学的形成》，《中国社会科学》1980年第2期。

② 《礼记》，战国至西汉初的儒家各种礼仪著作选集，大抵为孔子弟子及再传、三传弟子等所记，其所述事实也应最能反映商周时期古人的思想。

时也有了条理的含义:"言中伦。"(《论语·微子》)"八音克谐,无相夺伦,神人以和。"(《尚书·舜典》)这就为古代宗族社会的伦理精神准备了心理条件。其二,"类"名的相似形特点,则为宗族社会伦理性的逻辑论证过程乃至中国古代推类思想的求真精神和求治精神打开了大门。

4. 善名

中国现代哲学家张东荪曾在其《知识与文化》中说过:"中国人论到政治的好坏问题无不把天视为标准。"①在他看来,在古代社会,天、治者、人民三者之间是一种互动关系。治者统治着人民,却又时时被天所指示;人民一方面要被治者所统治,却又时时以民意折射于天意。于是在人民与统治者之间,又插进了一个第三者——天,形成了一个相互贯通、相互联系与互动的三角图形。②

在这个三角图形中,作为第三者的"天",实际上起着一种取法标准的作用。治者承天命而治民,民又自祈望着天意。因此,一个世道的好坏、治乱,无不以反映民意的天意为标准。治者顺天意而治民,是谓治世;治者逆天意而治民,是谓乱世。故而有"天聪明,自我民聪明;天明畏,自我民明威"(《尚书·皋陶谟》);"天视自我民视,天听自我民听"(《尚书·泰誓中》)。因此,在"殷人尊神,率人以事神"(《礼记·表记》)的祭祀过程中,出于历史的成败教训,在"天道福善祸淫"(《尚书·汤诰》)、"天道赏善而罚淫"(《国语·周语》)的威慑下,统治者由道德责任的自觉到思维的自觉,"我不可不监于有夏,亦不可不监于有殷……惟其不敬厥德,乃早坠厥命",所以,"王敬作,所不可不敬德"(《尚书·召诰》)。只有德政于民,才可以"安民则惠,黎民怀之"(《尚书·皋陶谟》);才可以"祈天永命"(《尚书·召诰》)。

这个"祈天永命"的祭祀活动,就是一个体现善、治以求保佑的过程。在先民尊神、事神的祭祀活动中,先民的取法标准由神至帝至天至

---

① 张东荪:《逻辑与文化》,张汝伦编选,《理性与良知——张东荪文选》,上海:上海远东出版社,1995年,第290页。

② 张东荪:《逻辑与文化》,第290-291页。

德至人，显示了以德配天命、天惟德是择的结果，求善成为永保王权的根本。①因此，"类"的这种祭名在先秦文献中又被赋予了道德伦理的含义——"善"。能够明察是非、分清善恶的称之为"类"："其德克明，克明克类，克长克君。"（《诗经·大雅·皇矣》）汉代郑玄笺："类，善也，勤施无私曰类。"南宋朱熹注："克明，能察是非也。克类，能分善恶也。"能够勤施无私的也称之为"类"："心能制义曰度，德正应和曰莫，照临四方曰明，勤施无私曰类，教诲不倦曰长，赏庆刑威曰君，慈和遍服曰顺，择善而从之曰比，经纬天地曰文。"（《左传·昭公二十九年》）反之，"言行不类，始终相悖"（《尚书·周书》）的就是"不类"："王庸作书以诰曰：'以台正于四方，惟恐德不类，兹故弗言。'"（《尚书·商书·说命上》）"予小子不明于德，自底不类。"（《尚书·太甲中》）孔传："类，善也。""召穆公思周德之不类，故纠合宗族于成周而作诗。"（《左传·僖公二十四年》）"余恐德之不类，兹故不言。"（《国语·楚语上》）韦昭注："类，善也。"或《尔雅·释诂》："类，善也。"或者是"败类"："大风有隧，贪人败类。听言则对，诵言如醉。匪用其良，覆俾我悖。"（《诗经·大雅·桑柔》）

于是，"类"与"不类"就有了善恶分野。善的为一类，不善的为一类："齐类同皆有合，故尧为善而众善至，桀为非而众非来。"（《吕氏春秋·应同》）由是，在对"类"之善与不善的疑问与解答中，则使祭祀以求保佑的信用状，落实在祭祀活动的过程与结果中："威仪孔时，君子有孝子。孝子不匮，永锡尔类。其类维何，室家之壸。君子万年，永锡祚胤"（《诗经·大雅·既醉》）《尚书》中的许多篇章就不厌其烦地叙述了这个"德无常师，主善为师"（《尚书·咸有一德》）的道理。如《尚书·皋陶谟》的顺从天意、遵循尊卑等级制度、搞好道德伦常关系的经验教训；《尚书·酒诰》的正反两方面的经验教训；《尚书·无逸》的正反两方面的经验教训；《尚书·君奭》对于天命与事在人为两方面的经验教训；以及《尚书·皋陶谟》的"天叙有典……天秩有礼……天命有德……天讨有罪"的警诫；《尚书·汤诰》的"天道福善祸淫"的警诫；《尚书·伊训》的"惟上帝不常，作善降之百祥，作不善降之百殃"的警诫；《尚书·盘庚》的"用罪伐阙死，用德彰阙善"的警诫等

---

① 张晓芒：《先秦辩学法则史论》，北京：中国人民大学出版社，1996年，第53-63、85-94页。

等。在这种“为善不同，同归于治；为恶不同，同归于乱”（《尚书·蔡仲之命》）的经验总结与告诫中，使“类”的善名含义在“还轸诸侯，不敢淫逸，心类德音，以德有国”（《国语·楚语上》）的遵循、比类、昭示下，以其“无私曰类”（《左传·昭公二十九年》）的伦理精神，为中国古代推类思想的求治、求善精神奠定了伦理思想的基础。

5．族类

从另一个意义上讲，祭祀活动总是一个集体参加或为集体谋利益的活动，“类”的“祭”名形式与相似形特点，在求善、求治的祭祀活动中，就有了一种共同性的特点，并具体体现在宗法社会中。

宗法制度是中国古代维护贵族世袭统治的一种制度，到周代逐渐完备。周王自称天子；天子的庶子有的分封为诸侯，并以国名为氏；诸侯的庶子有的分封为卿大夫；由此而分别系统。按《说文解字·宀部》：“宗，尊祖庙也。”顾名思义，“宗族”是指拥有共同祖庙的有明确父系祖先的家族，在组织结构上具有多极性，并且随着私有制的发展与宗族内部维持政治秩序的需要，进一步发展为严格的政治等级关系，成为一种具有宗法性质的以血缘关系为纽带的团体。[①]

又由于宗族中的每一个成员有了“父之党为宗族”（《尔雅·释亲》）的共同标识，在“肆类上帝，禋于六宗”的祭祀过程中，“宗族”的意义就因其“尊祖故敬宗”的相同性，理所当然地与用作“祭”名的具有相似形的“类”名联系在了一起。“神不歆非类，民不祀非族”（《左传·僖公十年》）；“鬼神非其族类，不歆其祀”（《左传·僖公三十一年》）。祭祀活动的同一性，决定并形成了“同姓同德，异姓异德”（《国语·晋语》），“非我族类，其心必异”（《左传·成公四年》）的历史判断，同时也赋予了“类”的“祭”名、“善”名、具有同一性的“族”名在使用时的同步性，强调了“类”在求善、求治过程中伦理精神的同一性质的普遍性。从这个意义上讲，类（）、族（、）[②]、[③]德（、、）[①②]在求

---

① 朱凤翰：《商周家族形态研究》，天津：天津古籍出版社，1990年，第16-18页。

②“族，聚也。言君子法此同人，以类而聚也”（孔颖达疏《易·系辞上》）。第一个为甲骨文，是一杆大旗下两支箭（矢），表示很多箭同时射向大旗。所以“族”的本义是聚集。第二个为金文，仅留一支箭。后引申为同一家族的人聚集在一起的“族类”。

③ 左民安：《汉字例话》，北京：中国青年出版社，1984年，第376页。

善、求治的过程中自然而然地具有了极具中国古代特色的伦理精神的同一性与普遍性。

20 世纪 20 年代的王伯琦在比较了中西法律与大众意识发生的距离后，认为在西方是个人权利到社会利益间的距离，在中国却是义务到权利再到社会利益的距离。③类、族、德的这种伦理精神的同一性与普遍性，保证了在一个社会族群中的个体与总体间的同一与平衡。

也许就是在这个意义上，侯外庐先生说："在古文字中，'类'字和'族'字同义。……即类别是族别，也即是与古代地域区别相对待的氏族血缘区别，绝无逻辑意味。"④在这里，侯外庐先生是用"族类"的同一血缘性与以后墨子"类"概念的属性同一的逻辑学性质做比较，故而有了"绝无逻辑意味"的论断。但我们认为，如果从"族类"之名所反映的同一氏族、同一理想目标、同一伦理精神的普遍性上讲，"族类"之名应该说是已经具有了逻辑学意义的标准确定同一的端倪，它为中国古代推类思想的求真精神奠定了逻辑思想的基础。

6. 种类

在宗族社会通过祭祀以表明心志以求善求治的过程中，认识自然、社会显然于治理国家是极为有益的。在这种情况下，那种仅仅囿于分别姓氏种族进行治理的认识"帝厘下土方，设居方，别姓分类"（《尚书·舜典》）显然已不足为训。为了使"族类"的事理说明对于认识自然也具有说理性，于是，"同姓同德"在事理上的同一性，逐渐外溢，在"君子以类族辨物"（《易·象辞上·同人》）的过程中，先人将"类"从社会领域延伸至自然领域和一般思维领域，并在"物象天地，比类百则。仪之于民，而度之于群生"（《国语·周语》），"方以类聚，物以群分，吉凶生矣"（《易·系辞上》）等的认识过程中，赋予了"类"以相同事物属性相同或因果联系相同其事理相同的更广泛的意义。

"物象天地，比类百则"以及"方以类聚，物以群分"之"类"，指

---

① "德"为会意字，第一个甲骨文左边符号"彳"（chi）在古文字中表示行动，右边是只眼睛，眼睛之上是一条直线，表示目光直射。寓意行动要正，目不斜视。第二个金文又目下加心，目正心正为德。第三个小篆右边上方变成了"直"，直心为德。

② 左民安：《汉字例话》，北京：中国青年出版社，1984 年，第 138 页。

③ 王伯琦：《近代法律思潮与中国固有文化》，北京：清华大学出版社，2005 年，第 76 页。

④ 侯外庐：《中国思想通史》（第一卷），北京：人民出版社，1957 年，第 239 页。

天下万事万物都以类别相同而聚合,以群体相异而区分,因此要对天地万物比象而分类。

这些"类"指"物类""性类""比类""事类",其对"类"的属性的同一性的认识逐渐明显。君子之所以能够"以类族辨物",来分类认识人类之群体,辨析宇宙之万物,以识异求同,就在于"族,聚也。言君子法此同人,以类而聚也"(孔颖达疏《易·系辞上》)。于是"类"的含义便顺理成章地具有了许多相似或相同事物的综合之"种类"的意蕴:"类,种类相似,惟犬为甚。"(《说文解字·犬部》)"类,种类也。"(《玉篇》)并在对"同声相应,同气相求。水流湿,火就燥。云从龙,风从虎。圣人作而万物睹。本乎天者亲上,本乎地者亲下。则各从其类也"(《易·乾·文言》)的逐渐明晰中,形成了"事物之类"和"认识之类"。

"事物之类"涉及的是物性本身的同异:"非类既去,而嘉谷茂盛焉。"(明宋应星《天工开物·乃粒·稻工》)其"物类""性类""比类""事类"等的"类"属性的同一性不断明朗,其逻辑范畴的意义也日见显著。即如,"抱薪加火,燥者必先燃;平地注水,湿者必先濡。故曰:动之以其类,安有不应者……必以其类也"(《邓析子·转辞》);"云龙相应,龙乘云雨而行。物类相致,非有为也"(汉王充《论衡·感虚》);"音声之相和兮,物类之相感也"(汉东方朔《七谏·谬谏》);"鱼与鸟同类,故鸟螫鱼亦螫,鸟卵鱼亦卵,蝮蛇、蜂、虿(蝎子一类,引者释)皆卵。同性类也"(汉王充《论衡·言毒》);"龙与凤凰为比类"(汉王充《论衡·讲瑞》);等等。

"认识之类"则是古人对物性同异认识的思维中的同异,是人们认识具有某种联系的事物的一个着眼点,是从不同事物及其因果联系中抽取某些共性,是异中求同。它以客观事物的同异差别为思维认识中的是非分立的基础,客观事物在确定条件下的同一性,决定了思维认识在反映这种同一性时也要保持同一性;矛盾着的客观事物在确定条件下的"同世不可两存"(《韩非子·孤愤》),决定了思维认识在反映这种同一性时也不能有自相矛盾,亦即"为名不可两立"(《韩非子·难势》)。否则,"进退无类,智不能察是非,明不能审去就,斯谓虚妄"(《邓析子·转辞》)。这种"认识之类"的实际运用,就推动产生了先秦诸子在"思以其道易天下"的争鸣过程中惯用的"类推证明"和"类推归谬反驳"的方法。^①而按《易·系辞下》在阐述卦象的产生时所说，"古者包牺氏之王天下也，仰则观象于天，俯则观法于地，观鸟兽之文与地之宜，近取诸身，远取诸物，于是始作八卦，以通神明之德，以类万物之情"。《周易》的"据辞而推"与"据象而推"就应当说是中国古代"推类"方法的滥觞，它在实际操作中就是按照事物的同一性而推的。如果没有思维中的"认识之类"对客观存在的"事物之类"的同异反映，这种"据辞而推"与"据象而推"恐难以为继。

虽然事物之类表现的是概念的客观性，认识之类表现的是概念的主观性，但二者的辩证统一，就体现了在认识与被认识的过程中，逻辑思维抽象概括共性的特点。

此后的名家第一人邓析把"类"概念引入论辩，他的"依类辩故"所依据的也正是"认识之类"如何反映"事物之类"。

> 谈辩者，别殊类使不相害，序异端使不相乱，谕意通志，非务相乖。若饰词以相乱，匿词以相移，非古之辩也。（《邓析子·无厚》）

邓析在这里强调了"别殊类"在思维认识及论辩中的作用与意义，体现了"事物之类"与"认识之类"的联系。亦即前述的思维认识中的是非分立，恰恰是以客观事物的同异差别为基础的；客观事物在确定条件下的同一性，决定了思维认识在反映这种同一性时也要保持同一性；客观事物在确定条件下的"同世不可两存"，决定了思维认识在反映这种同一性时也不能自相矛盾——"为名不可两立"。

因此也就有了孔子的思维认识要同一的认识："告诸往而知来者"（《论语·学而》）；"举一隅而不以三隅反，则不复也"（《论语·述而》）。有了墨子的"知类"认识："义不杀少而杀众，不可谓知类。"（《墨子·公输盘》）有了孟子的"知类"认识："指不若人，则知恶之；心不若人，则不知恶。此之谓不知类。"（《孟子·告子上》）有了荀子、韩非子的思维不能自相矛盾的认识："类不可两"（《荀子·解蔽》）；"夫不可陷之盾与无不陷之矛，不可同世而立……矛盾之说也"（《韩非子·难一》）。

　7. 法式、法则

这种"认识之类"的实际运用，就产生了中国古代特有的"推类"

---

① 张晓芒：《中国古代论辩艺术》，太原：山西人民出版社，2001年。

方法。因为,"类"的同一属性含义在发展演变中与"族"相连,但其相连的意义还在于"教之训典,使知族类,行比义焉"(《国语·楚语上》)。于是,在同宗共德的认识自然、认识社会以求善、求治的过程中,"类"又具有了求真思维方法论意义下的法式的含义:"天有显道,阙类惟彰。"(《尚书·泰誓下》)"阙类惟彰"即以类相推而使之隐含的道理彰显。即孔传:"言天有明道,其义类惟明,言王所宜法则。""法则"在此就是一个推断求真的思维有效"样式"。故而还有"明告君子,吾将以为类兮"(《楚辞·九章·怀沙》),王逸注:"类,法也。"其他字书也如是,《方言》与《广雅·释诂》均有:"类,法也。"

虽然这种作为推导有效"样式"的思维法则最初显然被认定为是上天所赋予的,但无论如何已使人们在比较善恶以求是非的过程中,有了一个指导正确思维的具有普遍适用的逻辑思维方法论意义的格式,从而可以按照一个确定的比较标准,明确自己的行为取舍了。"若以不孝令于诸侯,其无乃非德类也乎?"(《左传·成公二年》)"下之事上也,身不正,言不信,则义不一,行无类也。"(《礼记·缁衣》)

尽管如此,当"类"的同一属性含义超出"族类"的狭小范围,进入"种类"的广阔眼界后,人们的思维认识为之一振,"九年知类通达,强立而不反,谓之大成"(《礼记·学记》),郑玄注为"知类,知事义之比也"。由此进一步发展下去,中国古代的推类方式也就呼之而出了,并在先秦诸子的一点一滴的论辩思想与方法的研究、实践积累下,形成了建立在"类"概念基础上的极具中国古代特色的主导推理类型——"譬"式推类方法。即孟子的解说:"故凡同类者,举相似也"(《孟子·告子上》);惠施的解说:"以其所知谕其所不知而使人知之"(《说苑·善说》);《墨经》的解说:"辟也者,举他物而以明之也";以及汉代王符对"譬"的功用性分析:"夫譬喻也者,生于直告之不明,故假物之然否以彰之。物之有然否,非以其文也,必以其真也"(王符《潜夫论·释难》);南宋朱熹对"比类"的思维路径的概括:"比者,以彼物比此物也"(朱熹《诗集传》);等等。而这种思维推导的求真有效"样式"之所以能够成立,就在于它能够按照两种不同事物、现象在"类"属性或"类"事理上具有某种同一性或相似性,因此可以由此达彼、由言事而论道地经由"假物取譬"、引喻察类的思维过程,通过论说者的由"所然"进到"未然"的认知形式,描述、说明、论证或反驳一个思想的是非曲直。因此才会"同类相召"（《吕氏春秋》）；"以类之推也"（《淮南子》）；"凡圣人见祸福也，亦揆端推类，原始见终，从闾巷论朝堂，由昭昭察冥冥。……放象（仿效，引者释）事类以见祸，推原往验以处来，贤者矣能，非独圣也"（汉王充《论衡·实知》）；以及张载的"据闻见上推类"，朱熹的"以类而推"等等。

　　总之，在"类"概念向"类"法式的演进过程中，其推导方法的"譬"，是以其事物之"理"上的"真"而论，不是以其表现上的"文"而言。"譬"不仅是单纯的触物感怀，更是寄托更为广阔和深厚的题材与思想内容的主要求真推导手法，才有了"诗重比兴，比但以物相比，兴则因物感触，言在于此而意寄于彼，如《关雎》《桃夭》《兔罝》《樛木》。解此则言外有余味，而不尽于句中。又有兴而兼比者，亦终取兴而不取比也。若夫兴在象外，则虽比而亦兴。然则，兴最诗之要用也"（清方东树《昭昧詹言》卷十八）。

三、先秦推类法式得以成立的必然性

　　如上，"类"的从"族类"继而发展至"种类"，继而发展至具有普遍适用的逻辑思维方法论意义的法式，应该是社会历史发展的必然和思维发展的必然。

　　所谓社会历史发展的必然是指，要想治理好一个国家，仅靠虔诚的祭祀是无济于事的，还必须将这种愿望落实在具体的治理社会、治理自然的过程中。在这种治理中，以农耕经济为本的经济生产形态，以及上古以来趋利避害思想的余绪，必然要把自然人格化，赋予天地自然以意志与情感，以天地自然的变化规律，洞察社会变迁的规律，并以其比附王朝兴衰更迭的命运以及人生的旦夕祸福。在这种情况下，对事物"种类"的认识必然要进入人们的眼界。

　　所谓思维发展的必然是指，在自然人格化的过程中，宇宙、人生、自然以一个整体的形态呈现在人们面前，自然成为人的无机的身体，人成为自然有机的部分。关心自然的和谐，也意味着关心人事的和谐，反之亦然。在认识这个整体形态的过程中，论证自然界的和谐与论证人与自然的和谐、人与人的和谐、人自我身心的和谐，有着一致的道理，有着相同的因果联系，因此可以通过观象取类，由此及彼，得到济世安民的启示，悟出治理天下的道理，达到究天人之际、通古今之变的目的。这实际上也就是一种整体思维与意象思维的表现。整体思维的结果是将"类"的"族类"之名延伸、扩展至"种类"之名；而意象思维的结果则是将"类"的概念发展成为"类"的法式。在"取辩于一物而原极天下之污隆"（晋鲁胜《墨辩注序》）以论证政治伦理是非的百家争鸣中，建立在"类"概念基础上的中国古代推类方式就自然应运而生了。"其结构通常由言事与言道两个部分组成。言事与言道的关系是言事为言道服务，推类的最终目的是言道：证明或反驳他人。"①亦即，"取辩于一物"是个"言事"的随机选择，"原极天下之污隆"是个"言道"的晓谕是非的推导过程。

按"推类"这一概念，即原创于先秦时期。

《墨经》中即有："推类之难，说在类之大小。"（《墨经·经下》）"谓四足兽，牛与，马与，物不尽与，大小也。此然是必然，则误"（《墨经·经说下》），意谓在事物相比较或推论的过程中，有时还应注意事物类的大小关系，否则，有时也可能出现类推错误。例如，从类的关系上讲，"四足兽"是外延大的属概念，牛、马是外延小的种概念。属包含种，种不包含属，所以不能以牛、马为四足兽推出四足者都是兽。如强推，就混淆了物类大小的关系，也会出现推论错误。

荀子在讨论"正名"问题时也曾说过："辨异而不过，推类而不悖，听则合文，辩则尽故。"（《荀子·正名》）这里的"推类"即是以"类"相"推"的推理过程。如《墨经》说，"察诸其所以然、未然者，说在于是推之"（《墨经·经下》），"尧善治，自今察诸古也。自古察之今，则尧不能治也"（《墨经·经说下》），意谓对于古代的"尧善治"的"察"而"推"，《墨经》认为评价的标准是把"尧善治"这一历史事实放在特定的古代，而且评价的前提是由今察而推古。

之所以说"推类"就是一个推理的法式，在于"于是推之"之"推"，是一个"揆端推类，原始见终，从闾巷论朝堂，由昭昭察冥冥"的"推原往验以处来"（汉王充《论衡·实知》）的由已知到未知的认识过程。它以普遍适用的逻辑思维方法论的扩散价值，不仅"贤者矣能，非独圣

---

① 董志铁：《言道、言事与援类、引譬》，《信阳师范学院学报》2003年第2期。

也"（同上）；甚至"妇人之知，尚能推类以见方来，况圣人君子，才高智明者乎！"（同上）。

因此，当《淮南子·兵略训》说"是故处于堂上之阴，而知日月之次序；见瓶中之水，而知天下之寒暑。夫物之所以相形者微，唯圣人达其至。……夫影不为曲物直，响不为清音浊。观彼之所以来，各以其胜应之。是故扶义而动，推理而行，掩节而断割，因资而成功"时，其所谓的"推理"，就是一个由"扶义而动"过程的适宜性[①]的以类相推的"推类"过程。这种逻辑思维方法的自我复制及扩散价值在认识自然、社会的思维过程中，就不断地以"以小明大""以近论远"的思维法式得到体现：

> 察己可以知人，察今可以知古。古今一也，人我同耳。……故审堂下之阴，而知日月之行，阴阳之变。见瓶水之冰，而知天下之寒，鱼鳖之藏也。尝一脔肉，而知一镬之味，一鼎之调。（《吕氏春秋·察今》）
>
> 见窾木浮而知为舟，见飞蓬转而知为车，见鸟迹而知著书，以类取之。（《淮南子·说山训》）
>
> 尝一脔肉，知一镬之味；悬羽与炭，而知燥湿之气；以小明大。见一叶落，而知岁之将暮；睹瓶中之冰，而知天下之寒；以近论远。（《淮南子·说山训》）
>
> 取辩于一物而原极天下之污隆。（晋鲁胜《墨辩注序》）

如果不明白这个事理，则：

> 人皆知说镜之明己也，而恶士之明己也。镜之明己也功细，士之明己也功大。得其细，失其大，不知类耳。（《吕氏春秋·达郁》）
>
> 尝被甲而免射者，被而入水；尝抱壶而度水者，抱而蒙火；可谓不知类矣。（《淮南子·说林训》）

二相比较，孰可孰不可，一目了然：

> 病者寝席，医之用针石，巫之用糈藉，所以救钧也。貍头愈鼠，鸡头已瘘，虻散积血，斫木愈龋，此类之推者也。膏之杀鳖，鹊矢

---

① 《中庸》："义者，宜也。"

中猬，烂灰生蝇，漆见蟹而不干，此类之不推者也。推与不推，若非而是，若是而非，孰能通其微！(《淮南子·说山训》)

按吾师孙中原先生费时数年，使用计算机检索的方法，从总量达 9 亿字的《四库全书》《四部丛刊》两部特大型丛书的电子数据库全面搜索、穷尽归纳，逐个进行定性与定量的实证分析，其"推类""类推""推理"的出现频率分别为：

推类：《四库全书》509 次，《四部丛刊》18 次；

类推：《四库全书》1372 次，《四部丛刊》26 次；

推理：《四库全书》299 次，《四部丛刊》54 次。[①]

正是因为这种"言天地四时而不引譬援类，则不知精微"，"知大略而不知譬喻，则无以推明事"(《淮南子·要略》)，因此，自先秦诸子以来，中国古代许多伟大的思想家在谈到或应用一种思维方法时，都要强调"类"的概念。例如，在使用"推类"方法论辩上并不如墨子、孟子、惠施、庄子、韩非子那样频繁的荀子，其所著《荀子》32 篇，有 19 篇就讲到"类"，凡 62 见。其中用于类似、同于、像的意义上的 3 回次；宗族意义上的 1 回次；"善"的意义上的 2 回次；事物之类的类事理相同、相似意义或标准意义上的 18 回次；条理意义上的 4 回次；论辩是非的推论方法论意义上的 27 回次；事物之类的类事理相同与推论方法论意义结合的 7 回次；与"论辩"之"法"或认知之"法"相提并论的 8 回次；与"法则"相提并论的 1 回次；与"比"相提并论的 1 回次；与"当"(适宜、恰当，引者释)相提并论的 1 回次；与"辩说譬谕"相提并论的 1 回次；直接使用"推类"一词的 2 回次。其《荀子·王制》与《荀子·大略》篇中的"有法者以法行，无法者以类举"，应是《唐律疏议》所规定的"诸断罪而无正条，其应出罪者，则举重以明轻；其应入罪者，则举轻以明重"[②]的推类判例方法的滥觞，使得"举重明轻或举轻明重不仅是逻辑问题，而且是一种具有目的性的法律论证方法"[③]。

也正是由于"类"在推论过程中能够使人"昭昭之通冥冥也。乃始

---

① 孙中原：《传统推论范畴分析》，《重庆工学院学报》(社会科学版) 2009 年第 5 期。

② 长孙无忌等：《唐律疏议》，刘俊文点校，北京：中华书局，1983 年，第 134 页。

③ 王泽鉴：《民法学说与判例研究》(第 8 册)，北京：中国政法大学出版社，1998 年，第 12 页。

揽物引类，览取挢掇，浸想宵类，物之可以喻意象形者，乃以穿通窘滞，决渎壅塞，引人之意，系之无极，乃以明物类之感，同气之应，阴阳之合，形埒之朕，所以令人远观博见者也"（《淮南子·要略》），因此，作为中国古代主导推理类型的"推类"，其产生就应该说是中国古代社会历史发展的必然和思维发展的必然了。

当然，作为一种具有普遍适用性的逻辑思维法式，它不但需要实践经验的积累，而且还需要理论的总结，从而使"熟知的东西"变成"认识的东西""应用的东西"。这就牵系到推类法式的依据、取法标准、思维进程、实际应用等。

四、先秦推类法式的依据

先秦推类法式的依据是事物类属性、类事理的相似性或同一性。

《易·系辞下》在阐述卦象的产生时说："古者包牺氏之王天下也，仰则观象于天，俯则观法于地，观鸟兽之文与地之宜，近取诸身，远取诸物，于是始作八卦，以通神明之德，以类万物之情。"《系辞上》也说："夫象，圣人有以见天下之赜，而拟诸其形容，象其物宜，是故谓之象。"在这里，无论是如何取之于"身"与"物"，还是如何模拟形态而设卦分类，并分别采用合宜的形象表达出来，其依据只能是具有相似性的"象"："是故《易》者，象也；象也者，像也。"（《易·系辞下》）也正是由于有了这种相似的"象"，所以天地上下虽相违逆，但化育万物的事理却是相同的；男女阴阳虽相违逆，但交感求合的心志却是相通的；天下万物形态虽相违逆，情志隔膜，但禀受天地阴阳之气的情状却是相似的："天地睽而其事同也，男女睽而其志通也，万物睽而其事类也。"（《易·彖辞下·睽》）因此，在思维认识表达这种相似性或同一性时，就"其称名也小，其取类也大，其旨远，其辞文，其言曲而中，其事肆而隐"了（《易·系辞下》）。感性形象的同一性或相似性与抽象思维的同一性或相似性，在"彰往而察来，而微显阐幽。开（并列，引者释）当名辨物，正言断辞则备矣"（《易·系辞下》）的过程中统一了起来。故而有了孟子的解说："故凡同类者，举相似也"（《孟子·告子上》）；惠施的解说："以其所知谕其所不知而使人知之"（《说苑·善说》）。

对于事物类属性、类事理的相似性或同一性，《礼记》的总结是，闻一知十，触类旁通。故此才可以"知类通达"，"知事义之比也"。但这些同上述《易·象辞下·睽》所述的"万物睽而其事类也"等，还只是一些经验的总结，只是注意到了事物"以类聚""以群分"的普遍性。先秦名家邓析的"动之以其类"，儒家孔子的"有教无类"等，则是开始从经验的基点上振翅欲飞了。到了墨家，墨子就更多地强调了"类"的同一性质的普遍性，认为凡是同类者，不管其量上有多少差别，只要它们在质上相同，即为同类。如《墨子·公输》中所讲，在"亏不足而损有余"的本质规定性上，窃取邻国所不足的国君与窃取邻居所不足的小偷，在有"窃疾"这一点上，"为与此同类"。而"义不杀少而杀众"，也"不可谓知类"。孟子则直截了当地对"类"的含义做了理论上的词语说明，"故凡同类者，举相似也"，强调了"类"概念的抽象性，揭示出是否具有共同属性或类事理是否相同，是确定、划分同类与异类的基本依据，如"麒麟之于走兽，凤凰之于飞鸟，泰山之于丘垤，河海之于行潦，类也，圣人之于民，亦类也"（《孟子·公孙丑上》）。

后期墨家继承并发展了前期诸子尤其是墨子关于"类"的思想，把"类名"作为名的一种，明确了它所反映的是一类事物的共同性："名，达、类、私"（《墨经·经上》）；"马，类也，若实也者必以是名也命之"（《墨经·经说上》）。类同与类异是以事物是否具有相同属性而划分："有以同，类同也"；"不有同，不类也"（《墨经·经说上》）。什么叫"类同"？"类同"就是"法同"。《墨经》对此阐释道："法，所若而然也"（《墨经·经上》）；"一法者之相与也尽类，若方之相合也，说在方"（《墨经·经下》）；"方尽类，俱有法而异，或木或石，不害其方之相合也。尽类犹方也，物俱然"（《墨经·经说下》）。

这种认识就将事物或现象之所以是同类的根据，套在了相同的模式——"法"中了，并且这种"法"所表明的就是思维对于事物类属性、类事理同一性或相似性的确定性认识，它具有了法则的一般规律的意义。在这种法则的一般规律的意义下，《墨经》强调了"辞以类生"，认为"立辞而不明其类，则必困矣"（《墨经·大取》）。

荀子也认为"类"的本质在于同理："类不悖，虽久同理。"（《荀子·非相》）《吕氏春秋》则注意到了"类固相召"，认为事物因某些属性相同而可以各归其类。它并且认为，明白了这个事理，就可以"察己可以知人，察今可以知古。古今一也，人我同耳。……故审堂下之阴，而知日月之行，阴阳之变。见瓶水之冰，而知天下之寒，鱼鳖之藏也。尝一脔肉，而知一镬之味，一鼎之调"（《吕氏春秋·察今》）；如果不明白这个事理，则"人皆知说镜之明己也，而恶士之明己也。镜之明己也功细，士之明己也功大。得其细，失其大，不知类耳"（《吕氏春秋·达郁》）。

作为中国古代主要推理类型的"推类"，由"言事"而"言道"的推论结构，"言事"的随机选择与"言道"的晓谕目的，注定了"言事与言道的核心是'喻'。其理论根据是：所言事与道之间共同存在的'义'。找到事与道之间共同的'义'，便可以'扶义而动，推理而行'。由'事'理过渡到'道'理"①。这就又牵涉到一个问题，亦即，这种建立在事物类属性、类事理的相似性或同一性基础上的推类法式的依据，是假以"比"来得以实现的。而既要"比"，就必须是两个事物（已知、未知）之间由此达彼的"比"。《易·系辞下》所谓"是故《易》者，象也；象也者，像也"；《易·象辞下·暌》所谓"天地暌而其事同也，男女暌而其志通也，万物暌而其事类也"；无一不是"假象取耦，以相譬喻"（《淮南子·要略》）的过程，仍然是一个"比类合谊"（汉许慎《说文解字·叙》）的过程。

"比"（𣥠）的甲骨文，是两个人紧挨在一起，本义是靠近、并列，由此才有了比较的可能，并产生了"比较"之意，继而引申为"比喻"之意。在我国最早一部用文字记载的诗歌总集《诗经》中，比喻的思维技巧比比皆是，并成为《诗经》赋、比、兴的三大艺术形式之一。"比""兴"是委婉曲折的表现手法。即"比，见今之失，不敢斥言，取比类以言之"；"兴，见今之美，嫌于媚谀，取善事以喻劝之"。（汉郑玄：《毛诗正义》）后南宋朱熹重新为比、兴定义："比者，以彼物比此物也"；"兴者，先言他物以引起所咏之辞也"。（朱熹《诗集传》）在比、兴两种手法中，本质区别并不明显，兴中许多发端起兴之辞多含有比喻义，故后人常将比、兴合称。自《诗经》始，中国古代文学就常常使用"善假于物"（《荀子·劝学》）的"比类"型思维方式了。

南朝刘勰的《文心雕龙·比兴》云："观夫兴之托喻，婉而成章，

---

① 董志铁：《扶义而动，推理而行——中国传统思维方法学术研讨会论文集》，上海，2009 年 4 月。

称名也小，取类也大。关雎有别，故后妃方德；尸鸠贞一，故夫人象义。义取其贞，无从于夷禽；德贵其别，不嫌于鸷鸟；明而未融，故发注而后见也。且何谓为比，盖写物以附意，扬言以切事者也。故金锡以喻明德，珪璋以譬秀民，螟蛉以类教诲，蜩螗以写号呼，浣衣以拟心忧，卷席以方志固，凡斯切象，皆比义也。至如麻衣如雪，两骖如舞，若斯之类，皆比类者也。"

应该说，"比类"概念并非刘勰首创，在《礼记·月令》篇即有。不过那是在"合乎旧例"的相似意义下使用的："（仲秋之月），是月也，乃命宰祝循行牺牲，视全具，案刍豢，瞻肥瘠，必比类。"

在古代文献中，"比类"的第二个含义是"比照类推"，《汉书·文帝纪》有："它不在令中者，皆以此比类从事。"

"比类"的第三个含义是"相类的事例"，汉代王充的《论衡·四讳》有："独有一物，难见比类，乃可疑也。"

这三种用法，还不能算是严格意义上的逻辑思维方法。

作为一种作文的逻辑思维方法，"比类"是在《文心雕龙·比兴》篇及《文心雕龙·颂赞》篇提出来的。《文心雕龙·颂赞》："及三闾（'三闾'，屈原，引者释）橘颂，情采芬芳，比类寓意，又覃及细物矣。"

"比类"与"寓意"相连，表明"比类"有一种更深刻的意义需要表达；"寓意"则表明在这种方法下的"意义转移"现象；"覃及细物"则表明在这种作文方法下，要深思意义转移之后所论证的道理。这样，"比类"思维方式的逻辑意义就十分明显了。亦即："物虽胡越，合则肝胆。拟容取心，断辞必敢。"（《文心雕龙·比兴》）就是说，起兴模拟外形，采取含义，措辞一定果敢。

这种比照事例而分类的语义解释，以其意向性的思维方式，在"意象的本质是象征，意象的认知功能即在于通过联想将此意象包含的'意'推举和运用到其他的事物"[1]的思维过程中，使"推类"思维方法的逻辑性越来越明显，其相推事物之间的同一性推理功能也越来越显著。如孔子的"己欲立而立人，己欲达而达人。能近取譬，可谓仁之方也"（《论语·雍也》），就反映了这种"为仁由己"的"思维方法"。故而孔子在"告诸往而知来者"的过程中，能够"殷因于夏礼，所损益，可知也；

---

① 胡伟希：《意象理论与中国思维方式之变迁》，《复旦大学学报》1986 年第 3 期。

周因于殷礼，所损益，可知也；其或继周者，虽百世，可知也（《论语·为政》）"的缘故。当然，最重要的语义解释还要算是惠施的"夫说者，以其所知谕其所不知而使人知之"（《说苑·善说》）。在这种"推类"思维方法下，其"取辩于一物而原及天下之污隆"的思维进程，"取辩于"什么，有其随意性，但由"言事"而"言道"的说理形式，不但以其"意在此而言寄于彼"的推类特点，更以其具有形象化的意义联想，使之所具有的寓意性，在隐喻手法的意义转移的稳定性与合理性的根据中，以思维规范的知性与文学形象的感性，充当了说理论证的有效形式。①

正因为中国古代逻辑思想中的"推类"思维方法是为了满足中国古代人的思维论辩需要而创生出来的，在历史的长河中，它以其意象性的思维方式，反映了中国人在生活态度上更偏重精神感受。表现在认知与行动的关系上，这种思维方法就在"取辩于一物而原及天下之污隆"的过程中不断通过传递而得以自我复制。在古人的创造下，许许多多的由"言事"而"言道"的论辩文字，已将其以小喻大、以浅喻深的真知灼见凝固为一个个成语，积淀在中华文化的血脉里，并且潜移默化，影响着中国人的思维方式。这也就是我们今天在使用这些成语时，为什么会按照"类事理"的同一性的规范，从这些成语所显现的小事理中去理解其所蕴涵的思想、深邃的大道理了。

每个民族的传统思维方式，构成了每个民族共同的心理特征、道德观念，乃至生活习惯，其具有永久价值的文化内容，成为这个民族得以存在、延续、繁荣、昌盛的精神支柱。而刘勰在其《文心雕龙·比兴》中，从文论角度所提出的"比类"概念，就是这种对先秦以来"推类"思想的进一步延伸和论证。

有意思的是，深受中国传统文化影响的日本文字，"类比"一词在作为名词使用时，是同音同义的"類"（たぐい）、"比"（たぐい）；在作为动词使用时，是同音同义的"類う"（たぐう）、"比う"（たぐう）。②"类"就是"比"，"比"就是"类"。两个字互文、互训，居然是同一个含义。

如是，"类"的推论法式的依据就是事物类属性、类事理的同一性。这种同一性也为人们正确认识"类同""类异"确定了起始的标准。

---

① 张晓芒：《中国逻辑思想史专题》，南开大学哲学系逻辑学硕士生课程讲义。
② 〔日〕《国语大辞典》，日本小学馆，1982 年，第 1542 页。

五、先秦推类法式的取法标准

"类"法式的取法标准有二：一是伦理的标准，二是逻辑的标准。

1. 关于伦理的标准

春秋时期晋国大夫共叔曾经说过："民生有三，事之如一。父生之，师教之，君食之。非父不生，非食不长，非教不知生之族也。"(《国语·晋语一》)春秋时期楚国大夫申叔时在论教育太子时也曾提到："教之春秋，而为之耸善而抑恶焉，以戒劝其心；教之世，而为之昭明德而废幽昏焉，以休惧其动；教之诗，而为之导广显德，以耀明其志；教之礼，使知上下之则；教之乐，以疏其秽而镇其浮；教之令，使访物官；教之语，使明其德，而知先王之务用明德于民也；教之故志，使之废兴者而戒惧焉；教之训典，使知族类，行比义焉。"(《国语·楚语上》)这种全面施教的思想，在知"族生""族类"的教育科目与取向上，其所确定的"类"法式的伦理学意义昭然若揭。亦即，如何知？以类知，古代先王九个方面的史实为范本；做什么？行比义，比照式的取法标准必然是如上一些古代盛衰治乱的经验教训。"还轸诸侯，不敢淫逸，心类德音，以德有国。"(《国语·楚语上》)因此，在这种意义下的取法标准只能是伦理的标准，其结论也只能是"应该如何"的道义判断了。

这种"应该怎么做"的道义判断，以其意象性的推类认知方法，体现在先秦时代的伦理观念中有：

> 己欲立而立人，己欲达而达人。能近取譬，可谓仁之方也。(《论语·雍也》)
>
> 己所不欲，勿施于人。(《论语·颜渊》)
>
> 仁，人心也；义，人路也。(《孟子·告子上》)
>
> 恻隐之心，人皆有之；羞恶之心，人皆有之；恭敬之心，人皆有之；是非之心，人皆有之。(《孟子·告子上》)
>
> 舜何？人也；予何，人也。有为者亦若是。(《孟子·滕文公上》)
>
> 人皆可以为尧舜。(《孟子·告子上》)
>
> 至于心，独无所同然乎？心之所同者何也？谓理也，义也。圣

人先得我心之所同然耳。（《孟子·告子上》）

儒家的这种思维方法，都是以人的"性本善"为相推依据的。才有了"季路一言""季布一诺""一诺千金""南门立柱"等成语。

限于篇幅，其他诸子略。

2. 关于逻辑的标准

"类"法式的逻辑标准实际上是客观事物的确定性反映在思维中的确定性，它要求在"类族辨物"的过程中，思维认识对于事物类属性、类事理上的相同性或相似性的反映，必须要有同一的确定性，不能自相矛盾，也不能模棱两可，以及对于事物"类同""类异"的断定必须要有充足的理由，等等。例如，"若实也者，必以是名也命之"（《墨经·经上》）；"有以同，类同也"（《墨经·经上》）等。这种取法的逻辑标准是基于事物类属性、类事理的同一性或相似性的"类"法式的依据基础之上的。

如前所述，思维判断中的是非对立，是从对认识对象属性的同异比较开始的。在这种认识过程中，思维按认识对象的相同属性，取同进行归纳；按不同属性，取异进行划分；进而形成思维认识中的同异判断。而思维判断的是非真假是靠所判定的客观事物的同异联系是否符合实际情况所决定的，思维的是非矛盾根源于客观事物的同异矛盾。但是，两者还是有所不同，客观世界的同异矛盾无时不在，却从来不存在是非矛盾，是非矛盾只存在于主观思维判断中，在思维判断以是非矛盾认识事物的同异矛盾的过程中，它始终受思维法则的规范。因此，在同一个思维过程中，不允许没有条件地让思维中的是非矛盾调和及同一。

因此，思维认识中的是非分立，是以客观事物的同异差别为基础的，客观事物在确定条件下的同一性，决定了思维认识在反映这种同一性时也要保持同一性；客观事物在确定条件下的"同世不可两存"，决定了思维认识在反映这种同一性时也不能自相矛盾地分析——"为名不可两立"，就是思维遵循这种逻辑标准的具体体现。

应该说，先秦逻辑思想在其发展过程中有伦理化倾向[①]，其伦理标准所决定的求善精神的要求，不是人类思维工具系统自然演进的结果，而是人类伦理道德对逻辑法则的修正。因为，从思维工具系统内部无法

---

① 此问题将有专文论述。

找到预设前提下为何能由此达彼的合法性证明。它的合法性只能从人类的道德理想领域寻找。体现在先秦推类思想必然受时代背景的限制问题上，道德共识就赋予了推类方法的求善的合理性，而前述类、族、德的伦理精神的同一性与普遍性所赋予的公共理性，则在保证一个社会族群中的个体与总体间的同一与平衡过程中，赋予了推类方法的求真的合法则性。这就使得，"类"法式的伦理标准和逻辑标准并非截然对立或并行不悖，它们作为中国古代推类方法的两种"精气"，是交融在一起的。伦理的标准所体现的是中国古代推类方法的求善、求治的时代精神，逻辑的标准所体现的是中国古代推类方法的求真的时代精神。正是由于有了这两种"精气"，在"取辩于一物而原极天下之污隆"以论证政治伦理是非的百家争鸣中，建立在"类"概念基础上的中国古代类推方法，从《周易》的"据辞而推"与"据象而推"，到邓析的"依类辩故"；从孔子的"举一隅而不以三隅反，则不复也"，到墨子、孟子的"知类"认识，"同类相召""以类之推也"的思维方式，成为诸子在论证社会治乱时，无不"动之以其类，安有不应者"（《邓析子·转辞》）的一个根本方法，从而在强调社会政治秩序的伦理要求和政治行为的道德自觉中，将宗族社会祭祀活动的"礼"归结到内心的尺度"仁"上。他们或者归纳上古圣王、暴王的治乱为善恶比照；或者以相同事理以小谕[①]大、以浅谕深，以类推谕证自己的治世的思想主张。其类推论辩的目的，即在"言事"的谕证前提中就已经预设，并显现在"言道"的谕证结论中的："夫礼者，所以定亲疏，决嫌疑，别同异，明是非"（《礼记·曲礼上》）；"夫辩者，将以明是非之分，审治乱之纪，明同异之处，察名实之理，处利害，决嫌疑"（《墨经·小取》）；"上以明贵贱，下以辨同异"（《荀子·正名》）。并因此为这种类推论辩方法在求真的过程中时时刻刻地打上政治伦理性极强的时代烙印。中国先秦逻辑思想的伦理化倾向，就是这样在诸子们"思以其道易天下"的过程中，不断接受"名辩思潮"的淘洗，一点一滴地积淀了起来。

总之，先秦推类法式，以两类事物在某一性质上具有相似性或相同性，从而可以相互类推，体现了思维过程中的同一性的规范作用，展现

---

① 喻、谕之区别，下有文献说明。见王力主编：《古代汉语》（第一册），北京：中华书局，1985年，第324页。

了推类法式的思维进程。

六、先秦推类法式的思维进程及其应用

"类"法式的思维进程是通过比照事例而分类，进而援类而推。

由于"类"的特点，所以事物各自依从跟它具有某种类属性联系或类事理联系的事物而出现："物类之从，必有所由……物各从其类也。"（《大戴礼记·劝学》）即荀子所说："物类之起，必有所始；荣辱之来，必象其德。肉腐出虫，鱼枯生蠹；怠慢忘身，祸灾乃作。强自取柱，柔自取束；邪秽在身，怨之所构。施薪若一，火就燥也；平地若一，水就湿也。草木畴生，禽兽群焉。物各从其类也。"（《荀子·劝学》）因此，人们就可以比照事例来进行分类："晋君类能而使之，举不失选，官不易方"（《左传·襄公九年》）；"（仲秋之月）是月也，乃命宰祝循行牺牲，视全具，案刍豢，瞻肥瘠，察物色，必比类"（《礼记·月令》），孔颖达疏："已行故事曰比，品物相随曰类"。而比照事例而分类的目的，在古人那里，是为善恶利害的取舍服务的。他们将自古以来历史发展的成败教训，按其盛衰的内在规定性，分为有德而治的一类与无德而乱的一类，并以此作为比照框子，衡量现世君主的是非善恶。只要他们相似，就可以比较，如"不服丧，乃比于不慈不孝"（《礼记·曲礼上》）。更可以拿此比较的结果作为自己讨伐的信用状，如周武王伐商的誓词："今商王受，弗敬上天，降灾下民，沉湎冒色，敢行暴虐，罪人以族，官人以世……以残害于尔百姓。……皇天震怒，命我文考，肃将天威。"（《尚书·泰誓上》）并且这种信用状还是民意的折射于天："民之所欲，天必从之。"（《尚书·泰誓上》）翻开《尚书》，这样的分类例子比比皆是。而墨子的"三表法"，则更明确地先立一个"有本之者，有用之者，有原之者"的分拣筛子，然后将上古至今的帝王将相、大夫士卿统统放在这个分拣筛子里筛选一遍，其"治"之所由起、"乱"之所由起，自是泾渭分明；其现世的人应该怎样做、不应该怎样做，也就一目了然了。

当然，在一定的条件下，"类"和"类"之间具有一定的相对性，这涉及了分类的标准以及事物的变化。比如，就有角、无角来说，牛和马不属于一类；就都是四足兽来说，牛和马又属于同类。古人就充分认

识到了这一点，认为"推类之难，说在有大小"（《墨经·经下》）；"类固不必可推知"（《吕氏春秋》）；"类不可必推"（《淮南子》）。但是，条件一旦确定，分类的标准仍然是可以确定的，事物在确定的时间、空间内，仍然有其质的规定性。因此，在确定的分类标准下，在确定的时空条件下，"类"与"类"之间的区别还是确定的，这也就为人们认识"类"的同异并对之进行是非断定奠定了逻辑基础。另外，既要做"比"，做比的度量标准就必须相同，不同的度量标准则不能用来做比，这也就是所谓的"异类不比，说在量"（《墨经·经下》）。如果只从分类标准的确定性来看，它所反映的是比照事例而分类的逻辑标准，但从比照事例而分类的求真、求治、求善的所有目的来看，它就不仅仅只具有逻辑性了。

比照事例而分类的目的，在于为善恶利害的取舍服务，而思维中善恶利害的取舍过程就是援类而推。故而所谓援类而推，就是按照一类事物之间，在其"类"属性或"类"事理上具有相同性或相似性，可以以此为中介相互类推。《周易》的"据辞而推""据象而推"是这一方法的滥觞。如《易》卦的推演占筮之数，经过四个步骤，就筮得一个《易》卦卦形，其中每十八变形成一卦；而每九变出现的八卦则为《易》道的小成之象。如此引申推演，构成六十四卦，遇到相应的事类则发挥三百八十四爻的象征意义；而有了六十四卦、三百八十四爻，《易传》认为天下所能取法的事理就包括无疑了："引而申之，触类而长之，天下之能事毕矣。"（《易·系辞上》）这种取象比类的方法所表明的是，取象是在具有相似性或相同性的一类事物中，选择个别事物作典型，比类则是根据这种同一性或相似性的特点，运用象征或联想的方式进行推演。这仍然是整体思维和意象思维的体现，即前述"意象的本质是象征，意象的认知功能即在于通过联想将此意象包含的'意'推举和运用到其他的事物"[1]。

这种意象思维的进一步发展，其逻辑性也越来越明显，其相推事物之间的同一性也越来越显著。孔子的"能近取譬，可谓仁之方也"（《论语·雍也》），其"近"就是以人之为一类，"性相近"之近，是以承认类同为前提的；"譬"也是以人之为一类，可以相互比较，因而也是以类同为其前提的。孔子的"告诸往而知来者"，其之所以能够从已知的

---

[1] 王泽鉴：《民法学说与判例研究》（第8册），北京：中国政法大学出版社，1998年。

"往"推知未知的"来"，原因也在于它们在某一属性、事理上具有共同性。这也就是为何孔子能够"殷因于夏礼，所损益，可知也；周因于殷礼，所损益，可知也；其或继周者，虽百世，可知也"（《论语·为政》）的缘故。惠施的"夫说者，以其所知谕其所不知而使人知之"（《说苑·善说》），之所以能够成立，也在于"譬"与被"譬"之间，可以用同一类事理来沟通。

高度抽象的学理令人一通百通，但使用者往往是从"例题"开始学起。虽然先秦时代的"推类"法式，并没有什么太多的严格意义上的学理证明，但对其"例题"的举一反三式的实际运用，先秦诸子都是好手，其中尤以孟子、墨子、惠施、庄子等为著。他们在论证社会是非的论辩中，都广譬博谕，充分利用了日常生活中的浅显道理与治国、治世中的深刻道理在某一属性或事理中的同一性或相似性，淋漓尽致地发挥了推类法式的论证能量，以实际的运作具体体现了他们的推类证明或推类反驳的技巧，从而在"思以其道易天下"的百家争鸣中，成为类推论辩的好手。①

如实在是把"论辩"当作了一件"正人心，息邪说，距詖（'詖'，偏颇。引者释）行，放淫辞，以承三圣者"（"三圣"，大禹、周公、孔子。引者释）（《孟子·滕文公下》）的孟子，在其"予岂好辩哉？予不得已也"（同上）的论辩过程中，其"孟子非墨子，其辩言正辞，则与墨同"（晋鲁胜《墨辩注序》），但在"长于比喻，辞不迫切，而意已独至"（汉赵岐《孟子题词》）方面，其论辩之缜密，其词锋之犀利，比起自诩"吾言（指其'知类''明故'的思维方法，引者释）足用矣"（《墨子·贵义》）的墨子，他更是"一人之辩，重于九鼎之宝；三寸之舌，强于百万之师"（《文心雕龙·论说》）。

如庄子为了论证他的深刻的哲学思想，以一个个鲜明的艺术形象，在奇妙的故事情节中，看似神秘怪诞，却都在意义转移中寄寓了自己的思想主张。故而司马迁说庄子"其著书十余万言，大抵率寓言也。……皆空语无事实。然善属书离辞，指事类情，用剽剥儒、墨，……其言洸洋自恣以适己，故自王公大人不能器之"（《史记·老子韩非列传》）。由是，自《诗经》开始的"善假于物"（《荀子·劝学》）的"比"的推类

---

① 张晓芒：《中国古代论辩艺术》，太原：山西人民出版社，2001年。

方法，至庄子就以"寓言"的形式更进一步固定了，并以其"述道以翱翔"（《文心雕龙·诸子》）的多而精，成为一种文学形式。

这种说理论证的寓言式的推类方法，至韩非又发展到了极致，《韩非子》一书即保存有大量生动的寓言说理故事，故而《文心雕龙·诸子》也认为"韩非著博喻之富"。

后期墨家则进一步在理论上解决了援类而推的问题，认为援类而推必须限定在同类事物上："止，类以行之，说在同。"（《墨经·经下》）只有在类属性、类事理上相同或相似，人们才可以"在诸其所然未然者，说在于是推之"（《墨经·经下》）。后期墨家把这种思维进程称作"以类取，以类予"（《墨经·小取》）。

荀子在"明贵贱，辩同异"的论辩中，也明确要求"其言有类"（《荀子·儒效》）、"听断以类"（《荀子·王制》），认为凡是同类的事物必定有相同或相似的状况和道理，"类不悖，虽久同理"，如果掌握了这种同情、同理的同一性，人们就可以"举统类而应之"（《荀子儒效》），"以五寸之矩，尽天下之方"（《荀子·不苟》）。这样，就可以在"以情度情，以类度类"（《荀子·非相》）的过程中，从一般推出个别："以类行杂，以一行万"（《荀子·王制》）；从个别推出一般："以近知远，以一知万"（《荀子·非相》）；还可以从个别推出个别："譬称以喻之"（《荀子·非相》）。前述《荀子》32篇，有19篇讲到"类"，凡62见，其中用于论辩是非的推论方法论意义上的就达34回次，即可表明这一点。

于此，"类"的思维认知的法式，一旦定型为一种类推方法，就成为古代人们谈说论辩中的一个极为有用的工具，在按相同、相似之类属性或类事理以论证是非治乱的过程中，他们可以从容"夫明暗之征，上乱飞鸟，下动渊鱼。各以类推"（《汉书·终军传》）；"格物穷理，非是要穷尽天下之物；但于一事上穷尽，其他可以类推"（《二程语录》卷九）了。

因此，按"譬，谕也"（《说文解字·言部》）；"谕，告也"（《说文解字·言部》），《段注》："晓之曰谕，其人因言而晓亦曰谕"，先秦推类法式的思维进程一定要表明：

第一，"譬"是说服谕证的思维方法。这是它在谈说论辩中的工具作用。

第二，"譬"的思维方法的成立根据，是在"譬"与"被譬"的两种事物之间，一定要有一个共同的基础，要在类事理上一致，形成由已知到未知的桥梁。这种内在的一致性，是"譬"的思维方法成立的合理性。

第三，"譬"的语用功能是隐含。即"譬"包含着丰富的隐含意义，从字面意义到隐含意义是一个比喻式类推的过程。也就是说，在"譬"的字面意义外，总有意谓比它的字面意义更多的东西，而这更多的隐含意义，才是"譬"的理性说服的内容。

第四，"譬"的语效功能是特定语境下被理解了的意义转移。

也正是由于"譬"有如上思维进程的特点，才使"譬"在由"已知"谕"未知"的过程中，以情感和理性的说服力量，令人信服地通过"譬"来"使人知""其所不知"的。这也充分体现了"譬"的作为证明、反驳、说服人的思维方法的工具效用。因此，我们可以说，作为先秦推类谕证方法的"譬"的形成及其定名，是一个历史发展的过程。它之所以能够如司马迁评价屈原之《离骚》中使用这种方法时所说的，"其称文小而其指极大，举类迩而见义远。……推此志也"（《史记·屈原贾生列传》），实际上就是一个由"言事"至"言道"的思维过程，从而可以在"取辩于一物而原极天下之污隆"的过程中晓谕天下之是非。

这里还需强调的一点是，先秦时代诸子用"譬"，一般是先设"言事"的喻，后导出所"言"之"道"。按寓说理于譬喻之中的"喻""谕"并无分别，直到汉代还相互混用，后来才有了分工。于单纯"比喻"意义的用"喻"不用"谕"，在"晓得"或"使人知道"的推论意义上，则用"谕"不用"喻"。[①]

虽然在这种"取辩于一物而原及天下之污隆"的援类而推中，"取辩于"什么，有其随意性，但由于这种由随意类推发展而来的推理方法，以其"意在此而言寄于彼"的类推特点，在其隐喻手法的意义转移的稳定性与合理性的根据中，以思维规范的知性与言事、言道的说理感性，充当了说理论证的有效形式。故而它可以按类事理上"同情""同理"的同一性，增强"说明"的力度，对于古人论辩各种政治伦理问题时"取辩于一物"有着非常积极的意义，表明了现世应该怎样做和为什么这样做的伦理精神，从而以这种思维方法最好地表达了它那个时代的理想诉求，熔铸了它那个时代的求真的态度与精神，以及求善、求治的振世精神和人文关怀。

---

① 王力主编：《古代汉语》（第一册），北京：中华书局，1985年，第324页。

七、小结

如前所述，每个民族的传统思维方式，构成了每个民族共同的心理特征、道德观念，乃至生活习惯，其具有永久价值的文化内容，成为这个民族得以存在、延续、繁荣、昌盛的精神支柱。因此，具有中国古代特色的主导推理类型——推类，正是为了满足中国古代人的思维论辩需要而创生出来的，在历史的长河中，它以其意象性的思维方式，反映了中国人在生活态度上更偏重精神感受。表现在认知与行动的关系上，推类的思维方法就被不断通过传递而得以自我复制。在先秦诸子的创造下，许许多多的推类说理已将其以小谕大、以浅谕深的真知灼见凝固为一个个成语，积淀在中华文化的血脉里，并且潜移默化，影响着中国人的思维方式。这也就是我们今天在使用这些成语时，为什么会按照"类事理"的同一性规范，从这些成语所显现的小事理中去理解其所蕴含的思想深邃的大道理了。故而现代作家和文艺理论家钱锺书就曾对比喻的强调或联想了两类极不相同的事物之间的相同、相似之处评价说："不同处愈多愈大，则相同处愈有烘托。分得愈开，则合得愈出意外，比喻即愈新异，效果愈高。中国古人论譬，说不能'以弹喻弹'，又说'凡喻必以非类'，正是这个道理。"[①]

由之，中国古代传统推类方法是传统文化的一部分，体现了中国人的传统思维特点。通过对它演进过程的梳理，以及对其背后的逻辑原则、文化传统、人文精神的了解，可以按吾师温公颐先生与崔清田先生所指导的思路，从逻辑与文化的角度不断探索，以增强我们对传统思维方法论意义、文化认同意义的感受。

（本文原载《逻辑学研究》，2010 年第 3 期）

---

① 钱锺书：《读"拉奥孔"》，《文学评论》，1962 年第 5 期。

逻辑分析法与中国现代形上学的新开展

张斌峰

一、逻辑分析法在 20 世纪中国哲学中的地位

在中国哲学发展史上，冯友兰先生是第一个尝试系统地使用西方的逻辑分析方法，来解释、整理和改造宋明理学的，他运用了蕴涵、重言式、类逻辑、名言分析、命题逻辑和逻辑推论，来表示"理""气""道"和"大全"等新理学的基本范畴之间的联系与推演关系，并在此基础上通过对经验作逻辑的分析，推出了关于理、气、道、体和大全存在及其相互关系的四组形上学命题，从而较为成功地建立了一个"纯形式的"形上学体系。这样，他的"理""气""道""大全"的演绎过程是哲学本体论的建构过程，也同时是一逻辑演绎的过程，因此这种运用体现了逻辑学与本体论的统一。

的确，这个体系试图把中国传统哲学中的最为重要的观念都包括在内，并把它们编织在一个复杂的、新的形上学体系里，建造一个具有严密性和形式性的体系。因而可以说，他和金岳霖先生在把逻辑分析法应用于中国哲学的研究方面，都各自地建立了中国哲学发展史上独一无二的新形上学体系，超越了中国传统哲学没有"形式化"系统的历史局限，开了中国分析哲学（即把逻辑应用于哲学本体论的建构）和语言哲学之先河。正因为如此，我国哲学界对冯友兰和金岳霖先生，在这一重大的哲学问题上所作的贡献给予了高度的评价。例如，我国当代著名哲学家冯契就明确认为，新理学的真正贡献，在于它将逻辑分析方法运用于中国哲学，使得蕴藏在中国传统哲学中的理性主义精神得到了发扬。这种运用是理性主义精神的表现，也更是对科学、逻辑、哲学、本体论与认

识论之间的关系的洞察，从而建立了中国哲学史上、思想史上的第一个把逻辑学、本体论、过程论、儒道哲学和西方形上学完整地熔为一炉的哲学体系。这显然是一种对民族文化的改造、丰富和补充。正因为新理学成功地应用了当时建立在西方传统逻辑背景上的逻辑分析法，以逻辑的概念分析和演绎为范式，初步实现了本体论的逻辑化；同时它又以本体论为逻辑的哲学基础，来说明什么是逻辑，将逻辑哲学化，使逻辑本体化。具体说来，新理学的体系乃是以西方的传统逻辑为骨架而建立起来，或者说，它的建构方法是建立在西方传统逻辑基础上的（实际上是维也纳学派和美国新实在论的）逻辑分析法。新理学借此，至少在相当程度上提高了中国形上学哲学的空灵性、抽象性、范畴化、概念化和系统化的程度，它因此而使得中国哲学成为当时最具现代品格的新体系，并向我们展示了以逻辑和逻辑的方法来致力于中国哲学新开展的新思路、新程序、新特点。

总结 20 世纪以来的中国形上学的重建，继往而开来，是十分必要而迫切的。为此，我们一方面要继续具体而又精密地来考察新理学建构中所应用的逻辑分析法的渊源、形成和应用，总结冯友兰运用逻辑分析法的成就，肯定新理学之逻辑化的努力；另一方面更有必要反思逻辑分析法用于构建中国现代哲学形上学的历史限制。尽管我国学术界已经对逻辑分析法在新理学建构中的作用、历史地位和历史限制做了许多的考察和研究，但相对于金岳霖先生在这一方面的研究而言，我国学术界对冯友兰先生的研究要薄弱得多。由于我国逻辑学工作者对此课题的研究未能给予应有的重视和投入，现有的研究者又绝大多数都是中国哲学研究者，他们的研究过于宏观而不够深入，重于综合而轻于分析，零散而不够系统；所以导致了他们对新理学所应用的逻辑分析法、逻辑哲学以及它与逻辑经验主义或逻辑实证主义、分析哲学之间的关系的研究的深度不够。囿于单向的理解而要么强调逻辑，而仅以传统或现代逻辑来苛求新理学对逻辑的应用；要么片面地强调逻辑与中国传统的人生哲学、道德形上学之间的不相容性，而低估甚至贬低新理学应用逻辑分析法的历史贡献和它在中国哲学新开展中的历史地位。同时，他们对这种运用的历史局限性也认识不足：如形式主义、唯心主义的色彩；逻辑观的狭隘和汲取现代逻辑与逻辑哲学及其方法之不充分。这种运用就自然地与中国哲学本体不相协调，尤其是未能在深入反思的基础上，通过克服冯友兰的历史局限性而进一步地引入现代逻辑和逻辑哲学的新方法、新成果，同时也更应当引入中国古代独有的"逻辑"（名辩逻辑和辩证逻辑），走世界化和民族性相结合的综合创新的道路，从而在新世纪、新千年里，致力于推进中国现代形上学的理性化、世界化和民族化的进程。

二、逻辑分析法与中国现代形而上学的新开展

1. 致力于中国现代形上学的新开展首先就应当以中国传统形上学为基础

在逻辑和逻辑观上，冯友兰先生所接受的西方逻辑是一个有限的系统或流派。也就是说，他所接受的是他所处那个时代的甚至是西方某一个特定学派的逻辑，即维也纳学派和美国新实在论的那种实证主义的、科学主义的、形式主义的和无境域的传统逻辑。这正如朱伯崑先生所言："冯先生研究中国哲学史特别强调逻辑分析法，这个逻辑分析方法就是近代形式逻辑。它不是其他逻辑，比如现在的模糊逻辑，冯先生所理解的逻辑是形式逻辑。"①换言之，它实际上就是由亚里士多德开创的传统逻辑。这种传统逻辑，是建立在什么样的形上学或本体论的基础之上呢？亚氏之前的柏拉图就认为宇宙是一个有理性的宇宙，它是统一的、合逻辑的、按照一定的逻辑公理体系所构成的有机体系；而亚氏则进一步认为，宇宙是一个理想的世界，是一个相互关联的有机整体，一个永恒不变的理想或形式的体系，因此他所创立的传统逻辑及其方法认为：所有取得表达的东西一定是属于逻辑学的东西，逻辑包括了一切，任何领域都不会拒斥逻辑；所有实在都是自足、独立、绝对的存在，并因此而设置了主、客对立的二元论。它的认识论的前提就是认定一切实在皆可形式化，凡是能够理解的东西皆可以用逻辑关系表达出来。亚氏之后的西方逻辑也同样是如此，作为现代数理逻辑的开山人——莱布尼兹甚至更为彻底，他干脆认为宇宙就是一个由数学和逻辑所构成的逻辑体系，因此实在的宇宙与逻辑的体系一样，具有相同的必然性，也因此西

---

① 朱伯崑：《略论冯友兰学术思想研究的方法论问题》，《旧邦新命》，郑州：河南人民出版社，1999 年。

方哲学家深信不疑地要通过对世界的逻辑构造来发现世界的终极真理和全部秘密，西方哲学和西方逻辑的这种建构的理性主义、无限理性主义（或建构的理性主义）、逻各斯中心主义、实体主义和唯科学主义的盛行和狂妄到 20 世纪中叶，已经达到了登峰造极的地步。受这种哲学方法论的驱使，现代中国哲学的实证主义尤其是逻辑实证主义、形式主义和科学主义思潮也随之而起，于是他们也奉行以是否使用"科学的"形式系统演绎方法作为是否"哲学"标准，直至盲目使用枯燥的概念并沉迷于纯粹的推演技能，就其本质上看仍然是一种广义的逻辑运算和机械主义的科学观，而超不出"客观逻辑"的范畴。而以这样的逻辑来建构中国现代哲学形上学所显示出来的逻辑理性取向，就势必会导致中国现代形上学单向度的形式化、逻辑化的建构，从而忽视在它的背后却站着一个个不可逻辑化或形式化的侧面——道德价值和人生境界，以为一切思想即理智，皆可以进行形式化，皆可以进行广义的运算，其结果就自然将思想变成了非思想，把中国传统的境域型的（场有型的、关系型的）形上学变成了西方的实体型的（静止型的、单向度的）形上学的"空架子"。我们知道，在中国传统哲学形上学中的有关"概念"或"范畴"，显然在本质上是兼具"理性逻辑"和"价值理想"的双重存在；它不仅具有概念和逻辑的性质，还有一种直观的体悟、形象的意蕴和审美的意境；而如果以理性逻辑为单向度取向的逻辑来对它进行形式化的建构，就会仅仅从物理形态和逻辑类项上来加以考量，而把作为主体的人当成毫无生命价值的客体，而放在逻辑的概念架构里面。我们知道，"概念"或"观念"在西方是一种思想的对象或抽象的现成物，人依据它来把握和表象事物的本质或"（是）什么"，它可以是客观的（柏拉图），也可以是主体性的（笛卡尔）或是感觉的（洛克）。或者说，把作为主体存在的人的价值世界客观化，从而将作为主体的人又作为去认识、区分、制造和征服的客体对象，其自然的"逻辑"就是将道德形上学（作为文化现象的）抽象处理为一种关于普遍类别的指称物，由于概念及其构架的抽象切分和排列的本性，使之将整个西方哲学都采用分裂为普遍与特殊、现象与本质、主体与客体、语言与对象的二元的对立；并且又按概念对象的不同而把它的哲学分门别类为种种"科学"的部门，从而使它的哲学不得不显示出呆滞的而又毫无真切关怀的实体主义的存在论；因而它绝对不再是作为"价值之源"的形上学本身了，它不再是现实文化或生活世界所固有的，而是额外赋予的。作为符号化的存在则变成了关于事实的陈述，把充满人文性的形上本体交由技术理性（因为逻辑从本质上讲乃是一种技术理性或工具理性）去处理，造成了对具体文化的静止的而又僵死的理解。"理""气""大全"和"天地境界"等心灵境界也同时彻底地被逻辑抽象掉了，因此就会将中国传统形上学所具有的作为承担"价值理想"的本体化约为空洞的、价值虚无的黑洞了。

如前所述，如果把这种特定的、有限制的、有明显局限性的逻辑，应用于形上学重构所建构的形上学体系，自然充满着内在紧张和矛盾。诚然，这样做，似乎使中国传统形上学有了最普遍的逻辑统一性，但实际上，中国古代从来就没有一个用汉语表达的关于共相的哲学系统，即以任何方式承认实体（共相）的存在，并让其在自己的哲学中发挥重要作用。因此熊十力认为，中国哲学的本体不可作共相观。如果作西方的共相观，便是心上所现似的一种相。此相便已物化，而不是本体的显露。而新理学所力求"接着"宋明理学"讲"的"形上底"的范畴，则仅仅是形式的、抽象的、逻辑的。然而实际上，宋明理学如朱子所讲的"理"诚然也是一个净洁空阔的世界，但它所主张的格物穷理的过程，则不仅把握到了理，也同时把握到了价值与存在的根源。所以说，新理学中经"正方法"的逻辑洗汰之后的"理""道体""大全"等已成为形式的空套子，失去了中国哲学范畴本身所寓含的价值及根源。这也可以说是他的新理学的主要缺陷之所在。

维特根斯坦说过："我的语言的界限意味着我的世界的界限"；"逻辑充满着世界；世界的界限也是逻辑的界限"[①]。中国现代形上学的新开展应以逻辑学的发展为其方法论的基础，而逻辑最终又是以哲学为基础的。某种逻辑是否成立，是否有意义，最终只能依据它所依赖的哲学理念得以成立的基本背景或基本承诺。或者说，逻辑本身必须有其本体论的限制。因此，中国现代形上学的新构建不可能照搬西方形上学的模式，进行纯粹的逻辑构造。也就是说，中国现代形上学的新构建当然要接受中国古代哲学本体论思想的限制，即一方面我们选择的逻辑方法必须适合于保留它的价值之源——道德本体论，以不至于因为使用逻辑而将自己的道德形上学化为毫无意义、毫无价值的符号游戏。诚然，哲学

---

① 《逻辑哲学论》，北京：商务印书馆，1985 年，第 79 页。

的任务之一就是逻辑分析，因此把逻辑应用于哲学的分析，本来就是逻辑学者和哲学家的使命。这种使命就在于，进一步全面系统地探索和研究西方逻辑和逻辑哲学尤其是西方现代哲学、当代新儒家、新道家是如何吸纳西方逻辑与逻辑哲学的新方法，来重构中国传统形上学的。这当然包括通过寻思促进冯友兰新理学逻辑化建构的动因和必然性，通过比较它与西方现代分析哲学的本体论（卡尔纳普、罗素关于世界的逻辑建构，奎因、怀特海的机体本体论），中国现代哲学家金岳霖的新道论、知识论和逻辑观，张东荪的多元本体论和"形上学的逻辑"，牟宗三的道德形上学的逻辑化致思，以及当代华人哲学中唐力权的"场有"哲学的存有论和成中英的"本体诠释学"。后者是以统一整合的思考语言为其探索的对象，其思考语言的基础是集合来自对现象、结构、意义、辩论、用途等人类思考之各层面的正确理解，研究如何从现代语言逻辑的一些原理与方法通过逻辑分析得出一元的形上学，它不再与现实的世界发生直接的联系，而是借助于语言的形上学命题间接地跟世界发生联系，从而以语言来反映人类对世界的期待和对理想的追求，重建一个具有根源性和历史性的中国哲学形上学，把它转化成一个具有高度内涵和高度智慧的思想体系，这就是研究现代西方哲学，以重建中国哲学形上学所具有的意义。成中英还认为哲学形上学的重建应从现代形上学对分析诠释的关注出发，经过分析诠释相互决定的过程，走向新的语言结构，建成一个整体化而又具有开放性的体系。这样的重建的程序，就是从语言形式来洞悉意义的内容，从意义的内容来开拓方法学和重建本体学，最后提出一种新的哲学语言、一个新的哲学系统。而在大陆本土上探索现代形上学局部性重建的也有，如试图引入和发挥中西方关系哲学与关系逻辑及其方法的关系本体论（罗嘉昌）和致力于海德格尔的"终极视域"与"中国天道"的"双向开启与交融"[①]的逻辑化和超逻辑化的双重建构。所有这些新探索都可以说，既与冯友兰的"由正入负"同出一辙，但又确没有"由正入负"的内在脱节和失序，因此都可以说是 20世纪下半叶的中国哲学家们对现代形上学的新开展。

2. 必须要突破现成的逻辑及其范围，而在大逻辑观的背景下致力

---

① 张祥龙：《海德格尔思想与中国天道——终极视域的开启与交融》，北京：生活·读书·新知三联书店，1996 年。

于中国现代形上学的现代化、理性化、世界化，克服中国传统形上学的
笼统性、含混性、缺乏清晰性，提高中国传统形上学的明确性、精确性、
清晰性、抽象性和理性化，推动中国哲学形上学的语言转向，使之可以
走向世界。

的确，中国传统哲学的文本，以经注经、广征博引、穿凿附会，又
善用名言隽语和比喻论证，因此它的概念、术语与原理不明确、不清晰，
甚至歧义迭出；但是中国传统哲学并不缺乏形上智慧，"中国古代思想
的主流是非概念的和引发式的"①直觉体悟型的方法，因而它并不缺乏
通过直觉体悟证成形上本体的方法，但却缺乏通过逻辑思辨，从正面和
确定的概念范畴，来改造中国传统哲学的笼统直观和模糊多义的（包括
形而上学的）思维方式，借助于逻辑的普遍性、确定性和系统性而把它
们加以明确化、规范化、抽象化和系统化，同时又不至于使它脱离中国
哲学的本体、脱离日新月异的生活世界而成为一种纯形式的空套子。即
一方面使中国传统哲学的形上学具有理性化的、普遍化的现代特征和形
态，另一方面又不至于使它丧失中国传统哲学的民族性，易于被普通的
大众所理解、所掌握，实现中国哲学的普世化、大众化和生活化。

那么，当下我们所认知的逻辑能完成这样的致思使命吗？显然我们
必须对它加以反思、选择和再创造，我们必须得追问逻辑的本质是形式
的还是非形式的？它是仅仅研究推理形式正确性的科学还是一个研究
主题范围更为广泛的学科？逻辑的类型是一元的还是多元的？逻辑的
本质是科学的还是人文的？是数学的还是伦理的？是工具理性的代表
还是价值理性和交往理性的辅助？逻辑学的作用是无限的还是有限
的？逻辑是关于事实判断的逻辑还是关于规范判断的逻辑？逻辑如何
重返它的理性之源？长期以来我们的逻辑学工作者对逻辑作用的过分
夸大，与我国逻辑学者所接受的逻辑学是分析哲学和科学主义时代的逻
辑学有关，因为他们在接受分析哲学家的逻辑学时，也同时接受了他们
与之相关的分析的哲学。事实上中国当下所接受的"现代逻辑"只是西
方二十世纪三四十年代的数学逻辑；它是形式主义的、科学主义的、唯
理性主义的逻辑的代表，因此它是一个要被突破的、要被反思的甚至是
要被解构的东西。实际上，现代逻辑是一个对象范围和类型不断发展的

---

① 张祥龙：《海德格尔思想与中国天道——终极视域的开启与交融》，第254页。

东西。但在当下中国逻辑学界，逻辑学的工作者们只愿意了解和掌握纯粹的逻辑而很少愿意关注哲学，更很少关注如何将它应用于哲学研究，即把逻辑应用于哲学分析和哲学建构，尤其是把它应用于中国哲学的分析与建构则少之又少。而运用现代逻辑，尤其是运用包括中国古代的名辩逻辑、辩证逻辑以及更为广义上的现代逻辑（例如，关系逻辑、二阶逻辑，非形式逻辑、语用逻辑——依场而有的、情境化的、视域交融型的），运用适合于中国现代形上学的"逻辑"则少之又少。因此中国的逻辑学者不仅要继续系统地介绍、输入和研究西方现代逻辑及其方法，而且还要走出形式主义的象牙之塔，把"逻辑之技"变成"逻辑之道"。这在于，逻辑诚然是人类致思的形式规则，也是人际交流的必要规范，但逻辑本身不思，思者的沉思达到极思处即对理性的本质的沉思，便会体验到逻辑对思的桎梏，这使思的延伸必然导致逻辑的突破。形上学不仅要把握宇宙之万事万物，而且更要强调人的道德境界与审美境界及其内在超越性，而这些则是无法借助于逻辑分析法来加以真正朗明或呈显的；否则，就还会像新理学那样把宋明理学的理世界沦为一种纯粹的逻辑观念，而不是一种与人息息相关相通的同天之境、自得自由之境；与人的生存息息相关相通的无滞无碍之境、通透之境、自由自在之境；不再是与人的此在息息相关相通的空灵之境、澄明之境、诗意栖居之境；与人的存在息息相关相通的神化之境、神明之境、神圣之境。当然冯友兰先生已经意识到正方法的限制，只是在走投无路时，他才不得不提出"由正入负"的转向。也就是说，思的突破在冯友兰那里，是从正方法（逻辑分析法）到负方法（直觉的方法）的过渡。思的突破就意味着要反对特定的"逻辑"，但反对特定的"逻辑"并不意味着要废除逻辑，更不意味不要任何逻辑，思者之思达于一定的程度务必突破逻辑，因为对理性的本质不加反思，固执地维护或夸大这种"逻辑"，就正是取消理性。思之所得若传达于他人或公众，又必须借助于逻辑，现成的逻辑若不能保证存有的传达，便不得不尝试去建立新的逻辑。

　　我们知道，现象学是后现代的哲学家对传统哲学的突破，胡塞尔的毕生工作就是追求一种能将无限丰富的生活世界和经验表象在某种意义上全部包揽无遗的新理性或新逻辑。他的《逻辑研究》《经验与判断》两大巨著，就是要通过澄清"谓词判断经验"中的起源，来建立一门逻辑谱系学，从而把逻辑学的对象范围拓展到"前谓词的经验"的领域，探讨以"逻辑的东西"为对象的"形式本体论"的基础，探讨逻辑形式、谓词判断中的"对象"在直接经验中的起源，从而使逻辑学才能够真正踏入本体论或形上学的门槛。由此看来，后现代的逻辑学必须进入哲学的本体和形上学的世界，与此同时就必须突破旧逻辑，去建立新逻辑和新的形上学。

因此，只要适应中国未来的新形上学的新开展，就势必要开拓西方逻辑学的新视野、新主题，而且还要以中国古代独特的逻辑和思维方法来实现中国现代形上学新开展的民族化与本土化。也只有这样，才会使我们未来的中国哲学依然不忽视其本有的意象功能，使它仍然是富有诗意的和情感的哲学；同时，在强化逻辑思想、概念化、系统化的基础上，把中西哲学的优长，推进到一个新的水准上。或者说，中国传统哲学在21 世纪完全可能成为一个自为、自主的系统，而不单是对西方逻辑或逻辑哲学作简单的吸收和嫁接，而是在开放的视野中，继承中国形上学思维的民族性。由于哲学思维方式是人类思维方式的核心，因此探讨如何实现中国哲学思维方式（中国哲学本体论的理性形式）的理性化、精确化、分析性与系统性，将不仅有助于提高中国哲学思维方式的现代化，而且也更有助于为中国人的思维方式的现代化提供坚实的哲学的本体基础。从重建中国现代形上学的自身的需要来看，既然我们要建构中国人的形上学，就必须建基于中国人的形上学起源之根基上，中国人的形上学的追求也源自中国人的形上学的冲动和思想超越性的探索行动，但是它却内在地植入人类文化的固有本性之中。为此，我们应该在人类文化的固有本性基础上来建立起集哲理性、形上学、形象性、民族性、本土性和世界性于一体的中国现代哲学形上学体系。诚然，在西化与世界化挂钩的时下，重建中国现代形上学无法逃避由无比坚定的理性逻辑所织成的天罗地网。但是我们不能忘却我们自己所拥有的最好的传统，不能忘掉我们自己所拥有的丰富的名辩逻辑、辩证逻辑和直觉思维的逻辑及其方法。

总之，在这一进程中，若要成功地重建中国哲学形上学，就必须要经过冯友兰而又超越冯友兰，克服他的双重的历史性限制。即一方面真正的哲学形上学应当是具有纯思的、纯概念的性质的，因此在逻辑学上，要全面系统地吸收现代逻辑、现代逻辑哲学的新成果、新方法，实现在更高层次上的中国哲学形上学的新建构，这种新建构的最为重要的工作，就是以逻辑和现代逻辑哲学的方法来实现中国哲学形上学的明确化、概念化和系统性，从而赋予中国哲学形上学以更为合理的理性形式。另一方面，尽管逻辑是现代哲学建构中的一个重要的环节，并且任何哲学都要通过逻辑地想象建构一个理想的世界，但逻辑并不是内在的"本体"，人所要建构的理想的世界不仅是可信的，而且还必须是可爱的；要在把现代逻辑与逻辑方法应用于中国哲学形上学的新开展的过程中，看到西方后现代的哲学家已经认识到并已解构自己的哲学体系建构中的唯逻辑主义，并致力于寻求非概念的思维符号和突破僵死的概念思维的锁链。因此，我们在致力于中国哲学的理性化的过程中，既不能再重蹈西方哲学的覆辙，又要能够汲取他们的合理的理性形式，来重构中国的现代形上学的新体系。所以说，中国现代形上学的新开展应当通过冯友兰、金岳霖，由"照着讲"而走向"接着讲"，从而进一步实现名与象、智与仁、思与诗、形式与内容、德性与理性、分析与综合的统一，使它的形式与本体、形式与内容实现真正的统一。总之，要在现代逻辑、现代哲学和生活世界的三项互动的场域及其变动中，实现中国哲学形上学的民族性、本土性与世界性、普遍性的统一，从而使中国现代形上学成为世界哲学之重要的一支。

人工智能哲学的跨学科研究和多维视角考察

任晓明

20 世纪以来，发展最快而且对人类生活影响最大的学科无疑是人工智能。而在今天，人工智能成了新世纪的一种象征。20 年前，当计算机程序"深蓝"战胜国际象棋世界冠军卡斯帕罗夫时，人们开始意识到，计算机也会有悟性，对机器能否超越人类的问题，学术界产生了一丝忧虑。2016 年，谷歌的阿尔法狗（AlphaGo）战胜了围棋世界冠军李世石，引起了哲学界乃至整个社会的深深忧虑：人工智能对人类来说是福音还是灾难？人工智能会给人类带来哪些威胁？人工智能所引起的问题已不仅是一个技术问题，它已经超出了科学技术的边界，成为一个哲学问题，甚至成为一个引起广泛关注的社会问题。对这些问题，哲学和社会科学界应该责无旁贷做出自己的回答。面对汹涌而来的人工智能革命，我们有必要对人工智能哲学的发展源流、人工智能哲学的跨学科特性给予多视角的考察和分析。

一、人工智能哲学的源流

尽管人工智能诞生不过几十年，但人工智能的哲学思想却源远流长。它肇始于古希腊哲学，是对哲学史上的毕达哥拉斯主义、机械论、还原论、目的论的继承和发展。

（一）朴素唯物主义的原子论和还原论思想

在卢克莱修的《物性论》中，德谟克利特的原子论得到了明确的表述。德谟克利特的原子论暗示，精神的东西可以还原为物质的东西，也就是说，一个系统可以还原为另一个包含它的基础系统。这是人工智能哲学的源流之一。德谟克利特的原子论包含了人工智能未来发展的思想萌芽。这些思想火花到近代演变为对心身问题、精神与物质的关系问题的探讨。原子论中包含的机械论、还原论思想后来演变为对人机关系问题、人与机器人问题的探讨。这些问题显然是人工智能的基础性问题。

（二）毕达哥拉斯主义的"万物皆数"

人工智能哲学也源于古希腊的毕达哥拉斯主义。毕达哥拉斯主义认为，世间万事万物都是由数组成的。这种"万物皆数"的思想主要是本体论的观点。到了近代，这一新颖的思想被近代机械论哲学家拉美特利（De La Mettrie）所继承和发展，变成了"人是机器"的观点。尽管拉美特利因提出"人是机器"的断言而受尽了哲学家们的奚落，但是他的思想反映了工业革命时期的技术水平，比起"万物皆数"思想仍然是一大进步。在人工智能发展的今天，人们开始重新审视并对其做现代解释，复活了毕达哥拉斯主义。今天的人工智能界，人工智能科学家图灵（Alan Mathison Turing）、冯·诺依曼（John von Neumann）和勃克斯（A. W. Burks）都是毕达哥拉斯主义者。与古希腊毕达哥拉斯主义者观点不同的是，他们认为，数学研究的是自然的形式而不是内容，数学研究抽象的实体，不研究具体的事物。这种观点实际上是从"万物皆数"到"认知即计算"思想的跨越，是人工智能哲学的主要研究纲领。

计算主义是人工智能研究中一个主流的研究纲领。其中的一个核心问题是："人是机器吗？"除了拉美特利之外，DNA 双螺旋结构的发现者弗朗西斯·克里克（Francis Crick）对此也持肯定的观点。他认为人和机器一样，都是由各种物理化学机制构成。按照这种还原论观点，将来有一天，生命可以在试管中合成。计算机科学家格雷戈里·蔡汀（Gregory Chaitin）把物理学和生物学作了类比，认为前者是死的、刚性的、封闭的、机械的；而后者是活的、可塑的、开放的、创造性的。物理学是硬件，生物学是软件。就此而言，物理学与生物学的对立恰恰表现为人与机器的对立。①计算主义的观念起源于图灵 1936 年题为"可计算数"的论文。在这篇论文中，图灵定义了称之为"图灵机"的计算装置。他试图以精确的计算程序，让机器像人类计算者那样计算，以此来回答"人是机器吗"这一问题。图灵没有明确回答的问题是：如果人

①　尼克：《人工智能简史》，北京：人民邮电出版社，2017年，第195页。

是机器，那么这种机器是模拟的还是数字的？

按照人工智能的符号主义观点，所有的计算装置都是数字的符号系统。按照冯·诺依曼的观点，即便是神经系统本质上也是数字的，尽管构成神经系统的化学和生物过程可能是模拟的。简言之，如果所有的机器都是数字的，那么图灵机就是最简单的强有力模型。这样一来，人工智能就建立在图灵机以及在图灵机基础上建立的计算理论之上。按照这一思路，"人是机器吗"这个问题就可变为"人是计算机器吗"，从而归结为"人是数字计算机吗"；如果智能是人类特有的属性，那么"人是机器吗"最终可以归结为"机器有智能吗"。[1]为了回答这一问题，图灵提出了称之为"图灵测试"的思想实验。他提出，如果把人和机器安置在两个封闭房间中，如果不能区分哪一个是机器，哪一个是人，那就表明机器是有智能的。这一思路显然出自功能主义的哲学思考，图灵测试实际上是一种思想实验。

冯·诺依曼和他的助手勃克斯继承和发展了图灵的思想。勃克斯把"万物皆数"的哲学命题应用于人类，得到了人＝机器人的结论。所谓人＝机器人论题指的是，在某种意义上人就是一台计算机器。这看起来是拉美特利"人是机器"的翻版。但是，勃克斯指出，人＝机器人论题在一般性、精确性和形而上学的内涵方面与拉美特利的观点不同。他认为，我们每个人都有自己的毕达哥拉斯数，这是一个很大的数串。它既包括人的遗传物质和气质，又包括人的遗传物质与环境、文化之间的相互作用。在勃克斯看来，在某种意义上，人不仅仅是一种机器，而且是一种机器人，同时又是一个非常复杂而精巧的逻辑结构和程序系统。这显然是毕达哥拉斯主义的现代版本。

（三）亚里士多德的"自动机器"和古希腊目的论

人工智能哲学也源于古代目的论，亚里士多德是其创始人。他认为宇宙是一个有机统一体，自然是具有内在目的的，它的一切创造物，无论是天然物还是人工物都是合目的的，这种合目的性只有通过自然自身的结构和机制来实现。亚里士多德以其隐喻式语言指出，受精卵就是一台生物自动机器，它内含先定的目的性程序，控制着未来个体发育的进程并决定其最终目标。尽管亚氏所说的"自动机器"特指一种简单的机

---

[1] 尼克：《人工智能简史》，第 196-197 页。

械装置，但它具有的程序性特征，隐含了自动机理论的思想萌芽。亚里士多德目的论中生物体与自动机的类比实际上已经包含了人工智能的思想萌芽。

在机械论占上风的近代，目的论自然不受待见，在哲学史上是没有地位的。直到 20 世纪中叶，经过系统科学重新解释的近代目的论在人工智能发展的背景下才得以复兴。从系统科学的视角看，人和机器都具有目标趋向性和负反馈功能，现代目的论认为生物和机器的共性在于：它们都是内含先定的目的性程序，控制着未来发展进程并决定其最终目标的自动控制系统。现代目的论关于生物与机器的类比给予人工智能发展的重要启示是：人和机器都不过是细胞自动机。基于此，人工智能计算机科学家冯·诺依曼开创了计算机与人脑的类比研究。1948 年，在加州理工学院召开的一次会议上，他做了题为"自动机的通用和逻辑理论"的演讲，从而开启了细胞自动机理论的研究。深受冯·诺依曼影响的科学家、哲学家是勃克斯。这位在普林斯顿高级研究院协助冯·诺依曼制造世界上第一台计算机的教授，后来在密歇根大学创办了美国较早的计算机科学系，并成了该校计算机科学系和哲学系双聘教授。他编辑和完成了冯·诺依曼关于自再生自动机（后来称作细胞自动机）的遗著，培养了一批世界上最早的计算机科学博士，其中最著名的是约翰·霍兰德（John Holland），他以提出遗传算法而著名。霍兰德的博士生是安第·巴托（Andy Barto），巴托的博士生是提出强化学习的理查德·萨顿（Richard Sutton）。正是通过应用强化学习和其他技术，AlphaGo 战胜了围棋大师，而强化学习一夜之间成为显学。①

现代目的论不仅对人工智能发展有重要启示，而且催生了人工生命理论。为了使机器学习行为更符合人类学习过程中人脑神经网络的活动，20 世纪 80 年代后人们设计了人工神经网络的学习模型，提出了遗传算法等。20 世纪 90 年代后，人工智能研究开始了从机器学习到人工生命的转向。不难看出，学习能力的拥有是以生命为基础的。离开了生命，就根本谈不上拥有学习能力。因此，研究机器的学习，就会涉及生命的繁衍问题。这样一来，人工智能的研究经机器学习的探索，进而发展到确立以自我繁殖机制为核心的人工生命研究，也就是顺理成章的事

---

① 尼克：《人工智能简史》，第 126-127 页。

情了。可见，现代目的论对人工智能和人工生命的贡献是把遗传和自我进化的机制赋予计算机，把人工智能哲学研究推进到了一个新阶段。

通过对人工智能哲学理论源流的考察，我们发现了这样一个显著特点，那就是它的发展实际上是多源汇聚的结果，这本身就是一种跨学科研究。我们知道，古希腊哲学中实际上包含了所有科学的萌芽，并没有严格的科学与哲学之分。到了近代，人工智能的朴素思想也没有从哲学中分离出来。即便到了现代计算机时代，人工智能与其哲学依然难解难分。难怪哲学家丹尼特（Daniel Dennett）说，人工智能就是哲学。[①]人工智能这一跨学科特性使得它的名称颇具争议。在正式提出"人工智能"这个概念之前，就有人提出"机器智能"这个词。图灵1950年发表在《心灵》上的论文《计算机与智能》可以看作对机器智能的最早系统表述。实际上，早在1948年，图灵有一篇题为"机器智能"的报告，在英国国家物理实验室（NPL）非公开发表。在具有历史意义的达特茅斯会议上，西蒙（Herbert A. Simon，又译司马贺）曾建议把这一学科叫作"复杂信息处理"，他认为这一名称更能反映该学科的性质。也有人说应该叫作"认知过程模拟"，这样也许能反映它与人类认知和机器模拟之间的联系。最后，麦卡锡（John McCarthy）主张定名为"人工智能"。[②]后来，人们逐渐接受了这一名称，虽然一段时间以来，学界对这一名称是否名实相符始终有不同的看法。

二、人工智能哲学的跨学科研究

从目前的研究现状看，人工智能哲学研究正在呈现多元汇聚、跨学科攻关的发展势头。这种跨学科研究的特征主要体现在以下方面。

（一）人工智能与人工智能哲学的关系日渐紧密

人工智能研究的目标是用机器的方式再现人的智能，换言之，人工智能的研究建基于人机类比之上，这就使其研究跨越了物质与精神，而不同于以自然类为研究对象的自然科学，如物理学、化学。因此，人工

---

① 尼克：《人工智能简史》，第17页。
② 尼克：《人工智能简史》，第8页。

智能尽管历史较短，但是派别林立，争论频仍。纵观人工智能的发展历程，可以看出，人工智能与心灵哲学有着密切的关系。心灵哲学讨论的问题，如心身问题、意识和意向性问题、心理表征问题、还原论问题等，都与人工智能有着千丝万缕的联系。可以说，人工智能不仅创造出辉煌的科学成就，而且引发了一系列哲学问题。人工智能的学科性质决定了它从一开始就与哲学结下了不解之缘。

人工智能属于自然科学，它的研究方法是科学的方法，但它的研究对象既有自然种类，又涉及人工种类，常常是物质现象和精神现象交织，难解难分。计算科学家高德纳（Donald Knuth）认为，科学应分为三类：其一是物理科学，包括物理学、化学和生物学；其二是数学；其三是计算机科学，包括人工智能等，又称为"非自然科学"（unnatural science）。在他看来，计算机人工智能与数学和物理学的不同之处在于，它常常在不同抽象层次之间跳来跳去，而数学太抽象，物理学太具象。[1]由此可见，人工智能的复杂程度远远超出自然科学的范围，它探讨的问题也越出了科学的边界，与哲学发生了联系。

人工智能的进展往往会引起哲学家的关注，人工智能专家往往把研究兴趣转向哲学。一些具有远见卓识的人工智能专家不仅关注具体的研究任务，而且试图通过人工智能研究达致对人类智能和人类自身的认识。这与哲学的宗旨非常接近。另一方面，人工智能专家也尝试从哲学中吸取思想资源，寻找可用于人工智能研究的新方向。对于这种亲密互动的关系，哲学家德雷福斯（H. L. Dreyfus）有过一段生动的描述："我惊讶地发现，认知模拟的先驱者们——已经继承了霍布斯推理就是计算的主张，笛卡尔的心理表述、莱布尼兹的'普遍文字'的思想——所有知识都可以在一组初始概念中得到表示：康德规则即概念的主张，弗雷格关于这些规则的形式化以及罗素用逻辑原子建立实在组块的假定。简言之，虽然没有意识到这一点，但是人工智能的研究者们正在勤奋工作，把理性主义哲学转变成一个研究纲领。"[2]

总之，历史和现实告诉我们，离开哲学的人工智能是盲目的，没有人工智能的哲学是苍白的。正如著名计算机科学家麦克德莫特（Drew

---

① 尼克：《人工智能简史》，第 201 页。

② H. L. Dreyfus, "Why Heideggerian AI Failed and How Fixing It Would Require Making It More Heideggerian", *Philosophical Psychology*, vol. 20, no. 2, 2007, pp.247-268.

McDermott）所说，许多没有出路的人工智能研究，"只是因为对哲学家昔日的失败一无所知，才得以维持"[1]。因此，哲学对于人工智能的发展具有极端的重要性。

（二）人工智能哲学与计算机科学哲学、信息哲学的交叉融合

什么是人工智能哲学？简单地说，就像数学哲学、物理学哲学一样，人工智能哲学是对于人工智能的本质、假定、方法、目标的哲学研究。既然我们已经越出人工智能的科学边界，研究其本质、方法、目标等哲学问题，那么可以说就存在人工智能哲学。然而人工智能哲学并未形成一个完整的体系，只是对有关人工智能哲学问题的研究。

人工智能哲学在研究范围和研究对象上不同于计算机科学哲学，但是二者有着密切的联系，研究范围相互交叉。从某种意义上说，人工智能哲学包含于计算机科学哲学之中。例如，人工智能哲学研究的三要素是硬件的计算力、算法、数据，这三要素同样也是计算机科学哲学研究的要素。人工智能哲学研究涉及的智能机、意向性、表征、形式化、计算、算法、创造性等，同样属于计算机科学哲学的研究范围。但是，计算机科学哲学的研究更宽泛，它还包括硬件、软件、硬件和软件的关系、计算机程序、计算机实现等因素。所以，人工智能哲学与计算机科学哲学具有的包含和被包含关系，使得人工智能哲学与计算机科学哲学研究呈现出交叉渗透的趋势。这种关系可用公式简明表述为：

$$计算机科学哲学 \neq 人工智能哲学$$
$$人工智能哲学 \subset 计算机科学哲学$$

人工智能哲学在研究范围和研究对象上不同于信息（科学）哲学，但是二者有着密切的联系。人工智能的工作本质上是一种信息处理。人工智能哲学和信息哲学同样都研究复杂信息的处理。人工智能哲学关注的智能的本质等问题是信息哲学不予关注的；而信息哲学关注的信息的定义、信息的本质等问题是人工智能哲学不考虑的。可见，人工智能哲学与信息哲学具有交叉关系，这种既有联系又有区别的特性使得它们从不同角度研究智能和信息，体现出跨学科研究的特征。这种关系可用公

---

[1] 玛格丽特·博登：《人工智能哲学》，刘西瑞等译，上海：上海译文出版社，2001年，第17页。

式简明表述为：

$$计算机科学哲学 \neq 信息哲学$$
$$计算机科学哲学 \cap 信息哲学 \neq \varnothing$$

简言之，人工智能哲学与计算机科学哲学、信息哲学以及后来兴起的认知科学之间的交叉融合，共同推动了这个学科群的发展。

（三）复杂性科学与人工智能哲学、人工生命哲学

人工生命是指用计算的手段来生成或构造表现自然生命系统行为的模型或系统的研究。由于人工生命从人工智能中发展而来，因而它在有些方面类似于人工智能，不同的只是人工生命用机器来模拟生命进化的机理和生命本身，而人工智能用机器来模拟智能过程。人工生命的创始人、美国科学家兰顿（C. Langton）说：“人工生命就是尽力像人工智能抓住和模仿神经心理学一样抓住和模仿进化。我不是要准确地模仿爬行动物的进化，而是想在计算机上抓住进化的抽象模型，为此展开实验。”[①]

学界普遍认为，人工生命的研究是继混沌理论之后，探讨复杂性的一个新领域，是在复杂性科学的框架中发展起来的一个新的研究领域。人工生命研究的目标是为作为复杂系统的生命建立模型。从复杂系统理论的视角来看：人工生命的进化可以用远离热平衡的相变来解释，也就是用由（微观层次上的）人工分子或人工细胞等等的非线性相互作用引起的（宏观层次上的）序参量的进化来解释；人工生命的进化是自组织和自然选择共同作用的结果。人工生命的研究为复杂系统的进化提供了一种不依赖适应机制的解释。从超循环和协同学的观点看，自组织系统是诸多简单单元的复合体，生命的有序是这些单元之间非线性相互作用的结果。我们倾向于这样的观点，即自组织产生生命的基本的序，自然选择排除那些不适应环境的因素，生存博弈推动着系统从无序走向有序，从较低的序演化到较高的序。因此，应该把进化机制看成自组织和自然选择综合作用的机制。

在复杂生命系统的进化过程中，并不需要诸如上帝、拉普拉斯妖那

---

① 米歇尔·沃尔德罗普：《复杂：诞生于秩序和混沌边缘的科学》，陈玲译，北京：生活·读书·新知三联书店，1997年，第300页。

样的总程序或总体进化优化策略。人工生命系统的存在与发展，可以用组成系统的个体（大分子、基因或细胞）之间的局域相互作用来加以解释。神的意志也好，总体优化策略也好，都可以用奥卡姆的剃刀剃除。[①]

目前人工生命是不是一个强有力的研究纲领还存在争议，但是人工生命哲学研究的跨学科性质为人工智能的哲学思考开辟了更为广阔的新视野。近年来兴起的人工智能中的人机融合研究越来越得到学界的关注，这种研究很可能受到了人工生命及其哲学的影响和启示。

三、人工智能哲学多视角研究

轰轰烈烈的人工智能革命即将引发一场彻底的哲学革命，带来本体论、认识论、逻辑学、方法论、美学观和伦理观诸多方面的深刻变革，同时引发人工智能哲学的发展和若干理论前沿问题的提出。

（一）本体论和认识论维度

本体论和认识论维度，主要探讨智能的本质以及人工智能引发的世界观革命。人工智能哲学的本体论传统源自毕达哥拉斯学派"数是万物的始基"的思想。随着人工智能的兴起，计算主义者把计算为核心的智能赋予世界本体的意义。他们提出的问题主要有：计算智能是否具有本体论意义？世界万物都是计算机吗？智能世界是否构成了一个独立的客观世界？宇宙就是计算机吗？塞尔（Searle）认为，万物都可以看作计算机，宇宙就是一台计算机；有学者如劳埃德和恩加（Lloyd & Ng, 2004）提出了黑洞计算机的设想；但也有学者如海斯（Hayes, S. C., 1997）不以为然，认为并非万物都是计算机。两派观点针锋相对，难分高下，但这一争论深化了计算智能的本体论研究。

与此类似，国内学界也有两种不同的观点。一派以郦全民为代表，他的著作《用计算的观点看世界》主要从本体论视角探讨计算智能的本质以及人工智能引发的世界观革命。他主张从计算的视角看待宇宙万物，把计算概念的含义和计算的方法扩展和推广到极致。他认为实在本质上就是计算，宇宙是一台巨大的计算机。构成世界的基本单位并不是

---

① 任晓明、桂起权：《计算机科学哲学研究》，北京：人民出版社，2010年，第239页。

实体性的例子，而是计算或信息流。这是一种看待世界的新方式，一种新的世界观。郦全民进一步指出，处于智能核心的计算已经上升为一个哲学范畴，严格地说是一个基本的本体论范畴。这种关于世界的新的观念被称为泛计算主义——一种统一理解物理世界和心智世界的新框架。在他看来，当代计算主义虽不是一个系统严密的理论纲领，但却存在着一个统一的基础，即本体论上的计算主义。当代计算主义对世界所做的本体论承诺在逻辑上是自洽的，扩大和加深了我们对世界和人类自身的认识和理解。另一派以刘晓力为代表，她对计算主义的本体论和认识论的论证方式提出质疑。在她看来，人工智能的成果激发了一些人工智能专家和哲学家的乐观主义立场，致使有人主张一种建立在还原论哲学基础上的计算主义，认为从物理世界、生命过程直到人类心智都是算法可计算的，甚至整个宇宙完全是由算法支配的。这其中有对计算的功能和局限缺少较为客观的估计，而且这种哲学信念与所提供的证据的确凿程度显然不成比例。在刘晓力看来，"宇宙是可计算的"论断暂且可以充当一种无须提供论证的信仰，但它毕竟不是依赖于当前科学的进展得出的有理论依据的科学哲学结论。尽管她对这种计算的前景并不持悲观主义的立场，但她对某些计算主义倡导者为支撑其论断所采取的论证方式提出了质疑。①

从认识论角度看，人工智能发展对哲学的影响之一是：智能机器人孕育了新的认知主体。传统的认知主体被定义为人，经典计算主义将计算认知过程看作是随附于个体的物理属性，也就是心理学上的"个体主义"。但是，自然计算作为一种广义的计算，其计算系统已经不再局限于"人"这一传统主体，而是扩大到环境之中，新的计算系统被定义为"个体＋环境"，而计算认知过程就随附于这样的计算系统。这就意味着，与广义的自然计算对应的主体将不可能完全是"人"，极有可能是一个复合主体——"个体＋环境"。例如，半人工生命，一种机械体＋生命体的复合体。

从本体论和认识论角度看，人工智能哲学的前沿问题有：智能是否具有本体论意义？宇宙是不是一台计算机？目前流行的认知计算主义

---

① 刘晓力：《"科学技术的价值审视"适时而必要——"当代科学技术的价值审视暨科学技术中的哲学问题研讨会"述评》，《哲学研究》2003 年第 12 期。

认识论是否有局限？智能的本质是什么？计算的本质是什么？智能与物质、精神之间是什么关系？人工智能世界观与传统世界观有什么本质区别？等等。

（二）逻辑学和方法论维度

逻辑学和方法论维度，主要探讨人工智能对逻辑学发展和知识发现的贡献，以及它对经典逻辑和传统方法论的挑战。从逻辑学角度看，人工智能主要涉及两方面：其一是人工智能对逻辑的依赖，其二是人工智能对逻辑的发展。首先，人工智能的发展依赖于逻辑的形式系统。人工智能中的形式化基本是按照逻辑系统的形式化来定义的，人工智能的形式化依赖于逻辑的形式化。人工智能形式化的基础是邱奇-图灵论题中的递归思想。这种环环相接的变换序列，很容易在计算机上实现。从某种意义上说，逻辑形式化是人工智能的基础，没有逻辑的形式化就没有人工智能。其次，人工智能系统并不是一个纯逻辑系统，它可以比较自由地选择公理，直接引进概念，而不要求次级概念与初始概念之间具有逻辑蕴涵关系。人工智能形式化的最终形式是由数据集和指令集构成的可操作程序。这是人工智能对逻辑的突破和发展。它不仅有经典逻辑肯定前件式构成的系统，还有框架系统、脚本描述方法等。最有特色的发展是非单调逻辑、不确定推理甚至非形式推理等。人工智能是一个实用体系，对逻辑既有依赖又有发展。

从逻辑学角度看人工智能，不难看出，对机器而言，形式化是"脚手架"，不能通过形式化而表征的任务，机器都不能理解，从而不可能由机器来实现。所以形式化为人工智能划定了界限。突破这一界限，客观上推动了逻辑的发展。这主要表现在以下几个方面：第一，对心智中广义形式化的新认识；第二，对人工智能中现在应用的形式化的发展，亦即在人工智能实践中提炼概括的新的模型和模式；第三，探讨机器自动赋形和构造的可能性。随着人工智能技术的发展，用计算机模拟人类实际科学推理的思维过程成为可能。于是，在人工智能与认知心理学研究的交叉点上形成了"人类问题求解"理论，同时又在人工智能与逻辑研究的交叉点形成了适用于计算机的新颖逻辑理论及算法。

从方法论视角看，人工智能研究者分裂为两大派：认知心理学派与逻辑学派。H.西蒙为认知心理学派提出了研究纲领："让人工智能借用心理学，又让心理学借用人工智能成果。"①认知心理学派把思维看作有选择地搜索迷宫的心理过程，而逻辑学派则把思维看作一个由前提进行推理的逻辑过程。这两派中无论哪一派，对于思维的计算机模拟研究，包括机器学习和机器发现方面的研究，都为逻辑和科学方法论带来了革命性变化和新的启示。②

关于人工智能的逻辑学和方法论前沿问题有：人工智能可以在哪些方面推动逻辑的发展进步？形式化作为人工智能的界限，是不是一成不变的？人工智能逻辑能否成为逻辑发展的新方式？人工智能认知心理学派与逻辑学派各自有什么优势和局限？人工智能方法与整体论方法、还原论方法是什么关系？人工智能方法与复杂性方法是什么关系？人工智能的研究方法与传统科学方法有什么区别？等等。

（三）美学维度

美学维度，主要讨论智能及其要素的美学价值，以及对传统美育观念的挑战。在人们的印象中，以逻辑算法为核心的人工智能与美感、美学风马牛不相及。事实恰好相反，人工智能从理论到应用处处都充满了美。这种美首先是简洁美。智能逻辑的简洁美体现在理论体系的逻辑简单性和结构协调性上。例如，布尔和香农（Boole & Shannon）认为，关于可计算问题的所有信息只需用两个数词：0 和 1 就可以表征。显然，这里体现了逻辑简洁性。

在薄姆和雅各陂尼（Boehm & Jacopini）看来，只需三条语法规则就能把任何一组指令组合成更复杂的指令：第一，排序，先做这个后做那个；第二，选择，若这样为真，就这样做；第三，重复，这样为真就这样做。此外，还有三条与之对称的配套规则：第一，退出，为了简洁；第二，命名程序；第三，递归，不断重复，优雅迭代。这里的语法规则体系不仅简洁而且具有结构对称的协调性。按照图灵的观点，图灵机语言的每一算法只需五个动词即可表达：向左移动；向右移动；打印 0；打印 1；删除。这种智能表达方式非常简洁而且协调。套用图灵雕像底座上所镌刻的罗素名言：数学不仅有真，而且有最高的美，那会是一种

————————

① P. Langley, H. A. Simon, G. L. Bradshaw, et al., *Scientific Discovery: Computational Explorations of the Creative Process*, MIT Press, 1987, pp.1-8.

② 桂起权：《对计算机模拟中的逻辑、方法论的几点认识》，《河南社会科学》2005 年第 4 期。

冷艳和简朴的美，就如雕塑一般。人工智能不仅有真更有美，是真和美的统一。

人工智能中的情感计算具有明显的美学价值。按照陶锋的观点，从"智能"的定义看，人工智能就与美学有不解之缘。人工智能研究的是人类的抽象思维和形象思维在机器上如何实现的问题。在他看来，要想成为真正的智能，就不能仅仅模拟人类的抽象思维能力，还需要模拟人类的情感、感性和创造性。实际上，无论是抽象的逻辑思维，还是形象的情感、直觉创造都是美学的研究对象。[①]

人工智能美学的理论前沿问题有：简洁性、协调性等是不是体现在人工智能中的美？情感计算具有什么美学价值？人工智能时代的智能有哪些美学特征？什么是人工智能美学观？人工智能美学观会给传统美学观带来哪些冲击和变革？等等。

（四）伦理学和社会科学维度

伦理学和社会科学维度，主要讨论由于智能滥用所引发的传统伦理观的危机和社会影响。从伦理学角度看人工智能，主要聚焦于人工智能体（机器人）的伦理尺度和标准、智能机器人的道德嵌入等问题。面对人工智能时代的伦理危机，我们应当审查人工智能的伦理尺度，使人工智能不仅免于扮演文明终结者的魔咒，还能推进人的自由与全面发展。

人工智能学家将各种人工智能系统称为人工智能体或智能体（agents，又称智能主体）。不论智能体是否像主体那样具有道德意识，它们的行为可以看作是与主体伦理行为类似的拟伦理行为。段伟文主张运用智能算法对人工智能体的拟伦理行为进行伦理设计，将人所倡导的价值取向与伦理规范嵌入各种智能体之中，令其成为遵守道德规范乃至具有自主伦理抉择能力的智能体。[②]

人工智能伦理问题还涉及如何保护隐私。在人工智能时代，我们已经没有什么隐私可言，都成了透明人：我们喜欢什么音乐，网易云知道；我们喜欢浏览哪些网页，百度、知乎清楚；我们所有通话和短信记录掌握在联通和电信手中；我们社交圈的私密，微信、QQ 了解。人工智能技术带来了个人隐私保护的隐忧，由此产生了人工智能时代人类的自由

---

① 陶锋：《人工智能美学的现状与未来》，《中国社会科学报》2018 年 2 月 12 日第 4 版。
② 段伟文：《人工智能的道德代码与伦理嵌入》，《光明日报》2017 年 9 月 4 日第 15 版。

与责任问题，并对传统伦理观带来了新挑战。

从社会科学的角度看，人工智能对社会的直接影响使很多人面临失业的风险。50 多年前，英国还有 60 个证券交易中心。在那里，人头攒动，宛如闹市。现在只剩下伦敦金融交易中心，它是最后一个人们直接面谈交易的地方。人工智能技术大大缩减了人们见面交易的需要，交易员完全可以不在现场甚至面临失业，因为人工智能程序交易员 ZIP 抢了他们的饭碗。不久前 IBM 对 ZIP 进行测试，证明 ZIP 十分有效，还发现它比人类交易员表现得更好。有专家预测，未来的计算机人工智能完全可以打败人类。证券交易所的人开玩笑说，不久以后，伦敦交易中心会冷冷清清，你只能看到一台巨大的机器和一个人，还有一条狗。一切交易都用计算机来做，狗在这里做保卫工作，不让人乱碰机器。至于那个人干什么呢？在未来的交易中心，他的工作就是——喂狗。

人工智能对哲学的另一影响是人工物的活化和机器的人化，人与机器、人与物的截然二分开始模糊。据报道，有国家不顾联合国禁令，强势推出军用机器人——杀人蜂，它一击可让人致命。英国、法国和日本已制造出性爱机器人。这种机器人不仅有体温，而且有子宫，可生育后代，真人该有的它都有，却没有真人的毛病：盘问对方房子有几套？存款有几位数？豪车值几何？可见，人类正在面临数字化机器化的风险，而机器正在逐步人化。这是向传统主体、客体截然二分的哲学和伦理学、社会学提出的挑战。

当计算机科学家让人工智能变得足够复杂化之时，人与机器人建立关系就会变成可能，这样做的结果对人类既是有利的，又是不利的。性爱机器人的到来，不仅意味着一种新的认知主体即将诞生，而且会带来家庭婚姻失序的严重伦理问题。有哲学家认为这种局面很可怕。有了性爱机器人，人类伴侣会不会逐渐被取代？但是也有伦理学家认为不必大惊小怪，性爱机器人只是一个工具，不会给人类的家庭婚姻带来危害，不要危言耸听。实际上，造出这种机器人的伦理代价不小，经济代价也不小，经济学家考虑的是市场前景，而社会学家、政治家考虑的是如何应对和管控风险。

人工智能伦理学和社会学研究的前沿问题有：人工智能将带来哪些伦理问题？人工智能时代的个人隐私将出现哪些问题？人工智能时代如何保护隐私？在智能开放与隐私保护之间如何保持张力？人工智能

伦理问题是否可通过立法来规制？怎样用伦理道德规范来治理人工智能伦理危机？人工智能时代如何保护人的自由？人工智能时代政府、企业和个人有哪些法律责任和伦理责任？人工智能伦理有哪些基本内容？人工智能会给传统伦理学带来哪些机遇与挑战？人工智能会带来什么社会影响和后果？等等。

综上所述，正是由于人工智能哲学的跨学科性，才使得它具有了无限魅力。目前的人工智能哲学研究正呈现跨学科攻关的发展势头。这主要体现在人工智能与人工智能哲学的关系日渐紧密。计算机科学哲学、人工智能哲学和信息哲学的学科之间日渐交叉渗透。从本体论、认识论、方法论、逻辑学、美学和伦理学等多维视角考察人工智能哲学可以展示其理论前沿并洞察其发展前景。

（本文原载《学术研究》，2019 年第 9 期）

也谈无"是"即无逻辑

王左立

古汉语中没有类似于"to be"的语词（"是"在先秦时不用作系词），所以中国古代没能产生与西方的传统词项逻辑理论相当的逻辑理论。这种观点被称为"无'是'即无逻辑论"，由张东荪首先提出，为王路、张志伟等人所发展。程仲棠先生撰文《无"是"即无逻辑：形而上学的逻辑神话》①（以下简称"程文"），对"无'是'即无逻辑论"做出了批评。程先生的批评不乏真知灼见，然而，程先生在破斥一个形而上学神话的时候却诉说了另一个形而上学的神话。程先生认为，语言与"逻辑本体"的关系是多与一的关系，"是"在三段论中是可有可无的，所以中国古代没有产生亚里士多德式的传统词项理论与古汉语中没有"是"无关。笔者以为，程仲棠先生的观点欠妥。

一、"是"在三段论中并非可有可无

（一）关于"P 属于 S"和"P 述说 S"

在《前分析篇》中亚里士多德经常用"P 属于 S"和"P 述说 S"这样的句式来表达"S 是 P"。程文对亚氏这种表述方式的解释是，"亚氏之所以选择无'是'的表达式，正是为了表明，他的三段论理论并非以'是'或'S 是 P'这样的语言形式作为研究对象，而是以'S 是 P'、'P 属于 S'和'P 表述 S'这些不同的语言形式所表达的同一的逻辑关系作为研究对象。"②程文用以否定"是"在三段论中重要作用的直接理

---

① 程仲棠：《无"是"即无逻辑：形而上学的逻辑神话》，《学术研究》2007 年第 3 期。
② 程仲棠：《无"是"即无逻辑：形而上学的逻辑神话》，《学术研究》2007 年第 3 期。

由是"不同的语言形式所表达的同一的逻辑关系"，而不是亚氏的表述方式。但是，亚氏的这种表述方式显然是程文论证"是"在三段论中可有可无的一个重要根据。为此，要确定"是"字在三段论是否重要，应当首先分析一下句式"S 属于 P"和"S 述说 P"。

"P 属于 S"和"P 述说 S"不能被概括为形式"S 是 P"的句子，或者说，并非所有的形如"S 是 P"的句子都能被"P 属于 S"和"P 述说 S"所描述。例如，"白马是马"不能被表述成"马属于白马"，也不能被表述成"马述说白马"。"P 属于 S"中的"属于"所表示的不是概念外延之间的关系，而是某种属性和具有这种属性的对象之间的关系。所以，将形如"S 是 P"的句子换成"P 属于 S"和"P 述说 S"的形式是有条件的。这个条件是，"P 属于 S"和"P 述说 S"中的"P"所表示的只能是抽象名词，是名词化的形容词，表示某种抽象的性质，或者说，我们只能以抽象名词代入"P 属于 S"和"P 述说 S"中的"P"。例如，句子"白马是白的"具有"S 是 P"的句式。要将它换成"P 属于 S"和"P 述说 S"的形式，我们不能直接将"白的"代入"P"。不能说"白的属于白马"和"白的述说白马"，而只能说"白色属于白马"和"白色述说白马"。"白的"和"白色"之间只有一字之差，但这一点点差别却清楚地表明，许多形如"S 是 P"的句子不能直接换成"P 属于 S"或"P 述说 S"的形式；要想对它们做这样的变换必须对句子中的语词进行处理，而处理语词所要用到的是对语言的理解，以及其他非逻辑的知识。虽然人们通常可以利用自己的背景知识毫不费力地完成这种变换，但是三段论，作为一种逻辑理论，不应包含各种非逻辑的知识。所以，尽管亚里士多德经常使用"P 属于 S"和"P 述说 S"这样的句式，我们也不能说"是"在三段论中可有可无。

为了说明"是"字的作用，我们来分析一个程文引用的《前分析篇》中的句子，"如果一切快乐都不是善，那么一切善的东西就都不是快乐。"[①]这个句子是苗力田等人根据《洛布古典丛书》的古希腊语文本译成的。李匡武根据 A.J.Jenkinson 的英译本将它译成"如果没有愉快是善，则没有善是愉快"。[②]相应的英文句子是，"if no pleasure is good, then no good will be pleasure"。笔者不懂古希腊语，也没有古希腊语的《前分

① 《亚里士多德全集》（第 1 卷），北京：中国人民大学出版社，1990 年，第 85 页。

② 《工具论》，《亚里士多德逻辑论文集》，李匡武译，广州：广东人民出版社，1984 年，第 94 页。

析篇》文本，因而无从断定哪一种译法更加接近原文，这里只能根据传统的逻辑理论分析一下，哪一种译法更加合乎情理。苗的译句与李的译句使用了不同句式，但是句式的不同并不影响句子的逻辑结构。这里需要讨论的是两种译法中用词的不同。在苗的译句中，前件（上半句）中用了"善"字，而在后件（下半句）中用了"善的东西"。在李的译句中，前件和后件中都用了"善"字。究竟哪一种译法好呢？我们先看一下"快乐"和"善"的用法。这两个词既可以用作形容词，也可以用作名词。当用作名词时，它们既可以用作抽象名词，也可以用作普通名词。当用作抽象名词时，它们表示抽象的属性；"快乐"表示快乐的事物所共同具有的属性；"善"表示善的事物所共同具有的属性。这时候，我们不能说"一切快乐""一切善"，因为用"一切""所有""有些"这样的量词修饰抽象名词是没有意义的。当用作普通名词时，它们表示具有某种属性的事物；"快乐"表示快乐的事物；"善"表示善的事物。这时候，我们可以说"一切快乐""一切善"。当我们说"一切善"时，我们实际上是指一切善的东西。所以，苗的译句更能反映名词的不同用法。

　　传统逻辑中的换位推理、三段论推理都是根据句子中主、谓项外延之间的关系进行的。"是"和"不是"可以反映主、谓项外延之间的关系，但"属于"和"不属于"却不能直接反映主、谓项外延之间的关系。我们可以用前边分析过的句子说明这一点。"如果一切快乐都不是善，那么一切善的东西就都不是快乐。"这是亚里士多德用来说明换位法的例子。把这个句子的前、后件都换成"P 不属于 S"的句式，得到的句子是"如果善不属于一切快乐，那么快乐不属于一切善的东西。"在这个句子中，前件中的"善"在后件中变成了"善的东西"；"快乐"在前件中是普通名词，而在后件中却成了抽象名词。若用字母表示句中的变项，则这个句子的形式是"如果 P 不属于一切 S，那么 S′ 不属于一切 P′"。这显然不是标准的换位法。当然，这是一个有效的句子，它之所以有效是因为，我们可以根据常识确定，具有属性 P 的事物是 P′，具有属性 S′ 的事物是 S。亚里士多德之后，很少有人使用"P 属于 S""P 述说 S"的句式。其所以如此，不是因为句式"S 是 P"比"P 属于 S""P 述说 S"更符合人们的语言习惯，而是因为它更好地反映了句子主、谓项外延之间的关系。使用这样的句式，人们可以不用花费太多的精力，运用非逻辑的知识分析语词的用法，变换语词的形式。这对于引入变项和使用逻辑公式表现自然语言的句子都是非常重要的。

（二）"是"可否用其他语词替代

"是"在传统的词项理论中可以用其他的语词替代吗？我们先讨论两个与之相关的问题。

第一，"是"是否逻辑所必需？程文："4 个逻辑常项被定型为'所有……是'，'所有……不是'，'有的……是'，'有的……不是'，乃语言习惯使然，非逻辑所必需。"[①]笔者同意程文的看法。"是"是否"逻辑所必需"的问题包括两个不同的方面：一个是，在应用逻辑时"是"是不是必需的；另一个是，在逻辑理论中"是"是不是必需的。自然语言是非常灵活的语言。人们可以用不同的语言形式表达同一个命题，可以用不含"是"的句子取代包含"是"的句子。在实际的推理中，我们经常可以见到不含"是"的三段论推理。可见，在应用传统词项逻辑进行推理时，"是"不是必需的。形如"所有 S 是 P"，"所有 S 不是 P"，"有的 S 是 P"，"有的 S 不是 P"的句子可以表示成"SAP"，"SEP"，"SIP"，"SOP"。这 4 个表达式中都没有"是"。可见，在传统的词项逻辑理论中"是"也不是必需的。但是，由"是"对于传统词项逻辑理论不是必需的不能推出，"是"对于发明传统词项逻辑理论不是必需的，也不能推出，一种没有"是"的语言对于能否利用这种语言建立传统词项逻辑理论没有影响。

第二，应当如何讨论"是"与逻辑理论的关系？我们要讨论无"是"的语言能否产生某种逻辑理论，不能仅仅讨论"是"对于这种理论是否必需，还应当考虑这种理论所使用的语言。传统的词项逻辑理论研究的是自然语言句子之间的推理，传统词项逻辑理论中的量项和联项都是用自然语言中的语词表示的。人们可以用 A、E、I、O 表示量项和联项的不同组合，但是这 4 个字母不过是不同语词组合的缩写，是在量项和联项的不同组合确定之后才引入的。所以，要讨论"是"与传统词项逻辑的关系，我们必须回归到自然语言。

传统词项逻辑理论根据词项外延之间的关系研究推理。两个词项的外延之间的关系可以用一个二元算子表示。如果自然语言中有这样的语词，它们可以起到二元算子的作用，可以表示出两个外延之间的不同关

[①] 程仲棠：《无"是"即无逻辑：形而上学的逻辑神话》，《学术研究》2007 年第 3 期。

系，那么不仅"是"和"不是"对于传统词项逻辑理论不是必需的。连诸如"所有的"和"有的"这样的语词也可以不要。但遗憾的是，在自然语言中找不到具有如此功能的语词。人们选择了"μ 词项 1 ζ 词项 2"的句式，在 μ 的位置填入量项，在 ξ 的位置填入联项，用"所有的""有的"作为量项，用"是""不是"作为联项。用这样的方式人们可以把两个词项的外延之间的不同关系粗略地表示出来。"所有的""有的"和"是""不是"都是自然语言中的语词，但作为逻辑常项^①，它们的用法与其在日常语言中的用法不尽相同，可见用"所有的""有的"做量项，用"是""不是"做联项是一种创造。日常语言中常有不带量项和联项的直言陈述句，例如"人必有一死"。在句中加入量项和联项可以把它改造成"所有的人都是会死的"。"μ 词项 1 ζ 词项 2"的句式是类似于数学公式的标准表达式。利用这样的表达式，人们不必通过语义分析，仅仅根据量项和联项的形式就能大致地确定两个词项外延之间的不同关系，这就是标准表达式的作用。在直言陈述句的标准表达式中，量项和联项都是不可缺少的。

"所有的""有的"和"是""不是"的各种组合并不是理想的二元算子，因为它们只能把两个词项外延之间的关系粗略地表示出来，而不能精确地表示出来。这里所谓的"粗略"是指不确定性。在 4 种不同的组合之中，除了"所有的……不是……"之外，其他的 3 种组合都是有歧义的。例如，当句子"所有的 S 是 P"为真时，S 的外延和 P 的外延可能是真包含于关系，也可能是全同关系。逻辑当然不喜欢带有歧义性的语词，但是，传统词项逻辑的研究对象不是类之间的关系（尽管程文根据塔尔斯基的看法将传统词项逻辑解释为"类的逻辑"），而是直言陈述句之间的有效推理。量项与联项不同组合的歧义性不影响对有效推理的研究。对于传统词项逻辑理论来说，这种歧义性不仅可以容忍，而且还有莫大的好处。那就是人们可以方便地以符合日常语言习惯的简洁方式表示直言陈述句的逻辑结构。

"是"和"不是"被用作联项，诚如程文所言，"乃语言习惯使然"。自然语言中绝大多数语词的用法都是习惯使然。传统词项逻辑理论研究

---

① 程文将量项和联项的组合看作逻辑常项，与笔者对逻辑常项的看法不同，但这种分歧不影响对问题的讨论，故此处不论。

的是自然语言所表述的句子之间的推理，用作量项和联项的语词都来自自然语言，而且其用法基本上符合自然语言的日常使用习惯。所以，在讨论什么语词可以用作联项时不能脱离自然语言的日常使用习惯。"是"和"不是"被用作联项的确是一种约定，但这种约定不是没有原因的。其原因是，"是"和"不是"能够以合乎语言使用习惯的方式起到联项的作用。"是"的用法虽然有歧义性，但在自然语言的词汇中，用它作为联项却是最好的选择。在汉语中，"为""乃"等词的某些用法与"是"相近，如果大家都认可，约定"为"或"乃"作为联项也无不可。但是，因为它们不能以合乎现代汉语使用习惯的方式起到联项的作用，所以没有被人们选用。适于用作直言陈述句标准表达式联项的语词，在现代汉语中，非"是"莫属，舍其无他。

二、逻辑与语言

一种没有系词"是"（或"to be"等）的语言能不能产生类似于传统词项逻辑的理论？要回答这样的问题就不得不讨论一下语言与逻辑的关系。作为形式推演的工具，一个逻辑理论不必然与某个形而上学的观点相联系，但在讨论、评价逻辑理论时，人们经常地（或不得不）使自己的看法依托于某种形而上学的观点。

（一）"逻辑本体"与形而上学

为了反驳"语言决定逻辑"的论点，程文讨论了"逻辑本体"和"逻辑载体"的关系。程文："语言只是逻辑的载体，而非逻辑的本体（即逻辑本身），逻辑的本体是唯一的，逻辑的载体是多样的，逻辑的本体与载体的关系是一对多的关系，所以，不同的语言形式可以表述同一的逻辑本体。"因为"逻辑本体"与其载体是一与多的关系，所以"'是'或具有'S 是 P'形式的表达式，只是词项逻辑的一种可能的载体，而非唯一的或必不可少的载体。"[①]因为"是"对于表达词项逻辑不是必需的，所以它对三段论来说是可有可无的。"逻辑本体"的唯一性和"逻辑载体"的多样性是程文破斥"语言决定逻辑"的重要论据。

---

① 程仲棠：《无"是"即无逻辑：形而上学的逻辑神话》，《学术研究》2007 年第 3 期。

程文所说的"逻辑本体"是指"逻辑本身",亦即"逻辑的研究对象"。程文:"传统词项逻辑'实质上是类逻辑',类之间的基本关系及其规律就是其研究对象,也是其逻辑本体。"①从字面上看,程文所说的"逻辑本体"与形而上学无关,但这不意味着程仲棠先生对逻辑本体的看法不依托于某种形而上学的观点。

世上本无类,只有一个一个的个别事物,是人把这些事物分成类的。类和类与类之间的关系都是抽象的实体。这些抽象实体不存在于时间、空间之中,它们是数学(或逻辑学)的研究对象。如何看待这样的抽象实体,哲学上有许多不同的观点。这些观点大致可以分为两类:数学实在论(或逻辑实在论)和数学反实在论。数学实在论的一般特征是,坚持抽象实体的存在,坚持抽象实体的性质、关系等不依赖于人的信念、语言实践和概念图式等,例如,命题的真假不依赖于任何人的信念、语言实践和概念图式。数学实在论的代表是"柏拉图主义"。根据柏拉图的理论,"形式"(forms)是完美的存在,物理世界中的事物"分有"着抽象世界中的"形式"。柏拉图的理论是一种形而上学的理论。

现代的数学实在论者不再使用"形式""分有"这样的神秘概念。例如,弗雷格将抽象实体和抽象实体之间的关系依托于"思想"。弗雷格的所谓"思想"是指思维的客观内容,与思维的主观活动无关,可以为许多人所共有。对于弗雷格来说,"思想"是客观的,它既不属于外部世界,也不属于内部世界,而是属于"第三范围"。弗雷格:"必须承认第三种范围。属于这种范围的东西在它们不能被感官感觉这一点上是与表象一致的,而在它们不需要它们属于其意识内容的承载者这一点上是与事物一致的。譬如,我们以毕达哥拉斯定理表达的思想就永远是真的,无论是否有某人认为它是真的,它都是真的。它不需要承载者,它绝非自它被发现以来才是真的,而是像一颗行星一样,在人们发现它以前,就已经处于其他行星的相互作用中。"②弗雷格将思想客观化并将思想归入"第三种范围"的做法最终使他的数学思想落入了柏拉图主义的窠臼。

程仲棠先生说:"那么,逻辑与自然或客观世界之间有什么关系?

---

① 程仲棠:《无"是"即无逻辑:形而上学的逻辑神话》,《学术研究》2007 年第 3 期。
② 王路:《弗雷格思想研究》,北京:社会科学文献出版社,1996 年,第 171 页。

就传统词项逻辑而论，如前所述，它实质上是类逻辑，……只要应用于事物的非空类，传统词项逻辑便'放之四海而皆准'，这就表明没有任何一个逻辑规律或有效的推理形式是由某一个民族文化的需要决定的。"①程仲棠先生对逻辑真理（或数学真理）的看法和弗雷格的观点很相似，他们都认为逻辑真理是客观的、普遍的。对于弗雷格来说，数学真理和逻辑真理是由客观现实决定的，它们独立于人的认识过程。如达米特所评论的那样，"关于弗氏非常值得注意的问题就是，他总是谨慎地提防他自己说出真之条件与我们认识真值的方式有关。"②而程仲棠先生则直截了当地说："从认识论的角度看，逻辑命题所反映的是一定范围或论域内一切事物的最大限度的普遍属性，相对于论域，这种普遍属性就是'必然的理'，是任何事物'所不能逃'的。"③我们需要分析一下程仲棠先生所说的"逻辑命题"。有两种逻辑命题：一种是某种逻辑学理论给出的逻辑命题，另一种是程仲棠先生所说的"反映一定范围内一切事物的最大限度的普遍属性的必然的理"的逻辑命题。程仲棠先生显然将这两种逻辑命题看作一回事了。这样做的根据是什么？如果一个哲学家告诉我们，某个逻辑理论中的"逻辑命题"反映了客观事物的普遍的理，我们能相信他吗？不能。要想让我们相信这一点，哲学家还需要为逻辑理论做出认识论的辩护。然而，没有人能为演绎逻辑理论提供认识论的辩护。④演绎逻辑所面临的认识论问题是逻辑实在论无法解决的难题。

程仲棠先生在讨论"逻辑本体"时，只说"逻辑本体"是"逻辑的研究对象"，而没有进一步讨论逻辑的研究对象是什么。这样的做法虽然避开了讨论抽象实体的存在问题，但是，程仲棠先生认为，"逻辑本体"可以独立于"逻辑载体"，"逻辑命题"反映了客观事物的普遍的理。据此可以断定，程先生的逻辑观没有脱出逻辑实在论的窠臼。笔者认为，逻辑实在论是错误的形而上学理论。此处无法展开这个观点，有兴趣的读者可以参阅叶峰的观点。⑤程仲棠先生认为，无"是"即无逻辑论是

① 程仲棠：《评张东荪的文化主义逻辑观》，《中国哲学史》2006 年第 3 期。
② F. 帕特陶特：《采访达米特（上）》，张秀美译，《哲学译丛》1998 年第 2 期。
③ 程仲棠：《评张东荪的文化主义逻辑观》，《中国哲学史》2006 年第 3 期。
④ 王左立：《论演绎的辩护》，《南开学报》（哲学社会科学版）2006 年第 6 期。
⑤ 叶峰：《"不可或缺性论证"与反实在论数学哲学》，《哲学研究》2006 年第 8 期。

一个形而上学的神话。在破斥这个神话的时候，程先生不乏真知灼见，但遗憾的是，程先生却诉诸了另一个形而上学的神话。

（二）语言与"逻辑本体"

程仲棠先生认为，"逻辑本体"是唯一的，可以由不同的"逻辑载体"所承载。这样的"逻辑本体"有些神秘。程文："传统词项逻辑'实质上是类逻辑'，类之间的基本关系及其规律就是其研究对象，也是其逻辑本体。"①为了说明传统词项逻辑理论的"逻辑本体"，程先生举了两个例子。第一个例子，"例如，全称肯定命题所表示的是全同关系与真包含于关系的并集，称为'包含于关系'——这就是全称肯定命题的逻辑本体。"②"包含于关系"不是类之间的基本关系。传统词项逻辑理论中的 A、E、I、O 四种命题形式，除了 E 之外，都不表示类之间的基本关系。所以，这个例子与前边传统词项逻辑理论的"逻辑本体"是"类之间的基本关系及其规律"的说法不一致。第二个例子，"又如，三段论 Barbara 式所反映的是包含关系的传递律，可表示为：如果 M⊆P 并且 S⊆M，那么 S⊆P（'⊆'读作'包含于'）这就是 Barbara 式的逻辑本体。"③如果说三段论的 Barbara 式反映的是包含关系的传递律，那么三段论的 Darii 式和 Eerio 式反映的又是什么关系的什么律呢？I 命题和 O 命题都是有歧义的，它们不能表示类之间的确定关系，所以 Darii 式和 Eerio 式不能反映类之间关系的规律。另外，"如果 MP 并且 SM，那么 SP"是一个句子。按照程先生的说法，它应该是逻辑载体，而不是逻辑本体。从程先生的两个例子，我们看不出传统词项逻辑理论的逻辑本体是什么。程先生的"逻辑本体"不存在于外部世界，也不是思维的主观内容。它只能存在于柏拉图世界，或弗雷格的"第三范围"，或某个其他的神秘地方。程仲棠先生没有讨论逻辑本体的存在问题，但这个问题是回避不开的。在说明什么是逻辑本体的时候，它还是要显现出来。

如果说逻辑本体属于思想的范围，则其客观性（或曰主体间性）是无法保证的。思想与语言的关系既是一与多的关系，也是多与一的关系。相同的思想可以用不同的语言形式表达，不同的思想也可以用相同的语言形式表达。仅凭句子的形式，我们无法保证能够理解说话人想要表达

① 程仲棠：《无"是"即无逻辑：形而上学的逻辑神话》，《学术研究》2007 年第 3 期。

② 程仲棠：《无"是"即无逻辑：形而上学的逻辑神话》，《学术研究》2007 年第 3 期。

③ 程仲棠：《无"是"即无逻辑：形而上学的逻辑神话》，《学术研究》2007 年第 3 期。

的思想；即使我们真的理解了说话人想要表达的思想，也没有人能证明这一点。如果仅凭语言的形式就一定能把握说话人的思想，那么在翻译外文著作时，在解释古代文献时，就不会出现那么多的争议了。人们无法感觉到逻辑本体；人们感觉到的只是言语，只能通过言语来确定逻辑本体。但是，由于思想与语言之间的复杂关系，人们无法保证不同的人对于隐藏于言语背后的逻辑本体的把握是相同的。

"这是一条狗"和"This is a dog"这两个句子所表达的难道不是相同的思想吗？如果它们表达了相同的思想，则这相同的思想不就是这两个句子共同的逻辑本体吗？句子本身并不表示任何的思想，只有当人们用句子做事的时候（例如做出一个断言），它才表达思想。①人们之所以认为这两个句子表达了相同的思想是因为人们用这两个句子可以做相同的事，或者说，这两个句子具有相同的用法。在进行言语交际时，人们关心的是思想的交流，但人们所能凭借的却只有语言形式和语言形式的用法。由于语言与思想之间关系的复杂性，以及语言用法的灵活性，思想的交流并不总是成功的。所以，人们并非总是能够根据语言形式和语言形式的用法把握逻辑本体。演绎逻辑理论所能告诉人们的只是一套语言的用法。人们可以按照逻辑理论所规定的方式使用语言，至于人们是否按照逻辑学家或哲学家所意欲的方式（经常被认为是正确的方式）思考就不是逻辑理论所能管得了的事了。因为逻辑理论所规定的只是语言的使用方式，所以对于逻辑理论来说，逻辑本体的假设不仅是靠不住的，而且是不必要的。

如果没有客观的逻辑本体，为什么逻辑理论是放之四海而皆准的呢？逻辑理论的普遍性不在于逻辑本体，而在于规则。接受一种逻辑理论就是接受一种使用语言的规则。中国人在引进西方的传统词项逻辑理论时认为它的规则是正确的推理规则，并把它翻译成汉语的形式，用以规定汉语的使用方式。其他的民族也可以用这样的方式引进传统词项逻辑理论。传统词项逻辑理论的基本假设（如一个句子只有真、假两个语义值，在一个推理过程中语言形式的用法应该保持不变等）很容易被不同民族的人接受，所以传统词项逻辑理论很容易被认为是普遍的。逻辑的普遍性与下棋的普遍性有些相似。外国人在下中国象棋时要按照中国

---

① 限于篇幅，笔者不便在此展开这个话题。读者可以参阅索绪尔和奥斯汀的有关论述。

象棋的规则行棋。如果所有下中国象棋的人都按中国象棋的规则行棋，我们就可以说中国象棋的规则是放之四海而皆准的。笔者不反对使用"逻辑本体"之类的语词。在讨论如何使用逻辑时，使用这样的语词很方便。但在讨论如何看待逻辑的时候，我们必须慎重。

三、为什么说没有"是"就没有逻辑

首先提出"无'是'即无逻辑"观点的张东荪对逻辑的看法有许多不准确之处，如将逻辑泛化为思维方式，忽视了由斯多葛学派创立的传统命题逻辑理论等。程仲棠先生对张东荪的学术思想之中的错误做出了批评。程先生的批评大部分是中肯的。然而，张东荪只认为无"是"的语言不能产生亚里士多德式的词项逻辑理论，而没有说不能产生其他的逻辑理论。在这个意义上，笔者以为，张东荪的看法是正确的。

如前所述，"逻辑本体"是一个形而上学的假设。人们无法根据逻辑本体构造逻辑理论。在构造逻辑理论时，人们所能凭借的只有语言。所以，语言的结构对逻辑理论的产生有直接的影响，逻辑理论的形态也必然受到语言的约束。张东荪说："可见逻辑上有许多问题总是因言语构造而生的；至于解决这个问题的理法亦是因问题的存在而发明的。一旦问题根本不起，所有的理法自必改观。"[①]张东荪在 20 世纪 30 年代的中国能有如此见地，十分难得。

人们建立传统逻辑理论的目的是规范思想，但所能做的却是规范语言的用法。要做到这一点，就需要从日常语言的各种用法中整理出"标准的"语言形式，并在此基础上给出推理的规则。传统词项逻辑理论中的"命题形式"就是从日常语言的用法中概括出来的。这些"命题形式"不是逻辑本体，而是标准的语言形式。离开了日常语言，人们无法得到传统词项逻辑的命题形式。张东荪看到了这一点，"逻辑甲的特性，就我所见，是在于整理言语。于此，逻辑与言语可以说是一而二，是二而一的。就其是一而言，逻辑虽是言语中所表现的普遍理法，然而这个理法必须宿于言语中。不但离了言语，便无处觅此理法，并且此理法在实

---

① 张汝伦编选：《理性与良知——张东荪文选》，上海：上海远东出版社，1995 年，第 389 页。

际上是跟着言语的构造而生"。①张东荪所说的"逻辑甲"是亚里士多德逻辑。张东荪没有对他所说的"理法"做出解释，但从他的论述中我们可以看出，张东荪非常重视逻辑理论对语言的依赖性。

如果某些命题形式不能从日常语言中概括出来，那么人们就无法创造出关于这些命题形式的逻辑理论。传统词项逻辑理论中的命题形式由量项、主项、联项和谓项构成。联项由系词和系词的否定担任。先秦时期的古汉语中没有可以用作联项的系词。试问，从这样的语言中，人们怎能概括出传统词项逻辑理论中的命题形式呢？没有这样的命题形式，人们又怎能建立传统词项逻辑理论呢？

程仲棠先生认为古汉语对中国古代没能产生逻辑理论没有决定性影响。他说："中国没有逻辑学的根本原因如前所述，是因为中国传统文化不利于产生价值中立的学问，非关中国语言。中国语言的构造不如西方语言精密，尤其是古汉语句子成分省略太多，这对逻辑研究有一定影响，但没有决定性影响。"②程先生的理由是，古汉语可以作为刻画逻辑本体的逻辑载体。程先生的理由很不充分。因为逻辑本体不是外部世界的存在，不能直接呈现在人们面前。逻辑本体不仅需要语言来表述，而且需要借助语言来发现。用张东荪的话说就是，"离了言语，便无处觅此理法"。用古汉语可以表现传统词项逻辑理论和用古汉语可以建立起传统词项逻辑理论是两个不同的问题。古汉语可以作为传统词项逻辑的载体只能说明中国古人可以有合乎传统词项逻辑的思维，不能证明中国古人可以借助古汉语建立起传统词项逻辑理论。为了说明这一点，我们分析一下程先生所举的例子。

程仲棠先生说："严复就用无'是'的文言表述了19个有效的三段论式，用4个无'是'的表达式，即'凡甲皆丙'、'无甲为丙'、'有甲为丙'和'有甲非丙'，正确地表述了传统逻辑 A、E、I、O 四种性质命题。"③严复的译句不合传统词项逻辑理论的标准句式。如果用"凡"作为全称量项，用"有"这特称量项，用"为"作为肯定量项，用"非"作为否定量项，那么严复的译句可以处理成"凡甲为丙"，"凡甲非丙"，"有甲为丙"，"有甲非丙"。这些没有"是"的句子虽然可以算作文言文

---

①张汝伦编选：《理性与良知——张东荪文选》，上海：上海远东出版社，1995年，第388页。
②程仲棠：《评张东荪的文化主义逻辑观》，《中国哲学史》2006年第3期。
③程仲棠：《评张东荪的文化主义逻辑观》，《中国哲学史》2006年第3期。

（尽管有点蹩脚），但它们与先秦时期古汉语的用法不合。先秦时期，当人们要表达"甲是丙"的时候，不说"甲为丙也"，而说"甲者丙也"，或"甲，丙也"。"者"字是虚字，表示停顿，逗号也表示停顿，所以这两个句子实际上是一回事。如果"者……也"只表示"是"的意思，那么可以用它作为直言肯定命题的联项。但是，"者……也"还有其他的用法。张东荪曾经举出过一些例子，如"天者颠也"。[①]"颠"指人的头顶。显然我们不能说"天是人的头顶"。又如，"仁者人也"，"义者宜也"，"礼者履也"，"庠者养也"，"校者教也"，"政者正也"。这些句子中的"者……也"都不能用"是"替代。在先秦时期的古汉语中没有适于表示联项的语词，要想从这样的语言中概括出传统词项逻辑理论的命题形式是极为困难的，因而亚里士多德式的逻辑理论在古代中国也难于产生。

程仲棠先生认为，"在中国古代，何以逻辑萌芽不能发展为逻辑学？根本原因在于：与希腊文化的认知主义取向相反，在中国古代文化中，政治和伦理价值主宰一切，压倒一切，一切以'内圣外王'为依归，使得价值中立的逻辑根本就没有生存和发展的空间。"[②]数学也是价值中立的。为什么数学在中国古代文化中就有生存和发展的空间呢？的确，中国古代的政治、伦理等文化因素不利于逻辑学的产生和发展。但是，中国古代没能出现成熟的逻辑学理论并非如程先生所言"非关中国语言"，古汉语的特点，特别是古汉语中没有与"to be"相当的语词，也是一个重要的因素。

（本文原载《学术研究》，2007 年 11 期）

---

① 张汝伦编选：《理性与良知——张东荪文选》，上海：上海远东出版社，1995 年，第 364 页。
② 程仲棠：《评张东荪的文化主义逻辑观》，《中国哲学史》2006 年第 3 期。

略论《周易古筮考》对易学逻辑研究的贡献

吴克峰

一

先秦筮法的实际例子以《左传》《国语》中的记载最为确实和有实际价值，后世治易者对此十分重视，纷纷循此窥觅古筮踪迹而著述不绝。尚秉和先生遗稿《周易古筮考》[①]中不仅有对《左传》《国语》的占例分析，而且搜集整理了下逮明清的占例，这不仅对易学史的研究有重要贡献，而且从中国逻辑史研究的角度来看，也极具重要价值。

《周易古筮考》据尚秉和《周易古筮考自序》，刊于民国 15 年（1926），是尚秉和先生"发愤搜辑，上自春秋，下迄明清传记所载"[②]之筮案，逐条分析，得"凡得筮案百六则，一百十卦，揲蓍之法灿然大备"[③]，其所分析总结出不同时代《周易》筮法的推理总规则即，"春秋太史局于辞象，后之人能兼用五行也"[④]，具体又与朱熹《启蒙》互为印证发明，细致分列出辞象、纳甲推理规则。张善文指出："《周易古筮考》……大旨在考索古代易筮条例，以证《周易》筮法的基本程式及其文化内

① 尚秉和遗稿、黄寿祺批注、张善文校理：《尚氏易学存稿校理》第一卷，北京：中国大百科全书出版社，2005 年。

② 尚秉和：《周易古筮考自序》，《尚氏易学存稿校理》第一卷，北京：中国大百科全书出版社，2005 年，第 1-2 页。

③ 尚秉和：《周易古筮考自序》，《尚氏易学存稿校理》第一卷，北京：中国大百科全书出版社，2005 年，第 2 页。

④ 尚秉和：《周易古筮考自序》，《尚氏易学存稿校理》第一卷，北京：中国大百科全书出版社，2005 年，第 1 页。

涵。"①"筮法的基本程式"以逻辑的意义来看,即是指推理的语法规则,即语形规则;"文化内涵"是指与筮法基本程式即语形规则相关的解释,就是逻辑上的语义解释。尚秉和在论及卦象变爻规则时提及"法式",他说,"兹按古人成例,及朱子所论定以为法式"②。在《周易古筮考》中,"法式"涵盖"辞象""纳甲"筮法推理规则。从易学逻辑的视角看,这些"法式"也构成易学逻辑规则的公式。

《周易古筮考》涉及"辞象"与"纳甲"两种法式,因此我们就从易学逻辑层面的"辞象法式"与"纳甲法式"展开讨论。

尚秉和指出:"筮,揲蓍也……揲蓍之占,春秋太史所掌,虽已失传,赖左氏内外传所纪十余事,义法粗具,后之人犹得窥见端绪,传述不绝也。盖易之用,代有阐明,而其别有三:伏羲以来查象,周用辞而兼用象,至西汉乃推本辞象而益以五行。"③就春秋太史的"辞象法式"而言,《周易古筮考》整理出:"静爻""一爻动""二爻动""三爻动""四爻动""五爻动""六爻动",共凡七种。分析《左传》《国语》筮例共有十九条,包括"静爻"三条(《左传》二条、《晋语》一条;黄寿祺目录批注另增加《左传》三条)、"一爻动"十三条(《左传》;黄寿祺目录批注另增加《左传》一条)、"三爻动"二条(《晋语》《周语》各一条),"五爻动"一条(《左传》),加上黄寿祺目录上的批注共涉及《左传》《国语》二十三条占例。这些关于筮法之"辞象法式"的分析,不仅是对《周易》具体筮法的归纳总结,而且也是对易学逻辑推理规则的探究与探索。

尚秉和又指出:"至西汉乃推本辞象而益以五行。五行明而筮道乃大备矣。是以汉之焦、京,魏晋之管、郭,唐之李淳风,宋之邵尧夫,其筮法之神奇,有非春秋太史所能望见者……五行之义始于箕子,易微露其兆,引而弗申。至汉乃大昌。"④易学逻辑的发展,至汉代由先秦的"辞象法式"加入了五行的元素,从逻辑的视角可以称之为"新算子"。

---

① 张善文:《周易古筮考校理述例》,《尚氏易学存稿校理》第一卷,北京:中国大百科全书出版社,2005 年,第 1 页。

② 尚秉和:《周易古筮考·卷三·动爻》,《尚氏易学存稿校理》第一卷,北京:中国大百科全书出版社,2005 年,第 31 页。

③ 尚秉和:《周易古筮考自序》,《尚氏易学存稿校理》第一卷,北京:中国大百科全书出版社,2005 年,第 1 页。

④ 尚秉和:《周易古筮考自序》,《尚氏易学存稿校理》第一卷,北京:中国大百科全书出版社,2005 年,第 2 页。

由于五行"新算子"的纳入，易学逻辑从而得到极大的丰富和发展，纳甲系统就是优秀的代表，可以称之为"纳甲法式"。尚秉和遗稿，黄寿祺批注、张善文校理的《尚氏易学存稿校理》第一卷中，其弟子黄寿祺教授在《周易古筮考·卷八·纳甲说》后批言：

> 尚氏近著《周易导略论》，有"纳甲考"一文，狱载于此……西汉易得孔子真传者三家，施、孟、梁邱是也。其受授皆甚分明，不幸皆亡。其纳甲与否，不得而知。纳甲之术可考见者，莫详于京氏。今京易亦亡，独传其易传三卷。后人考其易传，因得其八宫、世应、纳甲之数，飞伏、游魂、归魂、六亲之说，似纳甲之术为京房所专有。①

就易学逻辑而言，纳甲逻辑系统是因为纳入"干支"（干支分属五行）这一"新算子"从而具有更广泛的论域，其系统本身是基于爻象系统（或如尚秉和称为"辞象"）的扩展，系统本身有自身的构成规则（纳甲与纳子）、公理（五行生克）、定理（天干五行、地支五行、地支冲刑合、五行生旺墓绝）、判定规则（六亲、六神、世应、飞伏），从而具有更强的解释力，构成易学逻辑的经典系统之一。《周易古筮考》对纳甲系统进行了语义解释，如"纳甲者，将干支排纳于六爻中，而以干支所属之五行，及筮时时日，视其生克，以断吉凶也"②。如六亲，"各爻既将地支排好，次排六亲。六亲者，父母、兄弟、妻财、子孙、官鬼是也。其法视各卦所值地支之五行，与遇卦本宫之五行相生克而定名"③。其他诸如"世应""五行生克""天干五行""地支五行""五行生旺墓绝""地支刑冲合""六神""飞伏"等等，亦各有语义解释④。

---

① 尚秉和：《周易古筮考·卷八·纳甲说》，《尚氏易学存稿校理》第一卷，北京：中国大百科全书出版社，2005 年，第 118 页。

② 尚秉和：《周易古筮考·卷八·纳甲说》，《尚氏易学存稿校理》第一卷，北京：中国大百科全书出版社，2005 年，第 117 页。

③ 尚秉和：《周易古筮考·卷八·六亲》，《尚氏易学存稿校理》第一卷，北京：中国大百科全书出版社，2005 年，第 119 页。

④ 尚秉和：《周易古筮考》，《尚氏易学存稿校理》第一卷，北京：中国大百科全书出版社，2005 年，第 117-128 页。

二

通过《周易古筮考》中一则筮例，我们对"辞象法式"和"纳甲法式"的逻辑意蕴进行分析，以后者为重点。[1]该书《卷六·三爻动》有一则"晋郭璞为殷祐筮怪兽"的筮例[2]，此事在《晋书》第七十二卷的《郭璞传》中有记载：

> 璞既过江，宣城太守殷祐引为参军。时有物大如水牛，灰色卑脚，脚类象，胸前尾上皆白，大力而迟钝，来到城下，众皆异焉。祐使人伏而取之，令璞做卦，遇遯之蛊，其卦曰："艮体连乾，其物壮巨。山潜之畜，非兕非武[3]。身与鬼并，精见二午。法当为禽，两灵[4]不许。遂被一创，还其本墅。按卦名之，是为驴鼠。"卜适了，伏者以戟刺之，深尺余，遂去不复见。郡纲纪上祠，请杀之。巫云："庙神不悦，曰此是邴亭驴山君鼠，使旨荆山，暂来过我，不须触之。"其妙精如此。[5]

对此，尚秉和按语说："此以卦象推，兼用纳甲。"[6]这是一个很好的易学逻辑论证。

殷祐发问：此为何物？请占之！

郭璞论题：遇遯（☶）之蛊（☶）

推理规则："此以卦象推，兼用纳甲"

（辞象法式与纳甲法式兼用）

---

① 关于"辞象法式"在拙文《中国逻辑史视域下的〈左传〉〈国语〉筮例分析》中已有论述。参阅张涛主编：《周易文化研究》第六辑，北京：社会科学文献出版社，2014年，第47-56页。

② 尚秉和：《周易古筮考·卷六·三爻动》，《尚氏易学存稿校理》第一卷，北京：中国大百科全书出版社，2005年，第84-86页。

③ 校勘记："'武'本作'虎'，盖唐人避讳改。"见〔唐〕房玄龄等撰：《晋书》第6册，北京：中华书局，1974年，第1914页。

④《周易古筮考》作"翼"，《尚氏易学存稿校理》第一卷，北京：中国大百科全书出版社，2005年，第84页。

⑤〔唐〕房玄龄等撰：《晋书》第6册，北京：中华书局，1974年，第1900页。

⑥ 尚秉和：《周易古筮考自序》，《尚氏易学存稿校理》第一卷，北京：中国大百科全书出版社，2005年，第84页。

（一）辞象法式

尚秉和说：

> 按，乾天也，健也，艮体连之，故知壮巨……艮为山，止也，潜也，故曰山潜之畜。
>
> 法当为禽者，艮止有禽获象；艮化巽，巽为鸡，鸡禽也。两翼不许者，遯二至四互巽，巽属鸡，是一翼也；蛊下体又巽，是又一翼也。而巽风为动，艮在二卦皆与相连，有顺风而逝之象，故禽之不得也。
>
> 还其本塾者，艮为门庭，一变而居上，有跃出之象。
>
> 按卦名之，是为驴鼠者，因乾为马，艮为鼠。可云马鼠而云驴鼠者，因乾变艮，马为鼠；马为鼠，马斯小矣，小则驴矣，故曰驴鼠。

郭璞筮遇遯之蛊，艮处遯卦之下与蛊卦之上，故曰"艮体连之"。此解卦方法在《清华简·第一节·死生》的第三组卦例中曾出现过，此组的第二卦例"右下坤、左上乾本相匹配，而被同一艮卦遮蔽"[①]。《清华简》是战国时期楚国竹简，经过数轮碳14反复测定矫正，时间当在公元前305年加减30年，属战国中晚期文物。可见"连之"的特殊语义解释，其用法由来已久，是有历史根据的。所以"艮体连之"，语义解释为相邻两卦中两艮相连，两艮相连，岂不"壮巨"大乎！但是《晋书》上说"艮体连乾"，《乾·大象》曰"天行健"，《乾·彖》又曰"大哉乾元"，乾本为健、为大，又艮体相连，岂不更"壮巨"大乎！《说卦》曰："艮为山"，又为潜，因此是"山潜之物"。《说卦》曰"艮为止"，艮又有止意，上述《清华简》卦例"艮"之意即为"止"，止即有擒获之象。从遇卦遯与之卦蛊的关系来看，两卦下体是从艮到巽，这就是"艮化巽"。《说卦传》曰"巽为鸡"，鸡为禽，所以前述止之擒获的是禽，即"法当为禽"。但实际情况却是，"伏者以戟刺之，深尺余，遂去不复见"，对此《郭璞传》上记载是"两灵不许"，尚秉和将"灵"释为"翼"，如此则根据遯内二至四互巽为鸡，则为一翼；蛊下体为巽则又一翼，如此则成"二翼"。巽为风为动，艮体相连，则顺风而动，所以禽之不

---

① 清华大学出土文献研究与保护中心编，李学勤主编：《清华大学藏战国竹简（肆）》下册，上海：中西书局，2013年，第80页。

得。又此物之所以被戟一击遂去不复见，在于艮有门庭之象，遯之蛊，则遯下体之艮一变跃为蛊上体之艮，此为"一变居上"，有跃出之象，故不得擒也。《说卦传》曰："乾为马""艮为鼠"，本卦遯上体乾马变之卦蛊上体艮鼠，本可以叫作"马鼠"而称为"驴鼠"者，概马大鼠小，乾变艮则大马变小鼠，大马变小则为驴，故为"驴鼠"。

这一抽丝剥茧式的"辞象法式"分析方法，以中国逻辑史的视角来看，就是用的"推类"逻辑方法。如果将"遇遯之蛊"看成一个公式的话，艮就是前件遯与后件蛊之间形式代换符号，从乾、艮之"健""大"的前提形式代换推类出"其物壮巨"之结论。易学每一卦象符号都有多种语义解释，如仅就《说卦传》而言，乾具有"天地定位""乾以君之""战乎乾，乾西北之卦也""乾，健也""乾为马""乾为首""乾，天也，故称乎父""乾为天，为圜，为君，为父，为玉，为金，为寒，为冰，为大赤，为良马，为老马，为瘠马，为驳马，为木果"等众多语义含义，此外还包括众多的语义转义，这些众多的语义含义、转义构成乾的语义类集合，集合的符号就是乾卦（☰），这是一个中国历史文化系统内的最抽象符号，是其所代表类集合最高抽象，中国古代逻辑的推理就是在这样的抽象符号之间进行的推类推理，这是中国古代逻辑的独有特征。辞象法式其他内容逻辑分析类同，故略。

（二）纳甲法式

尚秉和说：

> 以艮当所卜物者世在艮二爻故也。（遯世在二爻午，应在五爻申）……匪兕匪虎者，因遯世在二爻，二爻值午，午为马，故匪兕匪虎。

按京氏纳甲，遯为乾宫二世卦，世爻是艮卦二爻，纳丙午（二五相应，所以二爻应在五爻纳壬申），所卜者是艮二爻，所纳地支午为马，所以匪兕匪虎。此处的午代换为马，属于逻辑上的形式代换，是易学逻辑的特有形式。

公式：丙午并克壬申金

语义：乾宫遯世爻丙午克应爻九五壬申金，午为马，故非兕虎。

> 身与鬼并者，世为身，世爻值午，午火克本宫乾金为鬼，故曰身与鬼并。而上四爻仍值午为鬼，故又曰精见二午，而知此物为鬼

物为精魅也。

按纳甲，世卦为身，遯卦为乾宫二世，二爻是世爻纳丙午，乾宫属金。京房曰"火来四上嫌相敌"，是说"壬午火，是乾之官鬼"[①]。由此，遯卦世爻克本宫乾金为鬼，所以是身与鬼并。遯上卦四爻纳壬午，午火克乾金亦为鬼，此即郭璞占辞"身与鬼并，精见二午"之语义。另有黄寿祺批注："遯，乾宫二世卦。乾于五行属金。蛊，巽宫归魂卦。巽于五行属木。但之卦之生克仍以遇卦本宫为主不用之卦之本宫。故此卦本宫为金。"此批注阐明纳甲生克规则，亦属于纳甲法式的逻辑规则。

公式：丙午火克乾金并壬午火克乾金

语义：世卦为身，遯世二爻丙午火克本宫乾金为一午，遯四爻壬午克本宫乾金为鬼为二午，故"身与鬼并，精见二午"。

以下"纳甲法式"之"一创""逃还""驴鼠"，逻辑分析类同，故只留语义略去公式。

> 遂被一创者，因艮二爻世午化为亥，亥水克午火，故知被一创……又遯五申变子，四爻午变戌，皆来生艮爻，故决其逃还也。

按纳甲，因遯下体艮二世爻丙午变蛊卦下体巽二爻辛亥，亥水克午火，因此被一创。又因遇卦遯五爻壬申变之卦蛊五爻丙子水，金生水；遯四爻壬午火变蛊四爻丙戌土，火生土；如此则遯上四、五爻生蛊上艮四、五爻，这就是"故决其逃还也"。

> 又驴鼠者，遯世爻午马化亥猪，四爻午马化戌狗。马而猪狗，则不马矣。然不失马体，则小于马而驴矣。鼠者，因应申化子，子为鼠。世为驴，应为鼠，故驴鼠也。

世爻为本身，遇卦遯之世爻是六二丙午，化成之卦蛊下体九二辛亥，则午马化亥猪；同理遯四爻壬午化之卦蛊四爻丙戌，是马化戌狗，马化猪狗虽不成马，亦全非猪狗，即所谓"不失马体"，只是比马小一些的驴而已。还有遯之世爻应爻是九五壬申，申金生水，申化子，子又为鼠，如此种种，则为驴鼠也。

可见，相对于"辞象法式"，"纳甲法式"由于加入"干支算子"（干

---

① 卢央：《京氏易传解读》下册，北京：九州出版社，2004 年，第 443 页。

支分属五行）而成一新的逻辑系统，这一系统的特点是符号更抽象、更简约，因而具有更广的论域，解释力也更强。

（三）对毛奇龄、李塨批驳的逻辑分析

《周易古筮法》曰："按，此以卦象推，兼用纳甲。毛西河、李刚主不知纳甲法，多误解也。"[1]

毛奇龄撰《仲氏易》曰：

> 晋渡江后，宣城太守殷祐以郭璞为参军。会有物如牛，足卑类象，大力而迟。行到城下，祐将伏取之。令璞作卦，遇遁（䷠）之蛊（䷑），其辞曰：艮体连乾（遁下艮上乾），其物壮巨，山潜之畜（蛊上艮为山，互兑为潜），非兕非虎（坤为兕虎，以坤间二阳，不成故也），身与鬼并（三阴为鬼，蛊三阳三阴合并成卦；又《乾凿度》以艮为鬼冥门，贞悔两见艮，故曰鬼并亦可），精见二午（离五月卦为建午，三至上为大离，是倍午也。或用《火珠林》法，谓二四俱属午，俱动为见二午，非是），法当为禽（离为雉，巽为鸡），两翼不许（谓无两翼），遂被一创（遁四阳，伤其一为一创），还其本墅（谓遁只伤乾一画，而山仍如故，故蛊上之山还本墅也）。按卦名之，是为驴鼠（乾为马，艮为鼠，遁上乾下艮，而艮体连乾，则合四乾，已变马形为驴，是驴鼠也。按，是占《晋书》无解，今以推易之法解之，则与周太史解断无异）。卜竟，伏者以戟刺之，深尺余，遂去不见。郡纲纪上祠，巫云：庙神不悦，曰此郉亭驴山君鼠也，偶诣荆山，暂来过我，何容触之。其验如此。[2]

西河先生又在《春秋占筮书》中引述《仲氏易》所论，有增删改动如下：在"其物壮巨"下加注"是占在《晋史》无解，今录《仲氏易》解语。遁天山皆巨物，故此物亦巨"；在"身与鬼并"下删"又《乾凿度》以艮为鬼冥门，贞悔两见，艮故曰鬼并亦可"句；在"精见二午"下删"或用《火珠林》法，谓二四俱属午，俱动为见二午，非是"句；在"遂被一创"下由"遁四阳，伤其一为一创"改成"遁四阳，伤其一

---

① 尚秉和：《周易古筮考·卷六·三爻动》，《尚氏易学存稿校理》第一卷，北京：中国大百科全书出版社，2005年，第84页。

② 〔清〕毛奇龄：《仲氏易》，《文渊阁四库全书》（第41册），台北：台湾商务印书馆股份有限公司，1986年，第323页。

为蛊"；在"还其本墅"下由"谓遯只伤乾一画，而山仍如故，故蛊上之山还本墅也"，改成"自遯之蛊，只伤乾一画，而两山如故"；在"是为驴鼠"下改成"今遯乾一变而已失马形，是驴鼠矣"，删去"按，是占《晋书》无解，今以推易之法解之，则与周太史解断无异"句，新增"此事近狡狯，然亦见古人筮法有如是者"句[1]。

西河先生认为，《晋书·郭璞传》中记载的这个占例，按照郭璞的解释则近似狡狯，如同儿戏，在历史上无人可以解释通，可见古人的占法并不完全可靠。那么，综合《仲氏易》和《春秋占筮书》的解释，理由如下：

> 艮体连乾：遯下艮上乾。
> 其物壮巨：遯天山皆巨物，故此物亦巨。
> 山潜之畜：蛊上艮为山，互兑为潜。
> 非兕非虎：坤为兕虎，以坤间二阳，不成故也。
> 身与鬼并：三阴为鬼，蛊三阳三阴合并成卦。
> 《乾凿度》以艮为鬼冥门，贞悔两见，艮故曰鬼并亦可（**《仲氏易》，《春秋占筮书》删去后句**）
> 精见二午：离五月卦为建午，蛊三至上为大离，则倍午矣
> 用《火珠林》法，谓二四俱属午，俱动为见二午，非是（**《仲氏易》，《春秋占筮书》删去后句**）
> 法当为禽，两翼不许：离为雉，巽为鸡，而无两翼。
> 遂被一创：遯四阳，伤其一为一创。——《仲氏易》
> 遯四阳伤其一为蛊。——《春秋占筮书》
> 还其本墅：谓遯只伤乾一画，而山仍如故，故蛊上之山还本墅也。——《仲氏易》。
> 自遯之蛊，只伤乾一画，而两山如故。——《春秋占筮书》
> 按卦名之，是为驴鼠：乾为马，艮为鼠，遯上乾下艮而艮体连乾，则合四乾，已变马形为驴，是驴鼠也。——《仲氏易》
> 遯乾一变而已失马形，是驴鼠矣。——《春秋占筮书》

---

① 〔清〕毛奇龄撰：《春秋占筮书》，《文渊阁四库全书》（第41册），台北：台湾商务印书馆股份有限公司，1986年，第545—546页。

结论一：《仲氏易》：是占《晋书》无解，今以推易之法解之，则与周太史解断无异。

结论二：《周易占筮书》：此事近狡狯，然亦见古人筮法有如是者。

尚秉和在《周易古筮考》对上逐次批驳：

遯下艮上乾，故曰连乾。按照尚秉和在此处思路，"连乾"不会是"下艮上乾"同语反复这样简单，而是按照纳甲法式遯卦为乾宫二世卦，乾宫是其本宫，故曰"连乾"。

蛊上艮为山，互兑为潜。尚秉和认为是"艮为山，止也，潜也，故曰山潜之畜"。西河先生用的是"互体"法解释，尚氏是根据《说卦传》直解，较为简明。

为兕虎，蛊二阳间之，故曰非。尚秉和称"此解勉强"。

尚秉合认为，以艮当所卜物，遯下体艮世在二爻，按纳甲法式，世爻又是一卦的为主之爻，遯二爻值午，午为马，故曰匪兕匪虎。解释的关键是以何卦作为所卜对象，尚氏认为是遇卦遯下体艮，乃至具体到艮世二爻，西河先生却认为以之卦蛊作为所卜对象，差别是很大的。前述黄寿祺批注："遯，乾宫二世卦……但之卦之生克仍以遇卦本宫为主不用之卦之本宫。"尚氏解卦较为合理。

乾凿度以艮为鬼冥门，贞悔两见，故曰与鬼并。尚秉和称"此解错误，身、并二字皆无着"。所谓"贞悔两见"，是指遇卦遯之下体，与之卦蛊之上体两处见艮。但是，《乾坤凿度·卷上》曰：

> 艮为鬼冥门。上圣曰：一阳二阴，物之生于冥昧，气之起于幽蔽。《地形经》曰：山者，艮也，地土之馀，积阳成体，石亦通气，万灵所止，起于冥门。言鬼，其归也，众物归于艮。艮者，止也，止宿诸物，大齐而出，出后至于吕申，艮静如冥暗，不显其路，故曰鬼门。[①]

《乾凿度·卷上》又曰：

> 四时有阴阳刚柔之分，故生八卦……艮始终于东北方，位在十二月。八卦之气终，则四正四维之分明……艮者，止万物也，故在

---

① 林忠军：《易纬导读》，济南：齐鲁书社，2002年，第120页。

四时之终。①

可见，《乾凿度》之艮意与西河先生所论不合，如此解"身与鬼并"确实勉强。按照尚秉和纳甲法式思路，艮为所卜物者，遁卦世爻六二为"身"，世爻纳午火克本宫乾金为鬼，此为"并"，可见纳甲法式解释更为简洁清晰。

"精见二午"。离五月卦建午，蛊三至上为大离，是倍午也。尚秉和认为西河先生此解二午"义尤穿凿"。五月建午为历法，大离之谓是互体，放置一起风马牛不及，所谓舍近求远，取繁舍简，不合"易简"之理，必然出错。况且，西河先生在《春秋占筮书》中又删去"或用《火珠林》法，谓二四俱属午，俱动为见二午，非是"一句，没有顾及晋代郭璞与西汉京房已有300余年的时间差距，纳甲术早为流传的事实。

离为雉，巽为鸡，故为禽。尚秉和认为，遇遁之蛊，两卦下体由艮变巽，艮化巽，巽即为鸡，为禽；既然是遇卦与之卦的关系，就不能舍遇卦而只顾之卦，因此以之卦蛊"大离"及下体巽为依据释卦不足为信。

遁四阳，伤其一为一创。遁四阳伤其一为蛊。尚秉和认为此"解被创尤无理"，遁四阳而两阴，何来"只伤乾一画"！如果说遁由姤一世而来，则是再伤乾一画，不能是"只伤"乾一画。若从遁卦算起，遁四阳伤其一为蛊，岂不成伤乾三画！即使遁伤一阳，也是乾宫三世的否卦，不能成为巽宫归魂蛊卦，如此天马行空、肆意解释则失去易学的内在逻辑性。正确解释如尚秉和按纳甲法式，所谓一创者，遁艮二爻世午化巽二爻亥水，水克火，故知被一创。

谓遁只伤乾一画，而山仍如故，故蛊上之山还本墅也；自遁之蛊，只伤乾一画，而两山如故。因为遁下体艮变蛊上体成"连艮"，则断言"可还遁之本墅"，实属"望象妄议"，连艮之意在"其物壮巨"，而艮为门庭，一变居上成出跃之象则更为贴近。按纳甲法式，尚秉和释遁五爻申变子、四爻午变戌，皆生艮爻，故决其逃还更为贴切。

结论一：《仲氏易》：是占《晋书》无解，今以推易之法解之，则与周太史解断无异。

结论二：《周易占筮书》：此事近狡狯，然亦见古人筮法有如是者。

西河先生在《仲氏易》中的结论充满自信，认为找到了正确解释，

———————————

① 林忠军：《易纬导读》，济南：齐鲁书社，2002年，第79-80页。

又与京氏易密切相关的《火珠林》划清界限，但是稍晚些写成的《春秋占筮书》中却对自己早先结论怀疑起来，只能发出"此事近狡狯，然亦见古人筮法有如是者"感叹。

尚秉和逐次分析梳理批驳之后，给出结论："按，毛解无一可取者，特录而驳之，俾后学勿为所惑。"

对于清初李塨的批驳，抄录于下：

李刚主曰：

> 按下体为山，二至四互体为巽，伏于山上，山潜之畜也。为禽而两翼不许者，遯之巽鸡，蛊之离雉，其身之外当为翼，而具艮止，是无翼也。（不许者，不许物被禽也。有翼无翼何涉？）乾为马，艮为鼠，今变卦艮鼠依然，而乾马初爻变阴小，则似驴矣。今属一体，可名为驴鼠。

显然，李刚主此解依然是拘泥于易学逻辑的"辞象法式"，在卦象互体、辞象关系上做出推类，局限与"纳甲法式"同。

通过上述分析可以看到，辞象法式与纳甲法式都是易学逻辑的代表性解易系统，各有优点、各具特色，辞象法式比较符合《周易》古经的解易传统，纳甲法式相较辞象法式出现稍晚，因为增加干支算子而具有更大的论域。从这一占例来看，两个法式都可以给出解释，但是纳甲法式相对来说更少歧义性和模糊性，是一个相对干净的逻辑系统。

纵观尚秉和关于此占例的解释分析，从辞象法式入手释占，给出较为满意的解释后，再引入纳甲法式这一相对更大论域的解释系统，从而对郭璞占辞中的重点部分给出自洽的解释，最后逐次逐层批驳归纳，得出"毛解无一可取者，特录而驳之，俾后学勿为所惑"的结论，是一个体现易学逻辑风格的优秀论证。

三

易学逻辑的发展经过先秦以辞象为主的阶段（包括据象推类、据辞推类、象辞结合推类①），这一辞象阶段可以概括为"辞象法式"，进入汉代以后，由于加入干支新算子而形成易学逻辑发展的新阶段，并与当时的天文、历算、中医药等因素相结合，构成了具有比先秦更具广泛解释力的易学逻辑系统，"纳甲法式"就是这一时期的重要代表。

《晋书》编撰被认为"好采诡谬碎事，以广异闻，又所评论，竞为绮艳，不求笃实"②，但"由于唐代以前的诸家《晋书》已经失传，它还是我们今天研究两晋历史的一部主要参考书，包含了不少可供我们利用的资料"③。《晋书·列传·第四十二》"郭璞占怪兽"之神怪之事，不必苛求于历史的真实，从易学逻辑的发展来看却是一种解释学意义上的进步，同时也是易学逻辑自身理论的逻辑性演化进步，这当然是不可忽视的重要内容。因此，从解释学意义层面上探究易学逻辑理论进步的逻辑理路，是理论研究的必然。

尚秉和从易学理论自身出发，看出旧有"辞象法式"解释力的不足。他说："朱子曰：六爻不动，占本卦象辞。按，古人成例，故以占象辞为常。然象辞往往与我不亲，则视其所宜者而推之。斯察象为贵耳……固不拘一法也。"④甚至就连西河先生本人对"辞象法式"的解释也甚不满意，发出了"此事近狡狯，然亦见古人筮法有如是者"的感叹。"辞象法式"这种局限性和歧义性，是新解释系统诞生的动力，一定会呼唤出一个更广解释论域，更清晰、更干净的解释系统诞生，此占释例即是一个很好的理论例子。

中国逻辑史的发展到后期墨家总结出了逻辑推理理论，指出推理是在类与类之间进行的，即"推类"，并以"推类"概括出中国逻辑的核心特点。如《墨子·小取》中所说"以类取，以类予"⑤，"夫辞，以类行者也"⑥，就是对推类的概括与说明。此外，名墨儒等诸家还总结出

---

① 温公颐、崔清田主编：《中国逻辑史教程》（修订本），天津：南开大学出版社，2001年，第21-28页。

② 〔唐〕房玄龄等：《晋书》第1册，北京：中华书局，1974年，"出版说明"第2页。

③ 〔唐〕房玄龄等：《晋书》第1册，北京：中华书局，1974年，"出版说明"第3页。

④ 尚秉和：《周易古筮考·卷二·静爻》，《尚氏易学存稿校理》第一卷，北京：中国大百科全书出版社，2005年，第13页。

⑤ 〔清〕孙怡让：《墨子闲诂》，《诸子集成》第四册，上海：上海书店出版社，1986年，第250-251页。

⑥ 〔清〕孙怡让：《墨子闲诂》，《诸子集成》第四册，上海：上海书店出版社，1986年，第249页。

一些推类要遵守的原则，如推理要"依类相推"，即"以类度类"①"类不悖，虽久同理"②等等，同时也注意到了推类中的注意事项，如"异类不比"③"推类之难，说在之大小"④，强调推类要"以名举实"⑤，指出"狂举不可以知异"⑥，否则不能保证推类的正确性。针对推类的复杂性，《吕氏春秋·似顺论》曾明确指出"类固不必可推知也"⑦，《淮南子·说山训》则进一步指出"类不可必推"⑧，丰富了推类的逻辑思想。

中国古代逻辑这种以"推类"为主导推理类型的特色，在易学中有大量突出表现，且充满着中国历史文化诠释的特点。因此，易学中的逻辑推理与理论，是中国逻辑史研究的重要课题之一。《周易》中的逻辑理论在《易传》中说得较明确，是对早期《周易》推理的总结，诸如"方以类聚、物以群分"（《系辞》）、"以类族辨物"（《象传》）、"其称名也，杂而不越、于稽其类"（《系辞》）、"引而伸之、触类而长之"（《系辞》）、"与类行"（《象传》）等等都是对推类的理论说明。

《周易古筮考》从一侧面推进了对易学逻辑理论的认识。如在论及"辞象法式"时，总结出"静爻"规则："朱子曰：六爻不动，占本卦象辞。按，古人成例，故以占象辞为常。然象辞往往与我不亲，则视其所宜者而推之。斯察象为贵耳……固不拘一法也。"⑨论及"动爻"时指出："卦有一爻动、二爻动、三爻动，甚至四爻、五爻、六爻全动。吾人遇之，如何推断乎？兹按古人成例，及朱子所论定以为法式。然不可泥也。盖易贵占变，象与辞之通变，及事实之拍和，神之所示，千变万化，有不可思议者，故不可执也。需就事以取辞，查象而印我，弃疏而用亲。"⑩又说："朱子曰：一爻变，则以本卦变爻辞占。按，此论其常耳。古人

① 〔清〕王先谦：《荀子集解》，《诸子集成》第二册，上海书店出版社，1986年，第52页。
② 〔清〕王先谦：《荀子集解》，《诸子集成》第二册，上海书店出版社，1986年，第52页。
③ 〔清〕孙怡让：《墨子闲诂》，《诸子集成》第四册，上海书店出版社，1986年，第196页。
④ 〔清〕孙怡让：《墨子闲诂》，《诸子集成》第四册，上海书店出版社，1986年，第195页。
⑤ 〔清〕孙怡让：《墨子闲诂》，《诸子集成》第四册，上海书店出版社，1986年，第250页。
⑥ 〔清〕孙怡让：《墨子闲诂》，《诸子集成》第四册，上海书店出版社，1986年，第200页。
⑦ 〔汉〕高诱注：《吕氏春秋》，《诸子集成》第六册，上海书店出版社，1986年，第319页。
⑧ 〔汉〕高诱注：《淮南子注》，《诸子集成》第七册，上海书店出版社，1986年，第285页。
⑨ 尚秉和：《周易古筮考·卷二·静爻》，《尚氏易学存稿校理》第一卷，北京：中国大百科全书出版社，2005年，第13页。
⑩ 尚秉和：《周易古筮考·卷三·动爻》，《尚氏易学存稿校理》第一卷，北京：中国大百科全书出版社，2005年，第31页。

殊不尽取动爻辞，以辞往往与我疏。故弃而不用，用其象之亲于我者以推我事。又陈敬仲遇观之否，取动爻辞矣。又何以兼推互体？可见筮无定法。专查卦象之于我何如，不能执一以推也。"①又说："朱子曰：三爻变则占本卦及之卦象辞。以本卦为贞，之卦为悔。按，晋文公筮得贞屯（䷂）悔豫（䷏），取两卦象辞曰利建侯，与朱子启蒙说合。而又兼取卦体，则不执于一也。此外，皆与朱子说不甚合。盖筮法不能执一，执一则扞格不通。变而通之，神而明之，存乎其人。"②论及五爻动，尚秉和又说："朱子曰：以之卦不变爻占。任起运曰：以不变爻占。按，如朱子之说，则舍本卦不用。如任氏之说，则本卦、之卦并重，只取其静者耳。而按之古人筮案，皆不尽然。朱子未详考，只引左传艮之随为例，谓当以随不变爻系小子、失丈夫为占，以成其说。岂知即穆姜言观之，仍以爻辞为占耳。"③从上述这些对《左传》《国语》筮例"辞象法式"的考证中，可以看出诸如象、本卦、之卦、象辞、爻辞这些推理规则法式标准的选取与矛盾，如果从西方逻辑的视角看，实质上反映了类似语形、语义与语用三者之间的不协调关系，如果从逻辑论证的视角看，这种"易贵占变""象与辞之通变""与事实之拍和""然象辞往往与我不亲，则视其所宜者而推之""固不拘一法也""古人殊不尽取动爻辞，以辞往往与我疏。故弃而不用，其象之亲于我者以推我事"等等，则正是易学逻辑的特色，也是中国古代逻辑的特色。因此，尚秉和关于古筮法的考证，对梳理与深刻认识中国古代逻辑乃至中国古人的思维方式具有极为重要的贡献和价值。

（本文原载《中华易学》第七卷，北京：文物出版社，2021 年，第106-124 页）

---

① 尚秉和：《周易古筮考·卷三·一爻动》，《尚氏易学存稿校理》第一卷，北京：中国大百科全书出版社，2005 年，第 31 页。

② 尚秉和撰：《周易古筮考·卷六·三爻动》，《尚氏易学存稿校理》第一卷，北京：中国大百科全书出版社，2005 年，第 79 页。

③ 尚秉和：《周易古筮考·卷七·五爻动》，《尚氏易学存稿校理》第一卷，北京：中国大百科全书出版社，2005 年，第 91-92 页。

必然同一、严格指示与因果链条

刘叶涛

在有关同一性的当代论争中，克里普克（S. Kripke）的必然同一理论由于其在逻辑学和哲学上的诸多关联以及在意义和真理领域所引发的诸多后果而备受瞩目。偶然同一论的拥护者吉巴德[①]、威尔逊[②]、普利斯特[③]等人通过大量的实例展示和理论论述，论证的确存在由专名构成的偶然真的同一性陈述。克里普克则坚决拒斥偶然同一，认为"凡同一皆为必然同一"。双方迄今仍未达成基本共识。克里普克的必然同一论有着逻辑和哲学上的多角度证成。在逻辑上，可以为同一关系必然性定律提供形式证明，在哲学解释上则与其对必然—先验—分析和偶然—后验—综合之传统划界的突破直接相关。必然同一论基于克里普克关于必然性隶属形而上学领域的定位，同一性的必然性无非就是突显必然性的本体论视角并始终自觉贯彻。基于"是"型陈述之逻辑形式的揭示，可以明确严格指示概念的本体论意味，专名是严格指示词只是对象自我同一这个必然事态的语言哲学表达。通过逻辑必然和非逻辑必然的区分和比较可以发现，克里普克的必然同一与其因果链条无法相容，必然同一论不能为完整的指称理论提供必需的认识论要素。

[①] A. Gibbard, 1975, "Contingent identity", *Journal of Philosophical Logic*, 4 (2): 187-222.

[②] M. Wilson, 1983, "Why contingent identity is necessary", *Philosophical Studies*, 43 (3): 301-327.

[③] G. Priest, 2016, *Towards NonBeing* (2nd edition), Oxford: Oxford University Press.

一、作为本体论理论的必然同一理论

克里普克 1972 年的名篇《同一性与必然性》[①]从化解所谓"同一性悖论"着手提出了必然同一理论。根据莱布尼茨律，对任意对象 x 和 y，如果 x 和 y 等同，若 x 具有某特定属性 F，y 也就具有该属性。由此出发可构造形式证明：

（1）$\forall x \forall y((x=y) \rightarrow (Fx \rightarrow Fy))$

把它作为前提，依全称例示规则可得：

（2）$(x=y) \rightarrow (Fx \rightarrow Fy)$

F 是任意谓词变项，自然包括谓词"$\Box(=x)$"（必然与 x 等同），于是由（1）得到：

（3）$(x=y) \rightarrow (\Box(x=x) \rightarrow \Box(x=y))$

引入假设：

（4）$(x=y)$

依分离规则，可以从（3）和（4）得到：

（5）$\Box(x=x) \rightarrow \Box(x=y)$

任意对象必然自身等同（从一阶谓词逻辑公理 x＝x 依据 K-必然化规则也可得到）：

（6）$\Box(x=x)$

再依分离规则，从（5）（6）得到：

（7）$\Box(x=y)$

依据蕴涵引入规则可得：

（8）$(x=y) \rightarrow \Box(x=y)$

对此进行全称概括得到：

（9）$\forall x \forall y((x=y) \rightarrow \Box(x=y))$

（9）的语义解释为：对任意两个对象，只要它们是同一的，这种同一就是必然的。

---

① S. Kripke, 2011, "Identity and necessity", in S. Kripke (ed.), *Philosophical Troubles*, pp.1-26, New York: Oxford University Press.

上述解释与所谓"偶然同一直觉"构成冲突：令 a＝b 为其代入例，从它的真和（9）可得到□（a＝b），但"如果这样，还怎么可能存在偶然的同一性陈述呢？"[1]这个反问断定预设了，同一性之偶然只不过就是常识而已，逻辑证明何以推出违反常识的结论！这里所谓"偶然的同一性陈述"在日常思维中的确普遍存在，比如我们当然可以无矛盾地设想"鲁迅"和"周树人"不是同一个人的两个名字。因而，"鲁迅是周树人"是一个地道的偶然同一陈述。在克里普克看来，这种偶然同一直觉的产生乃出于对同一关系必然性定律（即上述（9））的误解。显然，从上述形式证明不难得出，误解主要出自对"必然性"概念缺乏哲学上的彻底澄清。

关于"同一关系必然性定律"的证明和辩护，张建军给出了清晰的阐述。其中哲学辩护的核心在于强调从物模态的初始性，以及克里普克对必然/偶然属于形而上学（本体论）范畴的明确定位。[2]分析-必然-先验与综合-偶然-后验的划界，曾在很长的历史时期内被认为是泾渭分明的。康德的先验综合判断对此有所突破，但逻辑经验主义者让它们重回原位。克里普克开创性地提出，三对范畴分属语言哲学、形而上学和认识论，进而对它们进行了越界重组，提出了先验偶然命题（例如"一米是棍子 S 在时间 t_0 的长度"）和后验必然命题（例如"鲁迅是周树人""水是 H_2O"）。

从（9）的逻辑形式不难看出，同一性的必然性是"关于对象"的必然性，是发生在"对象"身上的穷尽可能的必然，即"对象"即便在逻辑上也不可能不与其自身等同。在克里普克语义学中，"同一"是一个二元谓词，定义为：当 x 和 y 在世界 w 中被指派相同的值时，x＝y 是真的，否则就是假的。所谓"x 和 y 在世界 w 中被指派相同的值"，需要诉诸在所有可能世界中存在的同一个体。这里所有可能世界被限定为与现实世界具有可及关系（accessible relation）的那些世界，于是该个体就必须是在现实世界中已经存在的。按照克里普克的可能世界构造，真实存在的只有现实世界这一个，我们针对现实对象有无特定属性

---

① D. Wiggins, 1965, "Identity statement", in R. J. Butler (ed.), *Analytical Philosophy*, pp.40-71, Oxford: Blackwell Publishers.

② 张建军：《正规模态集合论悖论及相关问题》，《逻辑学研究》2017 年第 3 期，第 36-38 页。

所做的断言，表达的是该对象的"事实情形"；可能世界作为我们的思想产品，是我们设想出来的。由可及关系所决定，这种设想不能是任意的，我们不能脱离同现实世界的关联去"发现"可能世界，而是要从现实对象出发，通过设想现实对象的"反事实情形"，从而"发明"出可能世界来。事实情形和反事实情形的属概念是"事态"：前者是指实现了的事态，后者是指没有实现的事态。

要点在于：无论事实情形还是反事实情形，始终是围绕现实对象才能存在："我们可以指着特定对象，并问在它身上可能会发生什么事情。……我们是从这些我们在现实世界实际拥有，而且我们能够识别的对象出发的。于是我们提问：某些事情是不是本来就可以发生在这些对象身上。"①指向现实对象②并设想在"它"身上会发生什么事情：发生的可不可以不发生？没有发生的可不可以发生？我们谈的始终是"对象"，可能世界中的对象始终是作为反事实设想出发点的现实对象，因而在这样产生的可能世界当中的对象，毕竟还是原来的那个对象。克里普克举了很多例子来说明这件事，比如 20 世纪 70 年代发表"命名与必然性"讲演时他面前的那张木制讲桌，我们可以"想象"它是用泰晤士河里的水冻成的冰做成的，但这就不是发生在"这张木桌"上的非真实情形，而是在谈另一张桌子。我们可以像写电影剧本一样，把伊丽莎白女王想象成一个天使、精灵、机器人，但这就已经不是发生在"这个"对象身上的事，而是在讲另一个对象了。

基于必然性的本体论视角，从物模态之合法就属于自明之理，而且从物模态作为初始模态，绝不能对其进行彻底的化归③，"同一关系必然性定律所断言的是任一对象自身同一，如果我们承认□$(x=x)$和$\forall x \square$ $(x=x)$为逻辑真理，就是承认了作为'从物模态'的必然模态，因而必须从'对象的内在关系'上理解$\forall x \forall y((x=y) \rightarrow \square (x=y))$"④。偶然性最为突出的同一性陈述，莫过于"美国首任邮政部长是双焦点眼镜发明

---

① S. Kripke, 1980, *Naming and Necessity*, Oxford: Basil Blackwell Publisher, p.53.

② 克里普克在 1973 年洛克讲座中论证，对于非实存对象可以同样方式构造可能世界，但构造的出发点仍然是特定的"对象"，首要的限定就是保证谈的还是那个对象。

③ 2008 年 5 月在纽约城市大学克里普克中心开幕大会上的讲演中，克里普克论证了试图将从物模态悉数化归为从言模态会产生很多负面后果。

④ 张建军：《正规模态集合论悖论及相关问题》，《逻辑学研究》2017 年第 3 期，第 38 页。

人"这样的句子。只需将这里两个摹状词进行宽辖域处理，在逻辑上处理成：有一个人，他碰巧当了美国首任邮政部长且发明了双焦点眼镜，这个人即富兰克林，这个人必然自我同一，只要从物模态和量化语境概念有意义，就可以圆满解决如何避免同一性悖论的问题。①

承诺从物模态不可避免会导致本质主义，克里普克的本质主义谈的是关于对象的跨可能世界的必然属性：我们就对象进行跨界识别，穷尽作为反事实设想出发点的对象身上不同层面的可能性，把握其不同层面的"不可能不"，最后发现，只有"起源"才能经得起跨界必然性的检验，只有起源才能保证个体还是其自身。设想，另一可能世界的一个体具备现实鲁迅的所有属性，但只要该个体与鲁迅被回溯到了不同的起源，他们就不是同一个对象，而是各有各的自身同一性。反过来，只要他们的起源是同一个，哪怕他们的具体属性不同，也是同一对象。通过经验手段回溯个体的来源，旨在作为把握对象自身同一的操作标准，因为无论怎样构造反事实情形，即便在逻辑上也无法导出这种结果：具有同一起源的东西不是同一个体，以及并非同一来源的东西是同一个体。②起源之所以可以作为跨界本质，是因为它在功能上与具体属性不在同一层次：我们谈论特定属性的有无之时，无论所表达的是事实情形还是反事实情形，总要"预设"由以谈论的对象的存在，而起源则可以保证这个预设的成立，因为起源恰决定对象的存在。

鉴于本体论视角的重要性，应自觉避免与认识论的混淆。在文艺创作实践中，当然可以把伊丽莎白女王想象成机器人或是其他，但这种认识论上的"想象"若不通过起源这样的本体论标准加以限定，就会成为偶然同一直觉的根源。对照吉巴德关于偶然同一的著名案例，若雕像 Goliath 是由一块黏土 Lump1 制成，Goliath 和 Lump1 之间的等同就是必然的，尽管这块黏土可以重新做成一个圆球 Ball。③从本体论视角看，"Goliath 是 Lump1"和"Ball 是 Lump1"均为合法的同一性陈述，这里

① S. Kripke, 2011, "Identity and necessity", in S. Kripke (ed.), *Philosophical Troubles*, p.4, New York: Oxford University Press.

② 刘叶涛：《意义、真理与可能世界》，北京：社会科学文献出版社，2014 年，第 154-156 页。

③ A. Gibbard, 1975, "Contingent identity", *Journal of Philosophical Logic*, 4 (2): 187-222.

的两个 Lump1 只是"同名异实"而已。①

综上，理解必然同一，应明确必然性的首要意义为本体论，必然同一理论就是一个本体论理论。严格说，克里普克眼中只有一种必然性，那就是形而上学必然性。他反复强调必然性是一个形而上学概念，旨在强调必然性只是关于对象的模态性质，看待必然性要自觉突显本体论视角。的确，人们经常把必然性加诸陈述或命题，称陈述或命题必然真或偶然真，但这些终要归结为所涉对象的模态性质。只有关于事物的必然性和偶然性才是本原的模态性质，关于语言和思想对象的模态描述是派生的。当然，这不意味着我们可以使用"必然事物"这样的用语描述这一点，而是要就特定属性对事物的隶属情况的"断言"进行必然或偶然的归属，而这种断言表达的是有关事物的事实情形。维特根斯坦关于"世界是事实的总体，而不是事物的总体"②的论断，表明我们面对的世界是"事实"的集合。既然事实只是相对于某个世界实现了的事态，因此可能世界就是"事态"的集合。由此，必然同一理论就要求针对"事态"进行必然和偶然的归属，用"必然事态""偶然事态"这样的术语指谓对事物进行这种模态性质归属所得到的结果。

二、必然同一与严格指示

从本体论视角看，所谓必然同一，就是指个体对象自身等同是必然的，表达这种必然事态的陈述是真的，或者换言之，这是必然真的同一性陈述。同一性陈述之必然真在克里普克那里突出地体现在严格指示（rigid designation）概念上。

严格指示是克里普克反描述论的模态论证的核心概念。严格指示词"在所有可能世界指称同一对象"，它们直接进行指称，无需含义为中介，这种直接指称可以归结为通过因果链条回溯到个体或自然类之"范型"的最初命名仪式；专名和自然种类词是严格指示词，普通摹状词是非严格指示词。在克里普克看来，前述形式证明结论（9）中的两个约束变

---

① 杨四平、张建军：《"偶然同一性"论争的困境与出路》，《湖南科技大学学报》（社会科学版）2019 年第 6 期，第 37-44 页。

② 维特根斯坦（著），贺绍甲（译）：《逻辑哲学论》，北京：商务印书馆，2016 年，第 25 页。

项，只能全部代入严格指示词，不能允许像蒯因那样，因为"9是太阳系行星的数目"是偶然真而质疑必然同一。既然"鲁迅"和"周树人"都是严格指示词，"鲁迅＝鲁迅"和"鲁迅＝周树人"均为其合法代入例。不过后者之合法并不像前者那样显明，因为在人们的日常直觉里，即使在逻辑上，我们也无法设想"鲁迅≠鲁迅"，但设想"鲁迅≠周树人"并不会导致矛盾。同样都是表达个体对象的自我等同，之所以会有这种差异，是因为人们的日常直觉混淆了必然性与先验性、偶然性与后验性："鲁迅＝鲁迅"之所以"必然"为真，是由于它在直觉上是先验的，"鲁迅＝周树人"只是"偶然"为真，则是因为它在直觉上是后验的；人们之所以觉得"鲁迅＝鲁迅"的合法性显而易见，而"鲁迅＝周树人"并非如此，是因为暗中接受了先验性与必然性的传统等同。克里普克重新界划必然性和先验性的领域，就是要彻底清理这种混淆。

准确把握克里普克灼见，应特别注意，合法代入例均为通过等词（＝）联结的同一性陈述，若使用个体常项符号代表其中的具体词项，它们就是这些陈述的"逻辑形式"（"鲁迅是鲁迅"的逻辑形式是 $a＝a$，"鲁迅是周树人"是 $a＝b$）。准确理解必然同一，需要自觉区分语言形式和逻辑形式，特别注意要把"＝"型陈述从"是"型陈述中提取出来。日常使用当中的"是"型陈述表达多种关系，同一只是系词"是"的多重语义之一。除此外，常见的还有成员关系（"鲁迅是文学家"）、种属关系（"猫是动物"），以及构成关系、例示关系[①]等等。除同一外，其他关系之所以能在逻辑上表示出来，是因为将"是"所联结的谓词对主词的"谓述"这种内涵关系进行了外延化处理，这正是集合论的素朴概括原则（任何特征属性均可定义一个集合）所表明的。同一关系的特殊性在于，它并不需要对任何属性进行外延化处理，这种关系的建立只取决于实体本身，这一点正是克里普克模态论证所指认的。作为一条外延定律，同一关系必然性定律语义解释中的对象是纯外延实体（entity），对此种逻辑形式的代入属于纯外延代入，其中的等词所表征的是纯外延意

---

① 构成关系如"那堆碎片就是你上次来这个房子时看到的那个陶罐"，例示关系如"你上次和这次见到人是相同的校长，但不是相同的人"，因为领导层刚刚完成换届。参见威金斯对相对同一论题的讨论。（《逻辑哲学论》，第27—28页）

义上的"实体-实体关联"①。这种外延性实体之间用等号表示的关联，就是对象与其自身的关联，也就是关于对象自身同一性的形式刻画。

若应用词项的指示性用法和谓述性用法的区分②，则专名和摹状词真正一般性的区分不在于其本身的严格性，而在于其实际使用。例如，对于"鲁迅是鲁迅"，尽管用的是专名，但其实际用法有时却可能是谓述性的，如把谓词位置的"鲁迅"理解成"写了《狂人日记》的作家"，从而导致可以对"鲁迅可能不是鲁迅"的逻辑形式提供为真的解读；有时所用词项尽管是摹状词，比如"鲁迅是《狂人日记》的作者"，但其中摹状词的实际用法却是指示性的，从而导致对"鲁迅可能不是《狂人日记》的作者"的逻辑形式可以提供为假的解读。可见，从逻辑形式看，要害在于是否可以把联结词项的"是"径直转化成"同一"：如果可以，如把"鲁迅是鲁迅"径直转化为"鲁迅＝鲁迅"（a＝a），表示的就是鲁迅这个实体的自我同一这种外延性关联；如果不可以，就涉及实体和属性之间的谓述性关联了。总之，"主要问题是逻辑形式问题"③，而不是语言形式，要想避免混淆必然性和先验性以及偶然性与后验性，就应始终注意把握语言形式背后的逻辑形式，牢记只有表征"实体-实体关联"的指示性使用的词项之间，才可以使用等词去联结。

克里普克非常重视直觉在哲学分析中的作用。针对专名和摹状词严格性的分别，他提出这样一种"直觉测试"："尽管某个并非 1970 年美国总统的人可能是 1970 年美国总统（例如汉弗莱就可能是），但任何一个并非尼克松的人都没有可能是尼克松。"④显然，"尼克松"在这里只能是采取了指示性用法，因为如果采取的是谓述性用法，就绝不可能断言"任何一个并非尼克松的人都没有可能是尼克松"。但这样做，就可能面临一个质疑：假如这里两个"1970 年的美国总统"的实际用法都是指示性的，即相当于对它们进行宽辖域理解，这个直觉测试中"某个并非 1970 年美国总统的人可能是 1970 年美国总统"也就不能成立了，

---

① 张建军：《正规模态集合论悖论及相关问题》，《逻辑学研究》2017 年第 3 期，第 35-57 页。

② 陈波：《词项的指示性使用和谓述性使用》，《学术月刊》2016 年第 11 期，第 25-42 页。

③ 阿斯海姆（著），张建军、万林（译）：《指称与意向性》，南京：南京大学出版社，2014 年，第 4 页。

④ S. Kripke, 1980, *Naming and Necessity*, Oxford: Basil Blackwell Publisher, p.48.

这样的话,克里普克有关严格性的区分不就无法成立了吗?回应该质疑的关键,仍在于对"逻辑形式"的把握,注意区分这两种用法在逻辑形式上不同的刻画。从逻辑的观点看,"任何一个并非尼克松的人都没有可能是尼克松"这句话所表达的就是"尼克松=尼克松"这个命题,而这个命题之所以为真,是因为其表征了个体对象的自我同一,这是一个必然事态。既然在一阶语义中个体常项所表示的就是外延性实体,因此这里所表征的就是"实体-实体关联"。可见,若仅局限在语言形式,便无法理解为何"尼克松"这个指示词会是严格指示词。只有从逻辑形式上,才能把系词"是"所表达的两种关联区分清楚:"实体-实体关联"可径直表达为等号,"实体-属性关联"则不能如此;不论所用是专名还是摹状词,只有表征实体本身,才能把"是"表示成等词。

但进一步的问题是:既然严格指示词即表达指称对象自身同一的词项,而自身同一的意思就是指词项是纯指示性的,于是严格指示词自然而然就会"在所有可能世界指称同一对象"。对于克里普克的界说,以往的困惑是:难道严格指示词有可能不在所有可能世界指称同一对象?难道"尼克松"这个名字还有可能不指称尼克松其人而指称别人?克里普克提到一种例外:尼克松当然有可能不被叫作"尼克松"。但这不过就是无意之间叫错了名字,它就像克里普克区分语义指称和说话者指称时所举的"琼斯-史密斯"案例[①]一样普遍存在。认错了,改过来就是,并不会影响名字本身的严格性。当然,也可能会有意叫错名字。但不论有意还是无意弄错,只要对象还是自己,没有变成另一个对象,用错的都可以改正回来。既然"尼克松"必然指称尼克松而非他人,那就可以说,克里普克对严格指示词的界定只是一种同语反复,表达一个必然的自明之理。

正确理解克里普克的严格指示概念,根本上是要搞清楚该直觉测试的本体论意义:只要使用者在指示性地使用专名,无关于任何谓述,所指对象就必能经得起严格指示直觉的检验;指示性使用的专名之所以具有严格性,根本上取决于所指对象的自我同一之必然。严格指示的直觉根本上就是必然同一的直觉,名称是严格指示词,意即名称所代表的对

---

① S. Kripke, 2011, "Speaker's reference and semantic reference", in S. Kripke (ed.), *Philosophical Troubles*, pp.99-124, Oxford: Oxford University Press.

象必然自我同一，于是严格指示词自然就不能具有描述论所说的含义，否则就会与非严格指示词混同。由是观之，艾哈迈德的下述理解是正确的：不提到"严格指示"的概念，而只是提到相关事物本身，也完全可以说明专名和限定摹状词模态性质上的差别。[①]若能从必然同一角度洞悉严格指示概念的本体论意味，或可重新审视针对克里普克有关严格性的直觉测试存在从形而上学到语言哲学的"不合法过渡"[②]的理解。

克里普克对必然同一区分了三个论题：（1）同一的对象必然同一；（2）严格指示词之间的真同一陈述必然为真；（3）实际语言中被我们称为"名称"的东西之间的同一陈述是必然的。因为实际语言中被称为"名称"的东西，就是克里普克所说的严格指示词，所以（3）就相当于（2）。克里普克提出，（1）是关于"对象"的论题，它表明同一是一个对象与其自身的一种"内在"关系。（2）作为一个元语言论题，其功能仅在于对（1）之所述进行描述，这就要求（2）之成立依赖于且仅依赖于（1）之成立。由语境所决定，严格指示词之间的这种真同一陈述就是径直使用等号的"$\Box(a=a)$"，对其进行全称概括即得到逻辑真理 $\forall x \Box(x=x)$，由此表明，同一性作为对象自己和自己的一种"内在"关系，"无非是一种最低程度的自返关系"。[③]明乎此，就可以理解，斯坦利（J. Stanley）等人通过将具有严格性的名称等同于严格化摹状词，以应对克里普克模态论证的做法[④]，并不能成立，其所提供的启示在于：如果仅局限在语言层面，便无法把握严格指示概念所内含的本体论意味。

三、必然同一与因果链条

早在《专名》一文，塞尔（J. R. Searle）明确区分了专名理论所应回答的两个问题，一个是专名本身有无含义，一个是如何用专名进行指

① A. Ahmed, 2007, *Saul Kripke*, London New York: Continuum International Publishing Group, pp.26-28.

② B. Chen, 2012, "A descriptivist refutation of Kripke's modal argument and of Somes's defence", *Theoria*, 78 (3): 225-260.

③ S. Kripke, 1980, *Naming and Necessity*, Oxford: Basil Blackwell Publisher, p.108.

④ J. Stanley, 1997, "Names and rigid designation", in B. Hale and C. Wright (eds.), *A Companion to the Philosophy of Language*, pp.555-585, Oxford: Blackwell Publishers.

称。[1]莱肯（W. G. Lycan）分别称之为"意义问题"和"指称问题"。[2]克里普克实际也分别回答了这两个问题：一是专名是没有含义的严格指示词，上文论证，这个观点是如下形而上学论断的应然推论，即专名所指对象的自身等同是必然的；二是专名直接进行指称，无需含义为中介，这种直接指称可以归结为通过因果链条回溯到个体的最初命名仪式。塞尔准确断言，描述论和因果论争议的焦点问题是："当说出一个名称时，说话者如何成功指称一个对象？"[3]所以，任一完整指称理论终要回答好第二个问题。但一根克里普克型因果链条何以保证没有含义的严格指示词成功进行指称呢？

克里普克承认，在这个问题上他给不出必要且充分的条件，而只能举例说明："一个最初'命名仪式'发生了，在那里对象可以通过实指方式命名，或者这个名称的指称也可以通过某个摹状词加以固定。当这个名字'一环一环传递开来'，我认为接到这个名字的人必定想要用它去指称与其由以听到这个名字的人用它去指称的相同的对象。如果我听到'拿破仑'这个名称，而觉得它可以作为我养的宠物土豚的一个不赖的名字，我就没有满足这个条件。"[4]这个简短说明中包含了成功指称的三个条件：最初命名仪式、名称的传递链条、名称接收者使用该名称去指称与其由以接收该名称的说话者使用该名称所指称的同一对象。显然，只有满足了第三个条件，严格指示词才能进行直接指称，所以它是最重要的。不过它也是最难满足的，要面对"指称的转移"[5]的质疑。

一个名称作为指称特定对象的名称引入，然后传递给他人，但在这个传递链条的某个地方最初的所指丢掉了，并获得了一个新的指称，而这个链条上的人实际并不曾想要改变该名称的所指。埃文斯举例说，非洲人原本用"马达加斯加"指称非洲大陆某个地方，但因为马可·波罗的误传，后来欧洲人用它指称了现在的马达加斯加岛，以致后者成为常态。克里普克曾在《命名与必然性》单行本跋言中简要回应了这个反例：

---

[1] J. R. Searle, 1958, "Proper names", *Mind*, 67 (266): 166-173.

[2] W. G. Lycan, 2006, "Names", in M. Devitt and R. Hanley (eds.), *Philosophy of Language*, pp.255-273, Oxford: Blackwell Publishers.

[3] 塞尔（著），刘叶涛·冯立荣（译）：《意向性》，上海：上海人民出版社，2019 年，第 268 页。

[4] S. Kripke, 1980, *Naming and Necessity*, Oxford: Basil Blackwell Publisher, p.96.

[5] G. Evans, 1973, "The causal theory of names", in A. P. Martinich (ed.), *The Philosophy of Language*, pp.296-307, Oxford: Oxford University Press.

第一，马可·波罗原本以为非洲土著人用这个专名指称的就是一个岛屿，他这样做正是想要让其指称对象保持与原初一致，只不过他犯了错。也就是说，他本人是想要遵守第三个条件的，所谓"误传"是作为"局外人"的我们才知道的，马可·波罗并非全知的理想主体。第二，如今人们用"马达加斯加"指称岛屿而不是其原初所指，是由一种"显著的社会特征"决定的，指称岛屿已属惯例，以至于其最初的用法可以忽略。克里普克特别强调了这种"显著社会特征"的作用，在该书正文有相应表述："一般情况下，我们的指称不仅依赖于我们自己所想的东西，还依赖于社会中的其他成员，依赖于该名称怎样传到一个人的耳朵里的历史，以及诸如此类的事情。"①他明确说通过这种社会历史要素来确定指称是一个值得深入研讨的问题，但至今我们并未看到这个深入的研讨。

回到上述说明，同样是指称的转移，克里普克为什么会认为拿破仑一例未能满足第三个条件呢？通过比较可以发现，"马达加斯加"指称岛屿属于马可·波罗无意之误，而用"拿破仑"去命名宠物却是有意违背第三个条件。两例实际都承认，在因果链上传递的必是受到社会历史因素限定的指称对象。"马达加斯加"不管是用于其原初的指称（非洲大陆一地），还是后来的岛屿（马达加斯加岛），都是在指称一个"地点"，这是它们共同的属概念，但"拿破仑"的显著社会特征（法国皇帝）与作为宠物的拿破仑并没有共同的属概念。于是要想遵守第三个条件，就必须遵从显著社会特征的要求，先把拿破仑放到人这个"类"当中去，也就是对其进行"归类"，否则立刻就会导致指称失败，而但凡归类就离不开属性。这意味着，在因果链上传递的不可能是纯实体，而是具有特定属性的对象。

克里普克曾提到吉奇使用的"名义本质"（nominal essence）概念，这就是一种归类属性（sortal property），它在指称实践中具有重要作用："任何指向行动都是模糊的，因此如果某人通过指向一个对象对其进行命名，他就必定会用一种归类属性去消除其指称行动的模糊性，并确保正确的历时同一标准——例如如果有人通过指向一个人而把'尼克松'指派给这个人，他就必定会说'我把"尼克松"用作那个人的名字'，

---

① S. Kripke, 1980, *Naming and Necessity*, Oxford: Basil Blackwell Publisher, p.95.

以免听到这话的人错以为他指向的是一个鼻子或时间片段。"①（克里普克这里对"人"进行了强调）克里普克认为，这种名义本质不是按照必然性，而是按照先验性来理解的，因而并非真正的本质。言下之意，只有本体论上的起源才是真正的必然属性。细加比较不难看到，"尼克松"只能用于指称一个人与"拿破仑"不能用于命名一只宠物，并没有分别。在阐释专名的严格性时，克里普克也以尼克松举例：尽管可以对其构造未当选当任美国总统等反事实情形，但"尼克松不能不是一个人""他不是一个人是难以设想的"。这里"不能不""难以设想"该作何理解呢？如前文所论，尽管完全可以在认识论上想象伊丽莎白女王是一个天使或机器人，但那样所谈的就已经不再是一开始作为反事实设想的对象，从而就会使对个体本质"起源"论的讨论失去意义。可见在克里普克那里，认识论上的设想是有限度的，而提供这个限度的正是这种归类属性，即对象从一开始就不能是没有任何规定性的纯实体，而是处于特定的类之中。但归类属性何以能够提供此种限度？这恰恰是克里普克没有深入研讨的。

关于这种归类属性有多重要，马凯（P. Mackie）的认识是正确的："一个归类概念 S 是一个本质性归类，当且仅当居于 S 之下的事物，如果不是居于 S 之下，便不可能存在。"②在这个意义上，归类属性就是名称含义的一部分，因此克里普克认为，"名称终究还是要有（局部）含义的，尽管它们的含义可能没有完整到可以决定它们的指称对象，就像描述论和簇摹状词理论所认为的那样。"③但是这样似乎出现了"矛盾"：一方面，由必然同一所决定，专名是没有含义的严格指示词，除起源所决定的对象自身等同，个体没有其他任何本质属性；另一方面，由于归类属性的存在，人们在用专名进行指称时又不得不承认它具有某种含义，这种归类属性也是个体的本质属性。不过，若能看到这两种本质属性分属形而上学和认识论，可知此"矛盾"并非真正的逻辑矛盾，并不难化解。

按照马库斯（R. Marcus）对本质属性的界说：（1）一些对象具有

---

① S. Kripke, 1980, *Naming and Necessity*, Oxford: Basil Blackwell Publisher, p.115.

② P. Mackie, 1994, "Sortal concepts and essential properties", *The Philosophical Quarterly*, 44 (176): 311-333.

③ S. Kripke, 1980, *Naming and Necessity*, Oxford: Basil Blackwell Publisher, p.115-116.

而另一些对象不具有；（2）具有它们的对象必然具有它们。她把"与自身同一"这样的属性称为"逻辑必然属性"。因为任何对象都拥有这样的属性，所以实际上要把它排除在该定义之外。而克里普克本质主义与此迥异，对它给出了实质性的刻画，其主要原因在于突破了莱布尼茨将"可能"囿于"逻辑可能"的局限，使我们可以区分必然性的层次：可以基于逻辑可及和非逻辑可及的区分，把握穷尽不同层次之可能的必然，从而区分出对象的逻辑必然属性和非逻辑必然（如现实物理必然、生物必然等）属性。[1]由起源决定的"与自身同一"作为个体的逻辑必然属性，在所有可能世界中都具有，而像"《狂人日记》的作者"这种仅在现实世界这一个可能世界为鲁迅必然具有的属性，为非逻辑必然属性。"鲁迅是《狂人日记》的作者"这样的陈述仅表达事实真命题，我们通过该陈述断言的是鲁迅的事实情形，此陈述只能用"是"来联结，谓词位置的摹状词采取谓述性用法，在逻辑形式上不能转换成"鲁迅＝《狂人日记》的作者"。由此就可理解克里普克为什么反对描述论关于"名称有含义、含义由相关联摹状词来表达"的基本观点，因为一旦把"《狂人日记》的作者"看成"鲁迅"的含义，"鲁迅是《狂人日记》的作者"这样明显的经验陈述就成了用等词联结的分析性的先验命题，而克里普克默认分析的就是逻辑必然的[2]，但"《狂人日记》的作者"显然不属于这种属性。

逻辑必然属性只能在本体论层面把握，这正是前文着重阐明的克里普克之灼见；而非逻辑必然属性的功能则主要体现在认识论上，也即就对象进行识别，这是克里普克未予深入的。克里普克在反驳描述论时反复申明，摹状词的功能不是为专名提供决定（determine）所指的"定义性"含义，而只是作为固定（fix）所指的手段，这里的"固定"就是把对象识别出来。只有先把指称对象识别出来，才能围绕对象去构造反事实情形，最终把握其自身同一之必然性。弗雷格以名称"含义"的差别解释 a＝b 相比 a＝a 更大的认识价值[3]，正是出于认识论的考虑。在

---

① 刘叶涛、张家龙：《现代本质主义的逻辑基础与哲学意蕴》，《哲学研究》2012 年第 1 期，第 73-79 页。

② S. Kripke, 1980, *Naming and Necessity*, Oxford: Basil Blackwell Publisher, p.39.

③ G. Frege, 1892, "On sense and nominatum", in A. P. Martinich (ed.), *The Philosophy of Language*, pp.186-198, Oxford: Oxford University Press.

本体论上，a＝a 和 a＝b 所表征的是同一个逻辑必然事态；在认识论上，我们断定"鲁迅是《狂人日记》的作者"和"鲁迅是《孔乙己》的作者"，这两个"是"表示的是"实体‐属性关联"，这两个非逻辑必然属性均发挥了识别指称对象的作用。此外，同样是非逻辑必然属性，"是一个人"和"是《狂人日记》的作者"有重要差别：前者是一种归类属性，后者是一种现实"独具"属性；具有后一属性的对象，就必定具有前一属性，但反之不然。如前所论，归类属性是对象反事实设想的限度，对象从一开始就是处于特定的类之中，因而克里普克反对用"如此这般的宠物"这个摹状词去识别"拿破仑"的指称。可见，要想深入把握如何通过"社会历史要素"确定指称这个克里普克未加深入的问题，非逻辑必然属性之功能的研讨，看来是不可少的了。

四、结语

综上，克里普克试图用因果链条进行纯粹的严格指示，从而导致严格指示只有本体论意义，但又不得不承认在实际指称中归类属性不可或缺，而这就等于克里普克没有回答好名称理论所应回答的第二个问题。正是因为认识到了这一缺陷，塞尔尽管承认因果论所说的传递链条的存在，但如果那只是一根外在物理因果链，而忽略意向因果（它涵纳了实体之外的所有指称要素）之作用，就极可能导致错误的对象识别，比如把苏格拉底识别为一个奇数、亚里士多德识别为某披萨饼店一个吧凳。[①]可见，因果论的主要问题在于，它无法回答"如何固定指称"这个认识论问题，从而导致这样的困境：既强调先验/后验作为识别指称的方式，又无法融贯地说明经验在指称实践中的作用。突破困境的出路，一是基于必然同一把握严格指示的形而上学意味，主要工作则是从认识论上为因果链条补足"短板"，从而让因果链条满足指称实践的需要。

以查尔莫斯（D. Chalmers）为主要代表的二维语义学，试图在描述论和因果论之间进行调和，其基本路径也在于区分认识论和形而上

---

① 塞尔（著），刘叶海、冯立荣（译）：《意向性》，上海：上海人民出版社，2019 年，第 265‐300 页。

学。他重新考察了可设想性和可能性的关系，区分了认知的可能性（及必然性）和形而上学的可能性（及必然性）；相应把含义分为两个维度，处在第一维度的是认知含义，在该维度应坚持描述论，第二维度含义则与形而上学相关，在该维度应坚持因果论。[①]这个理论遭到直接指称论者索姆斯（S. Soames）的批评，认为在认知维度上坚持描述论将无法避免描述性含义的问题，而且，若认知算子只与第一维度含义有关，将导致无法表达对第二维度含义的认知。[②]围绕这些，已经产生了大量的讨论。这些前沿进展使得克里普克关于必然性和先验性分属形而上学和认识论领域这一论断的重要性得以进一步凸显。以本文所论，关于这两个领域的区分尤其是两者之间的互动关联机制，亟待大量深入研究。

（本文原载《逻辑学研究》，2021 年第 5 期）

---

① D. Chalmers, 2006, "The foundations of twodimensional semantics", in M. GarciaCarpintero and J. Macia (eds.), *TwoDimensional Semantics*, pp.55-140, New York: Oxford University Press.

② S. Soames, 2005, *Reference and Description*, Princeton: Princeton University Press.

现代教育技术在"数理逻辑"课程中的应用

李　娜

随着逻辑学的发展，特别是近年来人工智能的发展，越来越凸显了数理逻辑的重要性。"数理逻辑"课程是逻辑学专业乃至哲学专业中的一门核心课程之一，同时它也是一门抽象的理论课程。长期以来，按照传统的教学方式授课，既不能使学生很好地理解"数理逻辑"课程中一些抽象的思想，也不能使学生熟练地掌握"数理逻辑"课程中的一些具体的方法。因此，它被师生们公认为是一门最难讲和最难学的课程。我们团队从 2006 年起，不断地探索现代教育技术的手段，将现代的教学手段引入"数理逻辑"课程的教学中，最终提高了"数理逻辑"课程的教学质量和教学效果。

一、要解决的教学问题及目的

概括地说，我们主要解决的"数理逻辑"课程中的教学问题有两个：正确地理解"数理逻辑"课程中的思想，熟练地掌握"数理逻辑"课程中的方法。

具体地说，第一，由于"数理逻辑"课程是一门抽象的理论课，在这门课程的学习中，有些学生不能正确地理解公理化、形式化、赋值、逻辑后承、可满足和逻辑真等一些抽象的逻辑思想和逻辑概念。第二，由于"数理逻辑"课程中有许许多多可操作的方法，在这门课程的学习中，有些方法学生不能熟练地掌握，如：判断一个公式是否另一个的重言后承；形式证明方法；在给定的论域中，编写一阶公式并判断公式的真假值；等等。

解决这些问题的目的是激发学生学习"数理逻辑"课程的兴趣，提高学生们抽象思维和解决问题的能力，从而掌握数理逻辑乃至整个现代逻辑的核心和精髓。

二、实验室的建设与发展

为了配合"数理逻辑"课程的教学，为了改善逻辑学学科的教学条件，也为了满足现代技术条件下新型哲学社会科学研究与应用的复合型人才培养的需要，2007 年在南开大学的支持下，我们建立起了"逻辑推理实验室"。利用这个实验教学平台，从 2008 年起至今，我们在逻辑学专业中开设了"实验逻辑学"课程。现在，这门课已是全校的公选课。2015 年，我们又完成了新校区逻辑推理实验室的重建。

实验室建设和发展可以分为三个阶段。

第一个阶段（2007—2013 年）模式：局域网+多媒体；实验室面积 40 平方米，可以容纳 18 个学生同时上机操作；使用的计算机型号为 iMac OS X 10.3.9，规格为 800 MHz PowerPC C4 (2.1)/768MB SDRAM。自编实验教材《数理逻辑实验教程》①和《逻辑学实验教程》②，使用教学软件 3 个，自主研发了逻辑学习软件《逻辑运算 3.0》。

第二个阶段（2013—2015 年）模式：局域网+多媒体；使用的计算机型号为 iMac 5.1 OS X 10.4.11，规格为 2.16 GHz Intel Core 2 Duo/ 2GB 667 MHz DDR2 SDRAM。在第一个阶段的基础上，自主研发了逻辑学习软件《数理逻辑词汇字典》。

第三个阶段（2015 年至今）模式：局域网+多媒体；实验室面积 80 平方米，可以容纳 40 个学生同时上机操作。使用的计算机型号为 iMac OS EI Caption，10.11.1，规格为 3.1 GHz intel Core i5 /16GB 1867 MHz DDR3/1TB/21.5 英寸。自编教材《实验逻辑学》③，使用教学软件 5 个。

---

① 李娜：《数理逻辑实验教程》，武汉：武汉大学出版社，2010 年。

② 李娜：《逻辑学实验教程》，天津：南开大学出版社，2012 年。

③ 李娜：《实验逻辑学》，天津：南开大学出版社，2017 年，第 8 页。

三、解决教学问题的方法

为了配合"数理逻辑"课程的学习，2006 年我们完成了该课程的网上建设，使该课程的所有电子资源，包括课程简介、教学大纲、授课教案、电子教材、参考文献、习题、试卷和示范录像等全部上网。之后，完成了该课程的全程教学录像。

为了将"数理逻辑"课程中的一些可操作方法转化为能够利用现代技术、在计算机上进行操作，我们自主研发了《逻辑运算 3.0》和《数理逻辑词汇字典》两款逻辑学习软件，在互联网上搜索了国际上所有的逻辑学习软件，解读了一批有代表性的逻辑学习软件，并将这些软件的操作和使用方法编写到我们的实验课的教材中。最后，我们将逻辑学习软件《逻辑运算 3.0》和《数理逻辑词汇字典》、LPL 和 TPG 引入"实验逻辑学"课程的教学中。

因为真值表方法是整个数理逻辑中最重要和最基本的方法，所以我们在"实验逻辑学"课上，首先给学生介绍自主研发的《逻辑运算 3.0》的使用。它是一款能够快速计算一个包含至多 6 个命题变项的真值形式的真值，并能够构造出相应真值形式的真值表的软件。

《数理逻辑词汇字典》是一款能够快速查阅数理逻辑中概念和定义的英汉对照的学习库。借助这款软件和常用的计算机命令，如果输入中文的数理逻辑的专有名词，可以同时显示所对应的英文词以及对该名词的中英文解释；如果输入相应的英文词，可以同时显示所对应的中文词，以及对该名词的中英文解释。

LPL（Language Proof and Logic）是由美国斯坦福大学用于数理逻辑学习的计算机程序软件。它是一个电脑程序文件库，它的第二版主要包括：Boole 3.1，Fitch 3.2，Tarski's World 7.0 三个子程序文件。

借助 Tarski's World 7.0 和常用的计算机命令，可以使学生在 Tarski's World 7.0 的三维空间里使用和改造已有的世界，创造新世界，编写一阶逻辑语句，判断它们的真值，并通过做游戏的方式检验自己对语句真值的判断是否正确，从而认识到自己的错误，并从改正错误中学习。通过自行完成围绕 Tarski's World 7.0 精心设计的大量练习，学生能够轻松理解各个逻辑联结词和量词的意义，快速熟悉它们的用法。

借助 Boole 3.1 和常用的计算机命令，可以构造任意真值形式（公式）的真值表，还可以自行检验所构造的真值表的对错；验证一个真值形式是否重言式，判断它是否可满足式或矛盾式；还可以构造两个真值形式的共享真值表，判断它们是否重言等值。此外，还可以构造几个真值形式的共享真值表，判断其中一个真值形式是否其他真值形式的重言后承。最后，还可以自行检验自己的判断是否正确。

借助 Fitch 3.2 和常用的计算机命令，可以构造数理逻辑中的自然推理系统 F 的形式定理的形式证明，也可以构造从某些公式到某个公式的形式推理，并检验每一步推理是否正确。 Fitch 也自带了一个练习的文件夹。这些练习从简到难，循序渐进。通过完成这些练习，可以使学生熟练地掌握形式定理的证明方法。

TPG（Tree Proof Generater）是互联网上的一款逻辑学习软件。网址：http://www.umsu.de/logik/trees/。借助它可以检验数理逻辑中各种逻辑公式的有效性。该软件为判断命题公式是否重言式和不含等词的一阶公式是否永真式提供了一种动态的树形式证明方法。

通过这些计算机软件的学习和操作，使学生掌握作为现代逻辑的核心部分——数理逻辑的思想和方法，从而实现学习目的。

四、逻辑学习软件 LPL 的应用

1. 用 Boole 解释的后承关系

当考虑公式 B 是否公式 A∨B 和公式¬A 的一个重言（或者逻辑）后承时，按照通常的方法，需要用重言后承的定义去验证。也就是要考虑所有满足 A∨B 和¬A 的真值赋值 σ 是否也满足 B。如果满足 B，那么 B 就是 A∨B 和¬A 的一个重言后承；否则，B 就不是 A∨B 和¬A 的重言后承。而所有满足 A∨B 和¬A 的真值赋值 σ 是一种抽象的描述。但是，用 Boole 解释 B 是否 A∨B 和¬A 的一个重言后承，只需用 Boole 构造 A∨B，¬A 和 B 的一个共享真值表，在这个共享真值表中，所有满足和不满足 A∨B 和¬A 的真值赋值 σ 都被列了出来。检查这个真值表中的两个前提 A∨B 和¬A 下面的列，我们可以看到只有一行，也就是在第三行中两个前提都是真的，并且在此行结论 B 也是真的。这就证明了所有满足 A∨B 和¬A 的真值赋值 σ 也满足 B。因此，B 是 A∨B 和¬A 的一个重言（逻辑）后承。不难看出：A∨B 也是¬A 和 B 的一个重言后承。除此之外，我们还可以通过 Boole 上的评价键（Assessment）来给出我们的断言，并通过 Boole 来验证我们的断言是否正确。验证后的结果是→Last→First。其中：→Last 表明 B 是 A∨B 和¬A 的一个重言后承，→First 表明 A∨B 也是¬A 和 B 的一个重言后承。于是，有：

$$A\lor B, \neg A\vDash B \text{ 和}\neg A, B\vDash\lor B.$$

注意：利用 Boole 构造的真值表，它的每个真值的计算是否正确，可以通过它的 Table 菜单中的 Verify 命令进行验证。如果真值表的每个真值计算得都正确，那么 Boole 会在该真值表的每一行中的前面放一个 √，表示该真值表中每个真值的计算都是正确的；如果计算有误，Boole 会在错误的真值所在行的前面放一个×，表示该行中真值的计算有错误。遇到这种情况，我们可以重新计算，对已有的结论进行修正。

现在，假设我们使用 Boole 去验证 A∨C 是否 A∨¬B 和 B∨C 的一个后承，只要构造它们的一个共享真值。在这个共享真值表中，前提 A∨¬B 和 B∨C 都取真的有四行：第一、二、三和七行。在每行中结论 A∨C 也是这样，结论中还有其他两行为真，但是那些不是我们关心的。因此，A∨C 是前提 A∨¬B 和 B∨C 的一个重言（因而也是逻辑）后承。

作为一个反例。我们也可以用 Boole 即真值表揭示结论不是前提的一个重言后承。事实上，最后一个真值表可达到这一目的。因为在这个真值表的第 5 行中，前提 B∨C 和 A∨C 的值都为真，但结论 A∨¬B 的值为假。因此，A∨¬B 不是前提 B∨C 和 A∨C 的一个后承，即：

$$B\lor C, A\lor C\nvDash A\lor\neg B.$$

用 Boole 还可以解释重言式和逻辑等值。特别地，利用 Boole 还可以解释可满足式和矛盾式。

2. 用 FITCH 展示的形式证明

Fitch 是一种自然推理系统。它是以引进假设、利用推理规则建立的一种形式演绎系统。这种系统的形式推理规则、形式推理关系、形式证明比较直接并且能比较自然地反映推理过程。实际上，自然推理系统可以看成公理系统的一种变形。原因是它的推理规则都是根据刻画逻辑联结词性质的公理设计而来的，并且在形式系统的证明中，与公理系统的约定一样，只能用系统本身给出的推理规则，而不能随意地添加任何东西。Fitch 给出的自然推理系统，包括 25 条推理规则。这 25 条规则出现在证明中新增加的每个语句的后面。例如，在 Fitch 中证明如下推理：

$$\neg(A \vee B) \vdash \neg A \wedge \neg B。$$

第一步：按照 Fitch 的规定，首先把假设公式 $\neg(A \vee B)$ 输入在横线的上面；并把要推出的结论 $\neg A \wedge \neg B$ 放入目标栏。

第二步：我们想得到的结果是 $\neg A \wedge \neg B$。但是，它是一个合取式。因此，必须在既得到 $\neg A$ 又得到 $\neg B$ 的情况下，才能根据 $\wedge$-Intro（$\wedge$ 引入规则）得到 $\neg A \wedge \neg B$。而要得到 $\neg A$，根据 $\neg$ 规则的规定，必须在假设 A 成立的情况下得出矛盾才能得到 $\neg A$。对 $\neg B$ 也同理。

第三步：在假设 A 成立的情况下，构造一对矛盾的公式。由于目前可用的公式只有 $\neg(A \vee B)$ 和 A，而要构造一对矛盾的公式，只能在 A 上右析取 B 得到 $A \vee B$。在由 A 得到 $A \vee B$ 时，使用的规则只能是 $\vee$-Intro（$\vee$ 引入规则）。因此，在 $A \vee B$ 所在行的 Rule? 规则栏中点击 Intro 下的 $\vee$，Rule? 变成了 $\vee$-Intro，它表示：选取的规则是 $\vee$-Intro。然后，点击 A 所在的行，再点击页面上的验证按钮，$\vee$-Intro 前出现了一个 $\sqrt{}$，它表明这一步的证明是正确的，我们可以继续下一步的工作。否则，当 $\vee$-Intro 的前方出现 $\times$，此时表明这一步的证明是不正确的，我们要修正错误，直至出现 $\sqrt{}$ 为止。同理可得：在 B 上左析取 A，得到 $A \vee B$。

第四步：由于 $\neg(A \vee B)$ 和 $A \vee B$ 是一对矛盾的公式，所以，在 $A \vee B$ 的下方引入矛盾符号 $\bot$，并在 Rule? 规则栏中选取 $\bot$-Intro（$\bot$ 引入规则）。然后分别点击 $\neg(A \vee B)$ 和 $A \vee B$ 所在的行，最后点击页面上的验证按钮，这一步的证明可以得到验证。

第五步：点击 Proof 菜单中的 End Subproof（结束子证明）命令，根据 $\neg$-Intro（$\neg$ 引入规则）的规定，在新的一行上，输入公式 $\neg A$ 或者 $\neg B$，并在 Rule? 规则栏中选取 $\neg$-Intro，然后点击 A 所在的子证明，这一步的证明可以得到验证。

第六步：在 Proof 菜单中点击 Add Step After（在……之后加一行）

命令，在新的一行中，输入¬A∧¬B，并在 Rule？规则栏中选取∧-Intro，然后点击¬A 和¬B 所在的行，最后点击验证按钮，这一步的证明可以得到验证。

最后，再点击 Proof 菜单中的 Verify Proof 命令，目标语句¬A∧¬B 这一行将出现一个√，它表明这个证明是正确的。

在 Fitch 中证明如下推理：

$$¬∀xP(x) ⊢ ∃x¬P(x)。$$

第一步：按照 Fitch 的规定，首先把假设公式¬∀xP(x)输入在横线的上面；并把要推出的结论∃x¬P(x)放入目标栏。

第二步：我们决定在证明中采用反证法。因此，构造以¬∃x¬P(x)开始的子证明。

第三步：用∀-Intro（∀引入规则）来证明与前提∀xP(x)矛盾，因此，建立第三个子证明，并选择常项 c。

第四步：以¬P(c)为假设公式，建立第四个子证明。

第五步：利用∃-Intro（引入规则），将∃x¬P(x)写在¬P(c)的下方，点击¬P(c)，在点击页面上的验证按钮，这一步可以得到验证。

第六步：由于第 5 行中的公式∃x¬P(x)与第 2 行的公式¬∃x¬P(x)矛盾，所以在第 6 行中输入矛盾符号⊥，并在 Rule？规则栏中选择⊥-Intro。然后，点击 Proof 菜单中的 End Subproof 命令，退出第 4 个子证明。

第七步：第 6 行产生的矛盾，是因为第四步的假设¬P(c)不成立，所以在第 7 行中输入公式¬¬P(c)，并在 Rule？规则栏中选择¬-Intro。点击以¬P(c)开始的子证明，再点击页面上的验证按钮，这一步可以得到验证。

第八步：对第 7 行的公式¬¬P(c)使用¬-Elim（¬消去规则），得到P(c)。点击¬¬P(c)所在的行，再点击页面上的验证按钮，这一步可以得到验证。

第九步：点击 Proof 菜单中的 End Subproof 命令，根据∀-Intro，在新的一行上，输入公式∀xP(x)。点击以 c 开始的子证明，再点击页面上的验证按钮，这一步可以得到验证。

第十步：第 9 行上的公式∀xP(x)与第 1 行假设的公式¬∀xP(x)矛盾。

因此，在第 10 行上输入⊥，并在 Rule？规则栏中选择⊥-Intro。点击 ∀xP(x)和¬∀xP(x)所在的行，再点击页面上的验证按钮，这一步可以得到验证。

第十一步：点击 Proof 菜单中的 End Subproof 命令，根据¬-Intro，在新的一行上，输入公式¬¬∃x¬P(x)。点击以¬∃x¬P(x)开始的子证明，再点击验证按钮，这一步可以得到验证。

第十二步：对第 11 行的公式¬¬∃x¬P(x)使用否定消去规则¬-Elim，得到∃x¬P(x)。点击第 11 行，再点击页面上的验证按钮，这一步可以得到验证。

最后，点击 Proof 菜单中的 Verify Proof 命令，目标语句∃x¬P(x)这一行将出现一个√，它表明这个证明是正确的。

3. 用 TARSKI'S WORLD 构造的反例

通常，一个有效的推理，我们能用 Fitch 给出它的一个形式证明。然而，要说明一个推理是无效的，需要构造一个反例。构造反例，相对来说是困难的。但是，借助 Tarski's World，可以使我们轻松地构造反例。例如下面的推理：

$$A, B, \neg A \vee B \vee C \vdash C$$

是无效的。我们可以借助 Tarski's World 构造一个前提真结论假的世界（模型）。其中，用 Dodec(e)代表 A，用 Meduim(e)代表 B，用 Dodec(f)代表 C。于是，在未命名世界窗口中，将大的立方体命名为 f，将大的十二面球体命名为 e；在未命名语句窗口中，将 Dodec(e)，Meduim(e)和¬Dodec(e)∨Meduim(e)∨Dodec(f)以及 Dodec(f)分别输入在未命名语句窗口的 1 至 4 行，然后点击页面上的验证按钮键，得到在当前的世界窗口中，前提语句 Dodec(e)，Meduim(e)和¬Dodec(e)∨Meduim(e)∨Dodec(f)的值为真，而结论语句 Dodec(f)的值为假。因此，该推理是无效的。

下面的推理：

$$\exists x P(x) \wedge \exists x Q(x) \vdash \exists x (P(x) \wedge Q(x))$$

也是无效的。我们仍然可以借助 Tarski's World 构造一个前提真结论假的世界（模型）。其中，用 Cube(x)代表 P(x)，用 Small(x)代表 Q(x)。

于是，在未命名世界窗口中，放置一个大的立方体和一个小的锥体；在未命名语句窗口中，将 $\exists x Cube(x) \wedge \exists x Small(x)$ 和 $\exists x(Cube(x) \wedge Small(x))$ 分别输入在未命名语句窗口的 1 至 2 行，然后点击页面上的验证按钮键，得到在当前的世界窗口中，前提语句 $\exists x Cube(x) \wedge \exists x Small(x)$ 的值为真，而结论语句 $\exists x(Cube(x) \wedge Small(x))$ 的值为假。因此，该推理是无效的。

（本文原载《中国大学教学》，2018 年第 12 期）

"实验逻辑"研究

李继东

一、实验逻辑的传入和传播

"实验逻辑"又叫"实验论理学""试验论理学"或"试验逻辑"，它是由其创始人美国现代著名的哲学家、实用主义的主要代表人物杜威于 20 世纪初期传入我国的。1919 年 5 月杜威来我国讲学，向我国学人作了三个方面的讲演，其讲学的主要内容是他的哲学理论——实用主义，与他的逻辑理论——实验逻辑。

由于数理逻辑是 1920 年由罗素介绍到中国的，辩证逻辑是 1919 年十月革命后随马克思主义哲学而传入我国的，所以，如果不考虑传统逻辑的再传入，那么实验逻辑应该说是现代阶段从西方传入我国的第一个逻辑理论和派别。

在杜威来我国之前，杜威的学生、我国著名学者胡适为配合杜威的来访和演讲，早在杜威来华前一个月便在《新青年》撰文发表《实验主义》一文，向国人介绍杜威的实验主义哲学思想（主要是实用主义的真理观）。其后，胡适又于 1921 年在《东方杂志》上发表《杜威先生与中国》一文着重介绍了实验主义的哲学方法。因此胡适曾被称为实用主义哲学和实验逻辑在中国的主要代表和积极倡导者。

由于我国现代初期，国人对西方外来思想多处于学习、吸纳和消化时期，所以这一阶段对由杜威、胡适二人介绍和宣传的实验逻辑几乎没有作出什么反应。像其他外来逻辑思想和理论一样，实验逻辑对我国逻辑科学所产生的影响由隐至显，逐渐为国人所提及、逐渐传播开来是从 20 世纪 20 年代中期开始的。1925 年以后，我国学者在自己编著的一些传统逻辑著作和教科书中开始介绍实验逻辑的基本内容,主要是关于思想历程五个阶段的理论观点。这一时期介绍实验逻辑的逻辑著作有:陈显文著的《名学通论》、吴俊升编的《新高中论理学》、朱兆萃编的《论理学 ABC》和江恒源著的《论理学大意》等。其中 1925 年出版的《名学通论》是最早介绍实验逻辑的逻辑著作,而 1928 年出版的江恒源的《论理学大意》则是我国第一本也是唯一一本专门介绍实验逻辑的逻辑著作,作者在该书中主要介绍的是实验逻辑的内容与方法,而对传统逻辑的内容几乎没有涉及。

20 世纪 30 年代,是实验逻辑对我国逻辑科学产生影响最大的时期,由于对形式逻辑的"批判"和"综合逻辑"思想的兴起,实验逻辑受到越来越多的人的关注,也得到了越来越多的人的肯定,成为许多传统逻辑著作介绍的对象。这些逻辑著作,有的是在介绍传统逻辑的理论与知识时,将实验逻辑作为一种逻辑流派加以介绍;有的则是以介绍实验逻辑为主或者在将传统逻辑与实验逻辑并列介绍时,对实验逻辑的介绍和论述更突出更详尽一些。这一时期,介绍实验逻辑的逻辑著作有:吴俊升编的《新中华论理学》、朱兆萃著的《论理学》、刘仁辅著的《论理学》、朱章宝和冯品兰同编的《论理学纲要》、康叔江编的《论理学大纲》、郭湛波著的《论理学十六讲》、伊荣绪著的《实用论理学》、朱兆萃著的《论理学概论》、吴俊升著的《论理学》、春满子著的《怎样训练思想》、沈有乾编撰的《论理学》和《高中论理学》、林仲达的《综合逻辑》和《论理学纲要》、陈高佣编的《论理学》等等。而这些介绍实验逻辑的逻辑著作有一半以上是当时大学、师范或高中的逻辑教科书。实验逻辑在这些学校的教学中得到了传播,其影响也在 30 年代末达到了顶峰。40 年代,随着对形式逻辑的"批判"的结束和"综合逻辑"的销声匿迹,实验逻辑也基本上退出了中国逻辑科学的历史舞台。

二、实验逻辑的主要内容与基本观点

实验逻辑是以实用主义哲学为基础的逻辑理论。从杜威和胡适二人的有关言论及当时介绍实验逻辑的逻辑著作看,实验逻辑的基本观点是:逻辑学是研究思想的。思想既是逻辑学的研究对象,也为逻辑学的研究划定了范围。逻辑学是求正确知识和避免错误所必需的工具，因此，不仅要研究思想形式的对错，更为重要的是要研究思想内容的真假。杜威在收集于《杜威三大演讲》一书中的《试验逻辑》中说："论理学是研究思想的，而这种思想是求正确知识不可少的工具，也是避去荒诞谬误不可少的工具。论理学要研究思想的好丑。不但要研究思想好丑，并且要研究方法好丑，不但要研究思想，还要能操纵思想，叫他必须正确不致谬误。"因此，他所创立的实验逻辑"不但要注意形式，并且要注意实质。究竟要用哪种思想才可以达到正确目的"。

受杜威的思想的影响，接受并宣传实验逻辑的我国学者在他们所编撰的逻辑著作中，也陈述了杜威的这些观点和主张。如陈显文在《名学通论》中说："真正的逻辑，是要发现新理，还要使发现的新理真确不谬。"刘仁辅在其所著的《论理学》中也说："欲求思想正确，必一方对于思想的结果，注重形式的推究，一方对于思想的历程，注重实验的作用。"杜威及肯定其逻辑理论的人认为这是实验逻辑与其他逻辑理论（特别是亚里士多德的传统逻辑）的不同之处，也是实验逻辑的高明之处。朱兆萃在其所编的《论理学 ABC》中说："试验论理学是一种新创的科学方法，善于解决疑难问题；据其判断，可'下得无个人成见、个人好恶的结论。'"

实验逻辑的核心内容是杜威所提出的思想过程五步法。作为实验逻辑的创始人，杜威不仅把思想作为逻辑学的研究对象，注重对思想内容的研究，而且还注重对思想从产生、发展到结果的具体过程的研究与考察。他将思想的历程分为五个步骤（或五个阶段），提出著名的思想历程五步法，并把它作为实验逻辑的主要组成部分。杜威在《试验逻辑》一文中对他所提出的有关思想历程的思想及思想历程五步法作了具体的介绍。他说，所谓思想的历程也就是"从思想怎样发生以后，怎样筹划，怎样经过，一直到怎样结果。……这可分为三段次序：（一）原因；（二）经过的阶段；（三）结论"。思想历程的五个步骤（或阶段）是："第一个阶段就是困难，先有困难，才得要想解脱。所以困难是思想的起源。第二个阶段就是臆想。假定既定，就要看目前的情形与从前的情形究竟对不对？方法究竟同不同？那就不得不用臆想了。第三个阶段就是比较，拿从前的情形与现在的情形互相比较。如果不同，就不能把从前解决的方法，拿到目前来应用。第四个阶段就是决断。比较后所得的各种价值之中，选择一种最有效果的定为计划，就是如何去做的方法，预备应用到目前的事实上去。第五个阶段就是实行。把决断的一个计划，实行到事实上去。实行出来如其效果良好，那么困难就可以解脱。如其结果不好，那么就是决断不好。应即重想别种方法来解决这个困难。"

我国学者对杜威五步法作了概括和改造，使其在表述上更加简明，更易于为人所理解和掌握。典型的如，陈显文在《名学通论》中把思想历程的这五个阶段表述为：（一）感觉疑难；（二）假定疑难系；（三）涌起暗示；（四）引出结果；（五）证实。吴俊升在《新高中论理学》中则把五步法表述为："（一）感觉疑难；（二）辨析疑难；（三）设想可能的解决法（设臆）；（四）推演臆说的涵义（演绎）；（五）进一步观察和试验以承纳或拒绝那个臆说，便是信仰或不信仰的结论（证明）。"沈有乾在其所编《论理学》一书则将此表述得更简洁明了，认为思想五步法，即感觉疑难、认识（辨析）疑难、解决疑难（设臆）、推演臆说（推演）和证明臆说（实证）五步。

杜威的思想历程五步法既是其实验逻辑的核心内容，也是实验逻辑的主要标志。我国学者在介绍实验逻辑时，所主要介绍的也就是杜威的思想历程五步法。

杜威的实验逻辑的主要内容还包括其关于思想历程的逻辑（论理）方法的思想。"实验逻辑"被称为"逻辑学"，说明其与传统逻辑仍有着不可分割的联系。这种联系主要体现在，杜威虽然强调实验逻辑注重思想的实质，但也注重思想的形式。此外，实验逻辑的"逻辑"特性还体现在，它也研究认识过程中的推理方法。杜威把思想历程的五个阶段从逻辑方法上进行了划分，认为思想历程概括而言包括归纳的历程、演绎的历程和证实的历程三个部分。他在《试验逻辑》一文中在作了这种划分后，对这三种历程的不同作了解释："（一）归纳的历程—做出具体的事实，作为研究的资料。（二）演绎的历程—应用原理原则，解释事实。（三）证实的历程—把原理、原则应用到事实上去以后，看有什么关系（即生出什么效果来）。"因此，在杜威看来，思想的历程，也就是运用归纳、演绎和论证（虽然这种论证主要是经验的证实，而不同于传统逻辑中理论的甚至形式的论证）三种逻辑方法的过程。

我国学者在介绍杜威这一三历程思想的时候，对杜威的思想作了自己的理解，并对之进行了改造。其中大多数人都将证实的历程与演绎的历程合并在一起，把证实划归到演绎的历程之中，认为实际上思想历程中只包括归纳与演绎两个历程。专门介绍实验逻辑的《论理学大意》中就说，在思想历程的五步中，"从第一步到第二步，是偏向归纳法的；从第三步到第五步是偏向演绎法的"，而"五步之中以第三步的假设最居重要"，"它是确定归纳法和演绎法合并运用的关键"。朱兆萃在其所编《论理学 ABC》中也说，思考的历程"从疑难到设臆，推显至隐，就是从事实到公例，推证之实，是本隐到显，从公例再到事实。前者叫作归纳，后者叫作演绎，把归纳、演绎二者相依相助，成为一种思考作用"。吴俊升在他的《新高中论理学》一书中，讲到杜威的五步法时也说，"这个方法，是把归纳和演绎两法替换着用的"。

把杜威的思想历程中所运用的逻辑方法进一步概括为归纳与演绎两法（两个历程），是符合杜威的本意的，也是切合实验逻辑的实质的。非常推崇并积极宣扬杜威的哲学与逻辑思想的胡适，在谈到杜威的逻辑理论时说，"杜威先生的逻辑，注重在思想的起点"，"人的思想是活的，在解决困难的时候，随时演绎，随时归纳；归纳之后有演绎，演绎之后有归纳"。

三、实验逻辑的特点与实质

从杜威及其思想的追随者们对实验逻辑的主要内容和基本观点的论述中，我们可以概括出实验逻辑有以下几个特点：

第一，重思想的内容或实质，而轻思想形式的法则。注重对思想实际问题的研究和对现实困难的解决。虽然杜威也说，实验逻辑"不但要注重形式，并且要注重实质"，但对思想的形式和实质，他注意的重点是在实质而不在形式。他认为"形式逻辑过于重思想的形式，而忽视思想的实质"，所以提出了一种新的逻辑。而这种逻辑"俾能应用于生活，且和实际思想有关联"。郭湛波在《论理学十六讲》中对实验逻辑的特征作了比较准确的概括，他说，实验逻辑"重思想之实质而轻思想形式的法则"，"实验论理学的中心点，就是以为论理学是研究思想实际问题，不是形式问题"。

第二，注重对思想历程的探讨，而不重对思维形式及其规律的研究。

实验逻辑的核心内容和主要标志是杜威提出的思想历程五步法，而五步法实际上所揭示的是认识由产生到发展，再到结果，最后到对结果的验证的整个过程，因而是对认识过程的哲学分析，而不是逻辑研究。实验逻辑的这一特点，可以看作是逻辑学受哲学思想和主张影响的典型例证。

第三，重经验事实和实验方法。实验方法或实验主义方法是实验逻辑最基本的方法之一，它不同于一般的逻辑方法，而是与经验事实密切相连的。胡适在论述这一方法时说，"实验的方法——至少注意三件事：（一）从具体的事实与境地下手；（二）一切学说理想，一切知识，都只是待证的假设，并非天经地义；（三）一切学说与理想都须用实行来试验过，实验是真理的唯一试金石"。实验的方法也就是证实，证实既是杜威五步法的一个阶段，也是杜威思想历程中所应用的逻辑方法之一。但实验逻辑的证实，并不是传统逻辑意义上的逻辑论证，而是思想内容及其效果的是否与经验事实一致。用杜威的话说，"所谓证实，就是拿脑中一种观念应用到事实上去，看他生出什么效果来"。证实的方法也是实验逻辑始终贯彻的方法之一，林仲达在《论理学纲要》中说，实验逻辑"反对极端的形式逻辑，注重经验事实以及试验方法"。郭湛波在《论理学十六讲》中指出实验逻辑"于归纳、演绎之外，加以证实"。而宋子俊则进一步指出实验逻辑与历来单用演绎或归纳方法的逻辑"其不同的最大处，尤在实证作用"。

由实验逻辑上述的几个主要特点可以看出，实验逻辑尽管以"逻辑"为名，尽管也注重思想的形式并注意对认识过程中逻辑方法的研究，体现出一些逻辑特征，但从本质上讲，实验逻辑不是逻辑，而是哲学。其离逻辑远，而离哲学更近。如果说它是逻辑，那也只是一种对哲学问题进行逻辑处理——主要是对认识过程进行逻辑分析——的哲学逻辑。实验逻辑的本质决定了它的特点，而其特点又表明了它的本质。对于实验逻辑的本质，胡适有一段很概括的论述，他说，"杜威先生的逻辑也可以叫作实验的逻辑，工具的逻辑，历史的逻辑。'历史的逻辑'这个名词太不好解释；我也叫它作祖孙的逻辑。这种逻辑，先注重来源；有来源，有出路，有归宿；根据人生，应付环境，改变环境，创造智慧。……把形式去掉，来解决问题；拿发生困难作来源，拿解决问题作归宿，这是新的逻辑"。

这确实是一种"新的逻辑"，从它这里已经看不到任何思维形式与规律的影子，它与传统意义上的规范人类思维的逻辑科学已相去甚远，几乎失却了联系。它不是规范思维的科学，而是指导人生，应付和改变环境，解决实际困难和问题的工具。所以，从本质上讲，这样的逻辑已不再是逻辑，而是哲学。更确切地说，是一种哲学认识论。

四、实验逻辑对我国逻辑科学的影响

实验逻辑传入我国的历史不长，在我国存在的时间也很短，对我国逻辑科学研究的影响确切地讲也只有十几年。但从 20 世纪 20 年代中期到 30 年代末，实验逻辑在我国也确实产生过不小的影响。概括而言，主要有以下几个方面。

第一，作为一种现代西方"新型的"逻辑理论，传入我国后，为我国的一些学者所肯定和接受，成为许多逻辑著作甚至大学、师范和高中逻辑教科书中介绍和宣传的主要逻辑流派之一，在我国得到了一定时期的传播。林仲达在他 1935 年出版的《论理学纲要》中就说："清末至今，大半为形式论理学与实验论理学输入的时代。""西洋论理学有形式派、实验派和辩证派。"现代时期，我国出版的传统逻辑教科书有 30 余种，而其中半数以上都对实验逻辑作了介绍，有些还以介绍实验逻辑为主。此外，实验逻辑在我国的传播中，也受到了一些学者较高的评价。例如，朱兆萃认为，"试验论理学是一种创新的科学方法，善于解决疑难问题"。"试验论理上的判断，较归纳推理为审慎"，可"下得无个人成见、个人好恶的结论"。林仲达在其所著《论理学纲要》中，讲到实验逻辑的核心内容——思想历程五步法时说，"这五个步骤是思维之较有效、较健全的方法。我们解决问题时，如果能够依照这五个步骤来思维，那么多少总可以减少一点错误，而增加一点结论的可靠性"。在分析当时各派逻辑的特色时，他还说，"实验方法派着重试验的精神，重发现，重创造，正可以之寻求新理，开辟人类思想的新领域，西洋科学之得以突飞猛进，一日千里者，未尝不是这派逻辑之赐"。此外，实验逻辑还是"综合逻辑"的主要组成部分之一。而雷香庭在其所著的《理则学纲要》一书中将实验逻辑看作西洋逻辑发展三大阶段的最后一个阶段。实验逻辑在我国当时的影响由此可见一斑。

由于实验逻辑有重思想内容，研究思想历程的这些"优点"，所以，有的学者甚至认为实验逻辑比形式逻辑更圆满更重要。陈显文认为实验逻辑"在今天看来最圆满，对于科学、哲学都有极大的帮助，对于普遍人生亦有极大的贡献"。吴俊升在《新高中论理学》一书中更明确指出，"一般论理学教科书，完全偏于形式方面，已经不适用了，而试验论理学是更为重要的"，因此作者主张将二者打成一片，建构新的逻辑系统。"以试验论理学的五步历程为骨干，把试验论理和形式论理打成一片，形成一个独立完备的系统。"

第二，影响了我国学者对逻辑科学本质的探讨与研究，扩大和改变了对逻辑的界定范围。现代阶段，传统形式逻辑是我国逻辑科学传播、研究和发展的主流，无论是其古典形态的亚氏逻辑，还是现代形态的数理逻辑，形式逻辑始终都是以思维形式及其规律作为其研究对象，逻辑在本质上是形式的，只管思想的形式，而与思想的内容和实质无涉。我国的逻辑学者在逻辑的本质问题上大部分都持这样的观点。但自从实验逻辑由胡适和杜威介绍到我国后，人们对逻辑科学的传统界定也发生了动摇。受杜威主张的影响，我国一些学者也认为逻辑不仅要注重形式，而且要注重实质，不仅要管思想形式的对错，而且要管思想内容的真假。逻辑不仅是规范思维的科学，而且也是追求真理的工具。因此，一些学者在其所著的逻辑著作中，给逻辑下定义时说，"论理学乃是探求正确思想的历程和法则之学"（吴俊升《论理学》），"论理学乃探讨思维历程亦研究思维法则之学"（伊荣绪《实用论理学》），"真正的逻辑，是要发现新理，还要使发现的新理真确不谬"（陈显文《名学通论》），"论理学之者，以研究思想活动之形式及其法则为主要目标，并立其应守之规范，本之以求真实知识（或真理）之科学也"（张廷健编《论理学》）。

对逻辑本质的理解和认识的这种改变给我国逻辑学界带来的影响是积极和消极并存的。一方面，它开阔了我国学者对逻辑科学（最广泛意义上的逻辑学）本质的新视野，使对逻辑本质的揭示不再单纯局限于传统逻辑的范围，也使得我国学人在纯逻辑的学习和研究之外开始对与逻辑相关的内容、逻辑学与其他学科相交叉交融的领域有所涉猎和关注，对逻辑科学群体中逐渐分离出来的新型学科分支有足够的准备去理解和吸收。但另一方面，逻辑学（特别是传统逻辑学）从本质上讲是形式的，是符号学，也是间架结构科学。它所关注与研究的是思维的形式与结构，而与思想的实际内容无关，同时就其科学性质来讲也是无法关涉和解决思想的实际内容以及与思想的实际内容相关的问题的。因此，把思想作为其研究对象，并由此划定其研究的范围，同时又极端地注重思想的实质方面，并把其任务扩大到指导人类生活与实践的范围，这实际上是对逻辑本质的扭曲，同时也把它混同于哲学、认识论和其他学科。这种观点对逻辑科学在我国的研究和发展的影响是负面的。

（本文原载《前沿》，2009 年第 4 期）

中国古代经学逻辑方法衡论

郎需瑞

"经学"泛指关于《易》《春秋》《诗经》等中国古代元典注释、经义阐发的学问。清末民初，西方传统逻辑传入中国以后，开启了从逻辑视角研究经学之向路，此后逐渐形成了"经学逻辑"的研究领域，然其研究所得经学之逻辑方法往往是指在经学中的某种西方传统逻辑、数理逻辑或辩证逻辑方法，并非经学本身的逻辑方法。"逻辑"一词在中国古代并未出现，故而关于中国古代经学本身是否有逻辑方法，如果有，这里的"逻辑方法"所指为何？相较于西方逻辑方法，其自身的特性又体现在哪里？等等，构成的"经学逻辑"之基础性问题，需索隐阐幽，论衡厘定。

一、所指为何：中国古代经学逻辑的证成与斠正

中国古代经学逻辑之证成与"逻辑观"密不可分，其证成往往是在不同逻辑观的影响下进行的，从证成的基本向路来看，主要是"基础论证成"与"融贯论证成"。

所谓的"基础论证成"是指"某些被证成信念是基本的；一个基本信念之被证成，独立于任何其他信念的支持。所有其他被证成信念都是派生的；一个派生信念之被证成，要借助一个或多个基本信念的直接或间接的支持"①。不仅如此，这种证成向路中"所有其他的被证成信念

---

① 〔英〕苏珊·哈克：《证据与探究——对认识论的实用主义重构》，刘叶涛、张力锋译，北京：中国人民大学出版社，2018年，第24页。

都是派生的；派生信念之被证成，至少部分地是凭借基本信念的直接或间接的支持"①。因此，中国古代"经学逻辑"是作为一个"派生信念"被证成的，是借助于西方传统逻辑、数理逻辑以及辩证逻辑等观念或"基本信念"的直接或间接的支持。其证成的"经学逻辑"所指主要有三：其一，以西方传统逻辑观为基础而进行证成，这里的"经学"包括易学、春秋学等，由此而言，"经学逻辑"指的是在易学、春秋学中的西方传统逻辑②；其二，以西方数理逻辑观为基础而进行证成，这里的"经学"主要是易学，由此而言，"经学逻辑"指的是在易学中的西方数理逻辑③；其三，以辩证逻辑观为基础而进行证成，这里的"经学"主要也是易学，由此言之，"经学逻辑"指的是在易学中的辩证逻辑④，等等。

基于"基础论证成"的中国古代经学逻辑，其依据的"基础"可以

---

① 〔英〕苏珊·哈克：《证据与探究 对认识论的实用主义重构》，第24页。

② 比如，严复受西方传统逻辑方法的影响，认为"西国近二百年学术之盛，远迈前古。其所得于格致而著为精理、公例者，在在见极，而吾《易》之所著，则往往先之"，基于此种认识，他进一步解释了《周易》中的逻辑推理方法："观西人名学，则见其于格物致知之事，有内籀之术焉，有外籀之术焉。内籀云者，察其曲而知其全者也，执其微以会其通者也。外籀云者，据公例以断众事者也，设定数以逆未然者也。乃推卷起曰：有是哉，是固吾《易》《春秋》之学也！"严复将《易》中的逻辑方法视为"演绎法"，将《春秋》学中的推理方法称为"内籀"法即西方逻辑中的"归纳法"；胡适也曾指出："把《易经》作为一部逻辑著作的论述所提出的新观点，似乎比以前任何其他论述都更能解决其中的困难问题。"于是他将《易经》的"逻辑"学说分为"象或者意象""辞或者判断"等内容，在《先秦名学史》中则指出："《春秋》远非一个只是日期和事件的年表，它有着深远的逻辑意义"；陈启彤作《易通例》《易通释》引用西方逻辑学解释易学，提出"归纳""演绎"为易学解释方法，并落实到易学解释中，其易学被称为"循论理而读书，定界说而求道，颇有合于近世治科学之程序"等等。

③ 或如，牟宗三在《周易的自然哲学与道德函义》中采用了"数理逻辑的方法论"，即"以符号表现世界的'命题逻辑'观和公理化的方法对《周易》的结构进行分析。在数理逻辑思想与方法中，推理规则充当演绎的角色，每一个推理规则规定如何从一个或一组公式通过符号的变换而得出另一个公式。在解释汉代郑玄的易学思想方法时牟宗三认为，一卦生成之根本公理有"三才公理""六位公理""中之公理""当位公理""相应公理"，"这五个根本公理，一切变通皆以此为准。且为言《易》者所共许"，与牟宗三同一时期的新儒家代表方东美在《易之逻辑问题》一文中，同样运用了数理逻辑的思想与方法试图来解释六十四卦的产生。方氏定义了原始符号，假定了5条演变规则，按照两卦并列、两两相孚的旁通原则对六十四卦进行排列。

④ 或如，冯契认为，"《易传》的辩证逻辑的雏形，在中国以后的逻辑思维发展过程中得到不断的补充、引申和发挥"。他还指出："形式逻辑在《墨经》里已经建立了当时最完备的体系，但形式逻辑在《墨经》之后并没有重大发展。而辩证逻辑在《荀子》《易传》中已经具备了雏形，后来到宋至明清时又有了较大发展。这是中国古代逻辑史不同于西方古代逻辑史的地方。"此后冯契通过对王夫之的易学辩证逻辑思想等进行了详尽的疏解，进一步论证了易学辩证逻辑所指与内涵。

是西方传统逻辑，也可以是西方符号逻辑或数理逻辑，也可以是辩证逻辑等，这种证成所产生的问题是"基础信念"是可以不断变化的，所证成的经学逻辑往往是"在经学中"的某种西方"逻辑"理论与方法；并且，"基础论"证成在"基本信念"与"派生信念"之间存在着一定的"张力"，亦即存在着证成的程度问题，这种"基础论证成"的结论也会受到质疑。比如，在以西方传统逻辑观为基础的易学逻辑证成中，胡适将易"辞"解释为"判断"，但关于易"辞"是否可以理解为西方逻辑意义上的"判断"？其实，胡适自己也难以判决，"不论这种解释是否正确，我愿负完全的责任"①。再如，熊十力在评判易学逻辑之"基础论"证成向路时认为："形式与数理逻辑之于《易》又不必论。今之儒学要究明真际，穷神知化，尽性至命，使人有以实现天德、立人极、富有日新，而完成天地万物一体之发展，彼名数形式可语是乎！"②此即怀疑以"形式逻辑"与"数理逻辑"为基础来证成易学逻辑的做法。

21世纪初，有学者指出，应当"把中国逻辑看作是平行于西方逻辑，按照逻辑的一般特征来研究中国逻辑是一种新的视角，如果我们超越出按照西方逻辑的观念与方法解释中国本土逻辑思想的圈限，就有可能完整、准确地体现出中国逻辑思想自身的内涵与特征"③。此后，学界开始反思逻辑观与中国古代经学逻辑研究，倡导运用"广义逻辑"观念来证成经学逻辑，而这里的"经学"主要是以春秋学为例进行的。所谓的"广义逻辑"就是将"逻辑"视为一个家族类似的概念，其内涵与外延具有开放性的特征④，其核心是研究说理论证的，"论证就是借助符号进行的具有说理功能的社会互动过程，而逻辑是构造这种论证的规则集合"⑤。因此，鞠实儿等认为《春秋》学中赋诗论说的"论证方式及其规则具有明显的本土文化特征，它以礼这一中国独有的本土观念为基础。作为中国春秋时期的社会规范，它既不同于西方文化中的社会规范，也不同于西方基于形式合理性观念形成的形式逻辑规则和基于实践合

① 胡适：《先秦名学史》（第2版），合肥：安徽教育出版社，2006年，第44页。

② 熊十力：《熊十力全集》（第8卷），武汉：湖北教育出版社，2001年，第602页。

③ 翟锦程：《用逻辑的观念审视中国逻辑研究——兼论逻辑史研究中的几个问题》，《南开学报》（哲学社会科学版）2007年第4期。

④ 鞠实儿：《逻辑学的问题与未来》，《中国社会科学》2006年第6期。

⑤ 鞠实儿、何杨：《基于广义论证的中国古代逻辑研究——以春秋赋诗论证为例》，《哲学研究》2014年第1期。

理性观念形成的非形式逻辑规则"①。这种基于"广义逻辑"的证成向路与"基础论证成"是不同的。在"广义逻辑"理念下，"经学逻辑"应当是独立或平行于西方传统逻辑、数理逻辑等逻辑类型的，由此而进行的"经学逻辑"证成是"融贯论"的证成。所谓"融贯论"证成是指"一个信念之被证成，当且仅当，它属于一个融贯的信念集合；在一个融贯的集合内，没有任何信念具有特殊的认识论身份，并且没有任何集合具有特殊地位"②。"经学逻辑"这一信念被证成，当且仅当，它属于一个"融贯"的逻辑信念集合，这个信念的集合可以包括具有"平等"地位的西方传统逻辑、印度逻辑等等，"融贯"就是在"逻辑"的一般意义上得以贯通。

准上以言，我们认为，中国古代"经学逻辑"是指对《易》《春秋》《诗经》等经学元典及后世注笺对经义阐发过程中所涵具的关于推理之理论、规则与方法论的集合，这里的"逻辑方法"显然不是西方传统逻辑中的归纳、演绎或类比方法，也不是辩证逻辑方法，而是经学中符合自身的主导推理方法，详述如下。

二、"推类"：中国古代易学中的主导逻辑方法

"推类"是中国古代易学逻辑的主导推理方法。《周易》载有多处"推""类"之论述。比如，《周易》经典传世文本中关于"推"的论述主要有六处，《周易·系辞上传》曰"刚柔相推而生变化"，"推而行之谓之通"，"推而行之存乎通"；《系辞下传》中亦言"刚柔相推，变在其中矣"，"日月相推而明生焉"，"寒暑相推而岁成焉"；《周易》中关于"类"的记载也十分丰硕，诚如清代丁晏所言："《易》之为书也，比物连类，而象类分焉。故《传》曰：本乎天者亲上，本乎地者亲下，则各从其类也。方以类聚，物以群分，以通神明之德，以类万物之情。《传》曰：乃与类行，类族辨物，于稽其类，其称名也小，其取类也大。引而伸之，触类而长之，天下之能事毕矣。又言曰：犹未离其类也。《杂卦传》曰：

---

① 鞠实儿、何杨：《基于广义论证的中国古代逻辑研究——以春秋赋诗论证为例》，《哲学研究》2014 年第 1 期。

② 〔英〕苏珊·哈克：《证据与探究——对认识论的实用主义重构》，第 25 页。

否泰，反其类也。《象传曰》：绝类上也，行失类也，类之为义大矣。"①
不仅如此，后世诸家易注、易笺中多有对"推"与"类"的诠释，"推"
被诠释为卦变之"推迁""推移""推荡"与"推配"，卦义之"推理"
"推行"与"推广"等等，"类"也出现了"生之序""类同"与"类聚"等。

或如，汉代京房认为，易学之"推"可以是指"推迁"，"阴阳推迁
变化，六爻吉凶之兆著于要之爻"②，也可以指"推配"，"推配星辰岁
月日时进退吉凶"③，或者说"推爻考象，配卦世应"："《京氏易积算法》
引夫子曰西伯父子，研理穷通，上下囊括，推爻考象，配卦世应，加乎
星宿，属于六十四所，二十四气，分天地之数，定人伦之理，验日月之
行，寻五行之端。灾祥进退，莫不因兹而兆矣。'"④在京房看来，可以
通过穷究易理，推爻考象，配卦世应等方法实现对社会人伦、灾异祥福
的认知。宋代程颐易学之"推"可以解释为"推行"，他认为："圣人以
卦之象，推之于天下之事，在口则为有物隔而不得合，在天下则为有强
梗或谗邪间隔于其间，故天下之事不得合也，当用刑罚，小则惩戒，大
则诛戮以除去之，然后天下之治得成矣。……圣人观噬嗑之象，推之于
天下万事，皆使去其间隔而合之，则无不和且治（洽）矣。《噬嗑》者，
治天下之大用也。"⑤程颐将"推而行之"解释为"推之与天下之事"等
对朱熹产生了直接影响，朱熹指出："今欲凡读一卦一爻，便如占筮所
得，虚心以求其词义之所指，以为吉凶可否之决，然后考其象之所已然
者，求其理之所以然者，然后推之于事，使上自王公，下至民庶，所以
修身、治国皆有可用。"⑥上述"推之于天下之事"，"推之于事"之"推"
即是"推行"之义。明代王夫之则认为："占以谋其言动之宜，学之所
以善其言动，惟在详于拟议而已。拟者以己之所言，絜之于《易》之辞，
审其合否。议者详绎其变动得失所以然之义，而酌己之从违，成其变化。
言动因时，研几精义，则善通乎卦象爻辞，而唯其所用，无所滞也。自
此以下，所引伸爻辞而推广于修己治人之道，皆拟议之精、变化之妙

① 〔清〕丁晏撰：《易经象类》，清鄹斋丛书本，第 1 页。

② 卢央：《京氏易传解读》（下），北京：九州出版社，2004 年，第 337 页。

③ 卢央：《京氏易传解读》（下），第 355 页。

④ 〔清〕皮锡瑞：《经学通论》，北京：商务印书馆，1920 年，第 19 页。

⑤ 〔宋〕程颢、程颐著，王孝鱼点校：《二程集》，北京：中华书局，2004 年，第 802 页。

⑥ 〔宋〕朱熹著，朱杰人、严佐之、刘永翔主编：《朱子全书》（第二十一册），上海：上海
古籍出版社，合肥：安徽教育出版社，2010 年，第 1465 页。

也。"①此处"推"可以解释为"推广"。

"类"在后世的诠释中内涵也不断丰富，如上所述，"类之为义大矣"。宋代邵雍将易学中的"类"解释为"生之序"，独具特色，"类者，生之序也；体者，象之交也"②。南宋朱熹则进一步揭示了"类族辨物"中"类"的本质："'类族'，如分姓氏，张姓同作一类，李姓同作一类。'辨物'，如牛类是一类，马类是一类。就其异处以致其同，此其所以为同也。"③在此，朱熹将"类"本质视为"审异而致同"。叶适也解释曰："类族者，异而同也；辨物者，同而异也。君子不以苟同于我者为悦也。故族之异者类而同之，物之同者辨而异之，深察于同异之故，而后得所谓诚同者。由是而有行焉，乃所以贵于同也。"④这是将"类"与"同""异"相联进行诠释。清代毛奇龄对易学"类"范畴异常关注，他指出："《乾》《坤》二卦皆有'类'字，《乾》卦则'各从其类也'，《坤》卦'牝马地类'，又曰'乃与类行'，又曰'犹未离其类也'，以《乾》《坤》为聚卦之首，故夫子于此特屡屡及之。类，犹聚也。《大传》曰：'方以类聚'是也。"⑤毛氏将易"类"主要诠释为"类聚"，并形成了独特的"推易之法"。

按上而言，中国古代易学"推类"内涵丰富，"推"可以蠡析为"推荡""推移""推迁""推广"及"推配"等，"类"可以阐释为"类似""类同""类聚"及"生之序"等，由此而形成的"推类"所指亦可有三：

其一，可以是"推移""推荡"或"推迁"与"生之序"结合所指。如邵雍的"推类"："推类者必本乎生，观体者必由乎象。生则未来而逆推，象则既成而顺观。是故日月一类也，同出而异处也，异处而同象也。推此以往，物焉逃哉！"⑥

其二，也可以是"推行"或"推理"与"类同"结合所指。如朱熹所言"推类"："《易》之为书，本为卜筮而作。然其义理精微，广大悉备，不可以一法论，盖有此理即有此象，有此象即有此数，各随问者，

---

① 〔明〕王夫之：《船山全书》（第一册），长沙：岳麓书社，第538-539页。
② 〔宋〕邵雍著，郭彧整理：《邵雍集》，北京：中华书局，2010年，第113页。
③ 〔宋〕朱熹：《朱子全书》（第十六册），第2357-2358页。
④ 〔宋〕叶适：《习学记言序目》，北京：中华书局，1977年，第7页。
⑤ 〔清〕毛奇龄：《毛奇龄易著四种》，北京：中华书局，2010年，第123页。
⑥ 〔宋〕邵雍：《邵雍集》，第113页。

意所感通。如利涉大川，或是渡江，或是涉险，不可预为定说。但其本指只是渡江，而推类旁通，各随其事。"①

其三，还可以是"推荡""推排"或"推移"与"类聚"结合所指。如毛奇龄将"推移"与卦象之"类聚"相结合，提出了"推易之法"②，其实质上即是"推类"之法。

由此可见，中国古代易学"推类"方法的内涵是十分丰富的，不同于西方逻辑归纳、演绎与类比推理方法，也不同于中国古代先秦基于"类同"而进行的由此及彼的推类，在中国古代经学史上具有独特的地位。

此外，易学逻辑"推类"方法具有自身的"规范性"要求。从象数易学的角度来看，其易学"推移""推荡"必须要遵循一定的易学原则，"推配"也必须遵循相生相克之规则；从义理易学"推理"或"推之于事"的方法来看，在据"理"推之于事的过程中，"理"的获取有其主观性的一面，因此会面临推理的"规范性"问题。程颐在"类同"的基础上"推之于事"的过程中，重视对事物"类事理"之"本同"的推究，他指出："推物理之同，以明暌之时用，乃圣人合暌之道也。见同之为同者，世俗之知也。圣人则明物理之本同，所以能同天下而和合万类也。"③在此，程颐倡导不能仅仅看见事物"同之为同"的地方，应当"明物理之本同"以确保推理的有效进行。朱熹在易学推理的过程中强调"理不走作"，其中他将"同"分为"真同"与"苟同"。"真同"是指"于道理却无差错"④，要想进行有效的推类，则必须要在"真同"的基础上进行，这体现了易学逻辑之"规范性"要求。

三、"推其例"：中国古代春秋学中的主导逻辑方法

"书法"是《春秋》学的重要内容，而在《春秋》学三传注疏的"书法"中，"例"是一个核心概念。《春秋》之"例"并非一开始就有，诚

---

① 〔宋〕朱熹：《朱子全书》（第二十三册），第 2681 页。

② 可参见郎需瑞：《符号学视域下毛奇龄〈易〉学"推易之法"探析》，《周易研究》2019年第 6 期。

③ 〔宋〕程颢、程颐：《二程集》，第 889 页。

④ 〔宋〕朱熹：《朱子全书》（第十五册），第 1094-1095 页。

如宋代洪兴祖所言："《春秋》本无例，学者因行事之迹以为例，犹天本无度，治历者因周天之数以为度。"①设"例"其实是为了更好地理解和把握《春秋》大义。

西汉时期，胡毋生对《春秋》之"例"进行过阐释，东汉经学家何休则依据胡毋生对"例"的认识，进一步阐发了《春秋》之"例"的含义，"往者略依胡毋生'条例'，多得其正，故遂隐括使就绳墨焉"②。此后，西晋杜预在《春秋左氏经传集解》中也提出，"其发凡以言例，皆经国之常制，周公之垂法，史书之旧章，仲尼从而修之，以成一经之通体"③，此处所谓"发凡以言例"是指"常制"，具有"公理"之性质。

在诠释《春秋》之"例"的过程中，唐代孔颖达总结出"事相类"的原则，他认为："《春秋》，记事之书。前人后人行事相类，书其行事，不得不有比例。而散在他年，非相比较，则善恶不章，褒贬不明，故杜别集诸例，从而释之，将令学者观其所聚，察其同异，则于其学易明也。"④所谓的"事相类"即是相同的事情。举例言之，桓公十七年，《左传》记载："初，郑伯将以高渠弥为卿。昭公恶之，固谏，不听。昭公立，惧其杀己也。辛卯，弑昭公而立公子亹，君子谓昭公知所恶矣。公子达曰：'高伯其为戮乎？复恶，已甚矣。'"杜预曰"公子达，鲁大夫"，意即关于"公子达"的身份，杜预推理认为"公子达"为"鲁大夫"，孔颖达对杜预的推理进行了详细的解释："知非郑人者，若是郑人，当在君子之前言之。传先载君子之议，后陈子达之言，是达闻其言而评之，与臧文仲闻蓼六之灭，其事相类，故知是鲁人也。"⑤按照孔颖达的解释，臧文仲闻蓼六之灭后的评论与公子达对弑昭公而立公子亹的评论，这两件事有类同之处，因此可以由此及彼进行推理。不仅如此，孔颖达还提出了"文相类"的原则。或如，庄公二十四年："曹羁出奔陈。"杜预认为："羁，盖曹世子也。"杜预得出的结论同样是推理所得。孔颖达解释说："杜以此经书'曹羁逢奔陈，赤归于曹'，与'郑忽出奔陈，赤归于

①〔清〕钟文烝撰，骈宇骞等点校：《春秋谷梁经传补注》，北京：中华书局，1996年，第13页。

②〔清〕阮元校刻，《十三经注疏 附校勘记》，北京：中华书局，1980年，第2191页。

③ 李学勤主编，十三经注疏整理委员会整理：《十三经注疏》（第16册），北京：北京大学出版社，2000年，第16页。

④ 李学勤主编，十三经注疏整理委员会整理：《十三经注疏》（第16册），第28页。

⑤ 李学勤主编，十三经注疏整理委员会整理：《十三经注疏》（第16册），第242页。

曹'，与'郑忽出奔卫，突归于郑'，其文相类，故附彼为之说。"①亦即"曹羁逢奔陈，赤归于曹""郑忽出奔陈，赤归于曹""郑忽出奔卫，突归于郑"等等"其文相类"，由此可以推知，"曹羁"与"郑忽"的身份相同，因为"郑世子忽"，所以可以得出"羁，盖曹世子也"的结论。在"事相类"或"文相类"等原则下，我们可以"约言示制，推以知例"②，即根据相同的事件以及相同的文辞，来推理定名《春秋》之"例"。比如，经传记载："夏，五。郑伯使其弟来盟。"何休在解释时认为："莅盟、来盟例皆时。时者，从内为王义，明王者当以至信先天下。"亦即"莅盟、来盟例皆时"是何休所定之"例"，徐彦对此注疏曰："其莅盟书时者，僖三年'冬，公子友如齐莅盟'；定十一年'冬，叔还如郑莅盟'之属是也。其来盟书时者，宣七年'春，卫侯使孙良夫来盟'之属是也。"③通过徐彦的解释，我们可以看出，何休定例是依据僖公三年、定公十一年、宣公七年之"同事""同辞"而定的"例皆时"。再如，"隐公二年，冬，十月，伯姬归于纪"，何休"定例"曰"内女归例月"，徐彦对此补充说："即此文冬十月、隐七年三月'叔姬归于纪'，成九年'二月，伯姬归于宋'之属是也。"④在徐彦看来，何休是根据隐公七年，三月，叔姬归于纪；成公九年，二月，伯姬归于宋；隐公二年，十月，伯姬归于纪等"推以知例"，得出"内女归例月"的结论。

从概念层面对"例"做出明确界定的是宋代理学家程颐。程颐认为："《春秋》大率所书事同则辞同，后人因谓之例，然有事同而辞异者，盖各有义，非可例拘也。"⑤在程颐看来，《春秋》中"所书事同则辞同"为"例"，"事同而辞异"则不可以"例"拘，这种观点为后世学者所承继。或如，沿着程颐的思路，后世亦有《春秋》"类例"之说，宋代胡安国将"例"与"类"相结合，提出了"明类例"的观点："《春秋》之文，有事同则辞同者，后人因之例。然有事同而辞异，别其例变矣；是故正例非圣人莫能立，变例非圣人莫能裁；正例天地之常经，变例古今

① 李学勤主编，十三经注疏整理委员会整理：《十三经注疏》（第16册），第317-318页。
② 李学勤主编，十三经注疏整理委员会整理：《十三经注疏》（第16册），第21页。
③ 李学勤主编，十三经注疏整理委员会整理：《十三经注疏》（第16册），第121页。
④ 李学勤主编，十三经注疏整理委员会整理：《十三经注疏》（第16册），第41页。
⑤ 〔宋〕程颢、程颐：《二程集》，第1092页。

之通谊；惟穷理精义，于例中见法，例外通类者，斯得之矣。"①"类例"是指《春秋》记事时，相同的事件则书法相类，当然也有相同的事而书法各异，这可以视为"例变"。元代俞皋也继续发展了程颐的思想，认为："自晋杜氏注《左传》始有凡例之说，取经之事同、辞同者计其数，凡若干而不考其义。唐陆氏学于啖、赵，作《纂例》之书，虽分析详备，然亦未尝以义言之。逮程子为传分别义例，而学者始得闻焉。愚今遵程子说以事同、义同、辞同者，定而为例十六条。凡书经之事、义如此而其辞例如此者，是所谓例也。"②俞皋在程颐的基础上将"例"的定义拓展为"事同、义同、辞同"，在此种理念支撑下，定例十六条，《春秋》学中的"类例"得到了不断的发展。

在"推以知例"或"明类例"的前提下，我们可以进行"推例"。早在西晋时期的杜预已经提出了"推变例以正褒贬"的推理方法。"传之义例，总归诸凡，推变例以正褒贬，简二传而去异端，盖丘明之志也"，"若有例无凡，则传有变例，如是则'推变例以正褒贬'"③，"变例"实质上也是一种"类例"。唐代陆淳曾言："知其体，推其例，观其大意，然可以议之耳。"④这里的"推变例"或"推其例"都是在"类例"的基础上而进行的推论。

《春秋》学中的"推其例"是以事、辞、义之间的逻辑关系为依据而进行的由此及彼的推理，这种推理以事同、义同则辞同，辞同则事同、义同为推理的原则而进行。但不可否认的是，《春秋》书法中存在着"文同而义异者"⑤，并且还有"事同文同而无其义者"⑥等诸种复杂的情况。而且在"定例""明类例"的过程中，也会出现"属比不精，而类例多舛"的现象，从而导致"离经稽类"⑦"例中生例"等现象，因此在解经的过程中"不可例拘"。对此，唐代徐彦提出，解经时"不可以

---

①〔宋〕胡安国著，钱伟疆点校：《春秋胡氏传》，杭州：浙江古籍出版社，2010 年，第 10 页。

②〔元〕俞皋：《春秋集传释义大成》，长春：吉林出版集团有限责任公司，2005 年，第 11-12 页。

③ 李学勤主编，十三经注疏整理委员会整理：《十三经注疏》（第 16 册），第 26 页。

④〔唐〕陆淳：《春秋集传纂例》，《文渊阁四库全书》第 146 册，台北：台湾商务印书馆，1983 年，第 384 页。

⑤ 李学勤主编，十三经注疏整理委员会整理：《十三经注疏》（第 22 册），第 12 页。

⑥ 李学勤主编，十三经注疏整理委员会整理：《十三经注疏》（第 16 册），第 242 页。

⑦〔元〕赵汸：《春秋属辞》，长春：吉林出版集团有限责任公司，2005 年，第 294-295 页。

一方求之"①。比如，"以国氏者，为其来交接于我，故君子进之也。传例曰：'当国以国氏，卑者以国氏，进大夫以国氏。'国氏虽同，而义各有当。公子公孙，篡君代位，故去其氏族国氏，以表其无礼，齐无知之徒是也。若庶姓微臣，虽为大夫，不得爵命，无代位之嫌，既不书其氏族，当知某国之臣，故国氏以别之，宋万之伦是也。履鍮以名系国，着其奉国重命，来为君逆，得接公行礼，故以国氏重之"②。所谓的"'不可以一方求之'者，言国氏虽同，本意各异，故不可以一方求之，是以广引文同义异以为证也"③。徐彦也指出，"季子之逸庆父，齐桓之讨哀姜，二义相违，而皆善之者，诛不辟亲。王者之道，亲亲相隐，古今通式。然则齐桓之讨哀姜，得伯者之义；季子之纵庆父，因狱有所归，遂申亲亲之恩，义各有途，不可为难矣。"④季子与齐桓公一个逸贼，一个讨贼，事情相关但性质相反，《左传》中对其都进行了褒扬，徐彦认为这是因为"义各有途"。由此而言，在"推其例"的过程中，要根据实际情况辩证地诠释。

概言之，《春秋》学中的逻辑方法是在"事相类""文相类"的规则的基础上而"推以知例"或"明类例"，并且在"明类例"、防止"类例多舛"的基础上进一步地"推其例"而明晓《春秋》学中的名分大义。

四、"类推"：中国古代诗经学中的主导逻辑方法

《诗经》中的风、雅、颂、赋、比、兴被后世称之为"三体三用""三经三纬"等，其中，"比""兴"在中国古代诗经学的解释中也往往与"类"相关联，成为中国古代经学逻辑的重要方法之一。

南朝刘勰在其《文心雕龙·比兴》篇中认为，"观夫兴之托谕，婉而成章，称名也小，取类也大。关雎有别，故后妃方德；尸鸠贞一，故夫人象义。义取其贞，无从于夷禽；德贵其别，不嫌于鸷鸟；明而未融，故发注而后见也。且何谓为比，盖写物以附意，飏言以切事者也。故金

---

① 李学勤主编，十三经注疏整理委员会整理：《十三经注疏》（第 22 册），第 24 页。
② 李学勤主编，十三经注疏整理委员会整理：《十三经注疏》（第 22 册），第 11-12 页。
③ 李学勤主编，十三经注疏整理委员会整理：《十三经注疏》（第 22 册），第 13 页。
④ 李学勤主编，十三经注疏整理委员会整理：《十三经注疏》（第 20 册），第 238-239 页。

锡以谕明德，珪璋以譬秀民，螟蛉以类教诲，蜩螗以写号呼，浣衣以拟心忧，卷席以方志固，凡斯切象，皆比义也。至如麻衣如雪，两骖如舞，若斯之类，皆比类者也。"[1] "比之为义，取类不常：或喻于声，或方于貌，或拟于心，或譬于事。"[2]北宋程颐明确认为："古之诗人，比兴以类也，是以香草譬君子，恶鸟譬小人。"[3]这里的"取类""比类""比兴以类"等等都展现了《诗经》中比兴方法的逻辑方法论意义，在"比兴"的基础上，我们可以进行"推理"或"类推"。

北宋欧阳修提出了《诗经》中的"推其意理"与"理推"方法，"古诗之体，意深则言缓，理胜则文简；然求其义者，务推其意理。及其得也，必因其言、据其文以为说，舍此则为臆说矣"[4]。他还指出，"且《诗》之比兴，必须上下成文以相发明，乃可推据，今若独用一句，而不以上下文理推之，何以见'诗人之意'"[5]，"推其意理"意思是说要根据《诗经》中的文言而推究其中的意理，"以上下文理推之"则是通过对《诗经》中的语义、语境进行考察，以此来作为推究"意理"的依据，从而进行由此及彼的推理。

在中国古代诗经学史中，朱熹也提出了解诗的方法："解《诗》，多是类推得之。"[6]在朱熹那里，"比"与"推"是密切联系的，"才推，便有比较之意"[7]，朱熹将解诗的方法"比"定义为："比者，以彼物比此物也"[8]，引物为况者，比也"[9]。"以彼物比此物也""引物为况"就是通过"彼物"和"此物"的比较，依据其相同或者相似的一面能够由此及彼地得到某种说明的一种思维方法。朱熹解诗中，这种类型的以"此物"类推"彼物"主要体现在《诗集传》中的各篇。比如，在解释《螽斯》章句时，"比也。螽斯，蝗属，长而青，角长股，能以股相切作声，

① 王运熙、周锋：《文心雕龙译注》，上海：上海古籍出版社，2012 年，第 242 页。

② 王运熙、周锋：《文心雕龙译注》，第 243 页。

③〔宋〕程颢、程颐：《二程集》，第 1070 页。

④〔宋〕欧阳修：《诗本义》，《文渊阁四库全书》第 70 册，台北：台湾商务印书馆，第 231 页。

⑤〔宋〕欧阳修：《诗本义》，第 226 页。

⑥〔宋〕朱熹：《朱子全书》（第十七册），第 2810 页。

⑦〔宋〕朱熹：《朱子全书》（第十四册），第 999 页。

⑧〔宋〕朱熹：《朱子全书》（第一册），第 406 页。

⑨〔宋〕朱熹：《朱子全书》（第十七册），第 2737 页。

一生九十九子。诜诜，和集貌。尔，指螽斯也。振振，盛貌。比者，以彼物比此物也。后把不妒忌而子孙众多，故众妾以螽斯之羣处和集而子孙众多比之。言其有是德而宜有是福也。后凡言比者放此①。"螽斯"是一种蝗属昆虫，生殖繁衍能力极强，"诜诜"是指和谐相处的景象，"螽斯羽、诜诜兮。宜尔子孙、振振兮"。也就是说，"螽斯"和谐相处而子孙众多。朱熹认为此诗是拿"螽斯"与"后妃众妾"相比对，用来说明后妃众妾只有像"螽斯"一样"群处和集"，才能够子孙众多，也就是"言其有是德、而宜有是福也"。在这里，朱熹认为"螽斯"与"后妃众妾"之间具有"子孙众多"的"类事理"相似点，以"螽斯"的"群处和集"而"子孙众多"类推出"后妃众妾"只有"群处和集"才能够"子孙众多"的结论，以"类事理"的相似倡导"后妃众妾"要和谐相处。

中国古代诗经中的逻辑方法也有其自身的"规范性"要求。刘勰在《文心雕龙·比兴》中已经明确指出，"故'比'类虽繁，以切至为贵；若刻鹄类鹜，则无所取焉"②，"比类虽繁"而"切至为贵"就是强调在解诗的过程中要正确把握"类"关系；欧阳修在《诗本义》中也曾对此有所评述，"毛氏当汉初兴，去《诗》犹近。后二百年而郑氏出，使其说有可据，而推理为得，从之可矣；若其说无据，而推理不然，又以似是之疑为必然之论，则吾不得不舍郑而从毛也"③，在推理解《诗》过程中，应当有所依据；朱熹也曾批评以往解《诗》多谬误，"说者不知比兴之体、音韵之节，遂不复得全诗之本意，而碎读之，逐句自生意义，不暇寻绎血脉，照管前后。……随文生义，无复伦理"④，因此，在类推解《诗》的过程中，朱熹强调要依据"语脉"，"读《诗》，且只将做今人做底诗看。或每日令人诵读，却从旁听之。其话有未通者，略检注解看，却时时诵其本文，便见其语脉所在"⑤。这里的"语脉"就是强调在《诗经》学的类推过程中，要准确把握其中的"类"关系，不能任

① 〔宋〕朱熹：《朱子全书》（第一册），第406页。
② 王运熙、周锋：《文心雕龙译注》，第243页。
③ 〔宋〕欧阳修：《诗本义》，第233-234页。
④ 〔宋〕朱熹：《朱子全书》（第一册），第392页。
⑤ 〔宋〕朱熹：《朱子全书》（第十七册），第2756页。

意而推。

五、中国古代经学逻辑方法的理论特色与价值旨归

从中国古代经学逻辑方法来看，无论是《易》学中的"推类"，春秋学中的"明类例"与"推其例"，还是《诗经》学中的"类推"等等，主要是围绕"类"而展开的。不仅如此，中国古代经学逻辑方法的"规范性"主要是围绕"类"而核验的，《易》学"推类"过程中的"类事理"是否统一，春秋学"推其例"过程中的"类例"是否合理，《诗经》学中"类推"是否"切事"等等，都成为影响推理论证的因素，这种基于"类"而展开的推理论证与西方逻辑以"是"为基础而展开的推理论证是不同的，由此而建构起来的哲学体系也是不同的。诚如方东美所言，近代西方的思想家们，像笛卡儿、洛克、斯宾诺莎等开创的半边唯心论，以及就知识论的观点上看，像巴克莱的主观唯心论[1]等，均是在亚里士多德逻辑影响下建立起来的，因为亚里士多德逻辑是一种"有碍的逻辑"[2]，所以这些哲学体系在方东美看来往往是一种"有碍哲学"[3]，易言之，因为亚里士多德逻辑的"主要动词都是'是'，但是'是'的这一个动词，根本是不及物动词"[4]，其最大的缺陷，就是"对于其中的关系，到底如何来加以联结的问题，不能够获得解决"[5]，故而"有碍"。相比较而言，中国古代经学体系却是一个"圆融"的整体，这与中国古代经学逻辑中重视对"类"之内涵的不断阐释有关。

中国古代经学中的"类"并不是严格意义上的"属种"，而更多的是"类同""类似""类聚"等等，更加强调的是"触类旁通"式的"类通"，而不同于西方逻辑之"有碍"。也正因如此，中国古代经学体系能够由五经到十三经逐渐扩充，而之所以能够不断地扩充，有一个重要的原因是不同经学之典籍所涵盖的经义是相通的，也就是说不同的经书之

---

① 方东美：《华严宗哲学》，北京：中华书局，2012 年，第 686 页。

② 方东美：《华严宗哲学》，第 633 页。

③ 方东美：《华严宗哲学》，第 626 页。

④ 方东美：《华严宗哲学》，第 526 页。

⑤ 方东美：《华严宗哲学》，第 652–653 页。

间是可以依据"类事理"的相同或相似而进行"推类"以互相论证,"理上能说得通"①。比如,北宋王安石曾言:"《诗》《礼》足以相解,以其理同故也。"②"其理同故"便是强调不同经学典籍之间在"理同"的基础上是可以贯通的;清代张惠言将郑玄经学中的易学与礼学相结合,提出了"推象应事"的方法,"郑氏知之,推象应事,周官典则,一一形著于《易》"③,此即将易学推论与礼学相结合。清代焦循也曾言:"经学者,以经文为主,以百家子史、天文术算、阴阳五行、六书七音等为辅,汇而通之,析而辨之,求其训诂,核其制度,明其道义,得圣贤立言之旨,以正立身经世之法。"④他还进一步提出了"通核"的方法,"通核者,主以全经,贯以百氏,协其文辞,揆以道理。人之所蔽,独得其间,可以别其是非、化拘滞,相授以意,各慊其衷"⑤。在焦循构建的经学体系中,可以以《周易》来解释《孟子》,"《孟子》全书,全是发明《周易》变通之义"⑥,也可以以《周易》解释《论语》,"盖《易》隐言之,《论语》显言之。其文简奥,惟《孟子》阐发最详最凿⋯⋯以《孟子》释《论语》,即以《论语》释《周易》,无不了然明白,无容别置一辞"⑦。不同经书之间可以相互推理论证为经学体系的建构提供了方法论支撑。

在中国古代经学体系中,不同的经学典籍"殊路同归",共同服务于古代政治伦理的需要,"六艺于治一也:《礼》以节人,《乐》以发和,《书》以道事,《诗》以达意,《易》以神化,《春秋》以道义"⑧,这里的"六艺于治一也"即是说明了中国古代经学逻辑的伦理政治价值旨归,因此就使得中国古代经学逻辑方法是以"求善"⑨与"求治"为价值旨归的,这与西方逻辑之"求真"的目的亦不相同。

---

① 张东荪著;张汝伦编选:《理性与良知 张东荪文选》,上海:上海远东出版社,1995 年,第 499 页。

② 李敖主编:《王安石集 明夷待访录 信及录》,天津:天津古籍出版社,2016 年,第 652 页。

③〔清〕张惠言:《茗柯文编》,上海:上海古籍出版社,2015 年,第 52 页。

④〔清〕焦循:《焦循全集》第十二册,扬州:广陵书社,2016 年,第 5891 页。

⑤〔清〕焦循:《焦循全集》第十二册,扬州:广陵书社,2016 年,第 5768 页。

⑥〔清〕焦循:《焦循全集》第七册,扬州:广陵书社,2016 年,第 2174 页。

⑦〔清〕焦循:《焦循全集》第十二册,扬州:广陵书社,2016 年,第 5964-5965 页。

⑧〔汉〕司马迁:《史记》(修订本),北京:中华书局,2013 年,第 3857 页。

⑨ 张晓芒:《逻辑的求善功能》,《南开学报》(哲学社会科学版)2011 年第 4 期。

首先，从易学逻辑方法的角度来看，易学中以"类"为核心理念而进行的"推配""推迁""推荡""推移""推行""推广"等与中国古代伦理政治思想密切相关，是中国古代伦理政治思想论证的基础性工具之一。或如，汉代象数易学家京房的易学"推配"逻辑方法即是为了"定人伦、明王道"，"京房曰：'阴阳运行，一寒一暑。五行互用，一吉一凶。以通神明之德，以类万物之情。故《易》所以断天下之理，定之以人伦而明王道。八卦建五气立五常，法象乾坤，顺于阴阳，以正君臣父子之义，故《易》曰，元亨利贞'"①。此即按照不同的规则而进行的易学推配可以"定之以人伦而明王道"。唐代孔颖达也指出："《易》者，阴阳之象，天地之所变化，政教之所生。"②所谓的"政教之所生"也是强调通过易学逻辑推论可以为政治教化提供逻辑基础。宋代程迥在易学"推类"过程中提出了"以道义配祸福"的观点，将逻辑与伦理相结合，"《易》与《太玄》皆以道义配祸福，故为圣贤之书；阴阳家独言祸福而不配以道义，故为伎术。如李林甫之得君，彼则曰吉；颜鲁公以正行乎患难，彼则曰凶，故文中子曰：'京房、郭璞，古之乱常人也'"③。这种以道德解释筮例的做法即是将伦理道德因素作为易学"推类"方法的预设而考虑在内，实现了易学卜筮之法向人文的转换，"圣人为《易》必于道德而不必于数"④。蔡清在注释"利在正固"一句时即云："《易》虽主卜筮，然以道义配祸福，与他术数书不同，所以为经也，故无不效。"⑤中国古代经学典籍"无不效"的原因在于其与其他的术数类经典书籍不同，它具有"道义配祸福"的伦理价值旨归。刁包也指出："一部《易经》，皆利于正。盖以道义配祸福也，故为圣人之书，惟正则胜，不论吉凶也。术家独言祸福，不配以道义，如此而诡遇获禽则曰吉，得正而毙则曰凶，京房、郭璞是也。此说本引用先儒之言，却亦甚当。"⑥上述种种"道义配祸福"等理念体现出传统易学"推类"逻辑方法的"求善"旨归。

---

① 卢央：《京氏易传解读》（下），第 377 页。
② 〔唐〕孔颖达：《礼记正义》，见阮元校刻：《十三经注疏》，北京：中华书局，1980 年，第 1229 页。
③ 〔宋〕程迥编，范钦订：《周易古占法》，北京：中华书局，1991 年，第 25 页。
④ 〔宋〕程迥编，范钦订：《周易古占法》，第 29 页。
⑤ 〔清〕蔡清：《易经蒙引》，《文渊阁四库全书》第 29 册，台北：台湾商务印书馆，第 10 页。
⑥ 〔清〕刁包：《易酌》，《文渊阁四库全书》第 39 册，台北：台湾商务印书馆，第 543 页。

其次，春秋学中的"推其例"或"推理"等逻辑方法也是为了"名分大义"而发展出来的，或者说，中国古代春秋学中的"推其例"是以"正名"等政治伦理目标为价值旨归的。宋代欧阳修曾言："孔子何为而修《春秋》？正名以定分，求情而责实，别是非，明善恶，此《春秋》之所以作也。"①程颐也指出："《春秋》因王命以正王法，称天王以奉天命，夫妇，人伦之本，故当先正。春秋之时，嫡妾僭乱，圣人尤瑾其名分。"②胡安国更是明确认为："《春秋》正名定分，为万世法，故以君为重。"③"正名，经世之本，名正而天下定矣。"④由此可见，《春秋》所作的目的之一就是要正名分，《春秋》中的"推其例"方法也体现了这一伦理旨归，即通过"推其例"以实现"名正"。

再次，从诗经学逻辑角度来看，诗经学的教化功能。《论语·阳货》篇记载，孔子认为："小子何莫学夫诗？诗可以兴，可以观，可以群，可以怨；迩之事父，远之事君，多识于鸟兽草木之名。"所谓的"迩之事父，远之事君"同样是强调通过比兴等类推方法解诗以后，可以起到教化作用，使人们更好地孝敬父母，侍奉君主。清代诗论家陈奂《诗毛氏传疏·叙》曰："昔者周公制礼作乐，用之宗庙、朝廷，达诸乡党、邦国，当时贤士大夫，皆能通于诗教。孔子以诗授群弟子，曰：'小子何莫学夫诗？'又曰：'不学诗，无以言。'诚以诗教之入者深，而声音之道与政通也。"⑤这种"诗教"的价值旨归在宗庙祭祀、邦国乡党之治理的过程中无不体现。

六、余论

近年来，中外哲学界对于"如何做哲学？""如何做中国哲学？"

---

① 〔宋〕欧阳修：《欧阳修全集》，北京：中华书局，2001年，第305页。

② 〔宋〕程颢、程颐：《二程集》，第1088页。

③ 〔宋〕胡安国：《春秋胡氏传》，第172页。

④ 〔宋〕胡安国：《春秋胡氏传》，第10页。

⑤ 王达津主编，南开大学古籍整理研究所选编：《清代经部序跋选》，天津：天津古籍出版社，1991年，第110页。

等问题开始进行自觉的反思①，无独有偶，上述对"中国古代逻辑"之内容、范围等进行的讨论实质上可以概括为对"如何做'中国古代逻辑'"这一问题的探讨，是当下"中国古代逻辑"研究的重点，也是难点。以往对"中国古代逻辑"基础性问题的讨论主要集中在以往逻辑史论著之导言、引言部分②，但因逻辑观念的不一致，对"中国古代逻辑"基础性问题的认知仍莫衷一是。

从中国古代经学本身逻辑方法的揭橥来看，中国古代逻辑是产生于中国古代传统文化之中，有其自身特色的推理论证理论方法与实践的集合，对中国古代逻辑的研究应当在"广义逻辑"观念的基础上，进一步发掘其逻辑史料，并对其进行历史的分析与文化的诠释，而不能囿限于以西方某种逻辑理论而进行简单的"据西释中"式的解析。唯有此，才有可能实现新时期"中国古代逻辑"的创新性发展，才能为回应如何做"中国古代逻辑"这一"时代之问"提供有益借鉴。

［本文原载《南开学报》（哲学社会科学版），2021 年第 3 期］

---

① "如何做哲学"成为当下学界关注的焦点。关于这一问题可参见：陈少明：《做中国哲学：一些方法论的思考》，北京：生活·读书·新知三联书店，2015 年；杨国荣：《如何做哲学》，《哲学动态》2016 年第 6 期；张能为：《何谓"做哲学"及其主要面向问题》，《哲学分析》2020 年第 1 期。与此相关，"中国古代逻辑"虽然经过了百余年的发展，但理清如何做"中国古代逻辑"是新时期研究"中国古代逻辑"的首要前提。

② 可参见：汪奠基：《中国逻辑思想史》，武汉大学出版社，2012 年，第 1-46 页；《中国逻辑史研究》编写小组：《中国逻辑史研究》，北京：中国社会科学出版社，1982 年，第 1-152 页；温公颐：《中国古代逻辑史》，天津：南开大学出版社，2019 年，第 7-12 页，第 373-378 页，第 767-770 页；李匡武主编：《中国逻辑史（先秦卷）》，兰州：甘肃人民出版社，1989 年，第 1-26 页；周云之：《中国逻辑史》，太原：山西教育出版社，2004 年，第 1-52 页；温公颐、崔清田主编：《中国逻辑史教程》，天津：南开大学出版社，2012 年，第 1-9 页，等等。

弹弓论证与真之符合论

胡兰双

"弹弓论证"有很多种形式，不同的哲学家出于不同的目的使用它。该论证最早由丘奇提出[①]，用于反对卡尔纳普的意义实体。"弹弓"一词则是出自巴威斯（J. Barwise）和佩里（J. Perry），之所以叫它"弹弓论证"，是因为整个论证的篇幅很小，却是十分有力的武器，足以对很多重要的哲学观点进行攻击[②]。

戴维森（D. Davidson）就曾用"弹弓论证"攻击过真理符合论，他的论证意在证明：并没有什么不同的事实供不同的真命题去与之符合，所有的真命题都符合同一个事实——那个唯一的"大事实"（the Great Fact）。这个结论不仅涉及符合论中"事实"概念的合理性，还涉及了符合论的一个重要的推论——关涉性原则。因此本文首先介绍真之符合论与"事实"以及"关涉性原则"之间的关系，并以此为背景，阐述并分析戴维森版本的"弹弓论证"，最后通过考量论证所使用的 LP 规则和 SP 规则，对它反符合论的有效性提出质疑。

一、真之符合论与"事实"

真之符合论的核心观点可总结为：一个真值承担者（truth bearer）为真，是因为它与"实在"（reality）相符合。从古典发展至今，符合

---

① Church A. 1943. "Review of R Carnap, Introduction to Semantics". *Philosophical Review*, (52): 29.

② Barwies J, Perry J. 1981. "Semantic Innocence and Uncompromising Situations". *Midwest Studies in Philosophy* (6): 387.

论有很多版本，按照真值承担者所符合的"实在"类型的不同，库恩（W. Künne）将符合论分为"基于对象的符合论"（object-based correspondence theory）和"基于事实的符合论"（fact-based correspondence theory）。① 其中"基于事实的符合论"便是认为真值承担者所符合的"实在"是一种"事实"而非具体的"对象"。

这一观点在 20 世纪初最具代表性，最初是由摩尔（G. E. Moore）将"事实"概念引入到符合论的定义当中。摩尔对于真、假的定义起初与亚里士多德的解释并无两样，他以"摩尔正在听管弦乐"这个信念②为例，认为这个信念的"真"，是由"实际上摩尔正在听管弦乐来决定的"③。而这个"实际上摩尔正在听管弦乐"被他称之为一个"事实"："我们可以说，首先信念是假的，意味着宇宙中不存在信念为真时存在的那个东西。另一方面我们可以说，当信念为假时，宇宙中缺乏的那个东西和信念为真时呈现出来的那个东西**是事实**，它的本质是不会遭人误解的（unmistakable）。"④

引入"事实"概念后，摩尔便用如下的方式定义了"真"："说一个信念是真的，常常是说它所指称（refer to）的事实的确如此（is）或者已经存在着（has being）；说一个信念是假的，常常是说它所指称的事实并非（isn't）这样或是不存在（has no being）。"⑤

虽然摩尔对于"事实"概念进行了一定的解释，但更多地将其作为一种原初性的、基础性的概念，特别是摩尔将"命题"作为一类特殊的"事实"的做法让人不尽满意。

对比摩尔，罗素对于"事实"与"命题"⑥之间的关系做了更为细致的说明，虽然他也认为"事实"是不能够被清晰定义的，但"事实"的确是使"命题"为真为假的东西⑦。作为逻辑原子论者，罗素特别重视逻辑分析，认为分析的目的在于揭示出每一个命题与它所描绘的实在之间的关系。分析的途径包括：把复合命题分解为原子命题，把原子命

---

① 可参见 Künne W. 2003. *Conceptions of Truth*. Oxford: Oxford University Press，第三章。
② 摩尔认为信念（belief）是真值承担者。
③ Moore G E. 1953. *Some Main Problems in Philosophy*. London: Allen & Unwin, p.254.
④ Moore G E. 1953. *Some Main Problems in Philosophy*. London: Allen & Unwin, p.256.
⑤ Moore G E. 1953. *Some Main Problems in Philosophy*. London: Allen & Unwin, p.256.
⑥ 罗素认为"命题"（proposition）是真值承担者。
⑦ Russell B. 2009. *The Philosophy of Logical Atomism*. New York: Routledge, p.6.

题分解为名称和谓词等不可再分的终极单元。事实也是一样，原子事实是最简单的那类事实，可以分解为殊项和关系[1]，一个原子事实仅包含一个关系。还有一般事实、存在事实以及否定事实这类特殊的事实。然后，专名对应殊项，谓词对应关系，原子命题对应原子事实，复合命题的真值可以化约为组成它的原子命题的真值，加上一些特殊的情况，罗素便将"真"刻画成了命题和事实之间的一种"同构"关系：[2]

一个命题 X 为真，当且仅当：

（Ⅰ）若 X 为原子命题，那么存在一个原子事实 Y，使得 X 符合于 Y；

· 一个原子命题 X **符合于**原子事实 Y 当且仅当 X 与 Y **同构**；

· 一个原子命题 X 与原子事实 Y **同构，**当且仅当：

（ⅰ）命题 X 中的 n 元谓词 R_n **意指**[3]事实 Y 中的 n 元关系 $\boldsymbol{R_n}$；命题 X 中的 n 个名称 $a_1, a_2, \ldots, a_n$ **意指**事实 Y 中的 n 个殊相 $\boldsymbol{a_1, a_2, \ldots, a_n}$。

（ⅱ）命题 X 中的位置元素 O **等同于**事实 Y 中的位置元素 $\boldsymbol{O}$。

（Ⅱ）若 X 为否定命题、全称命题或存在命题，那么分别存在否定事实、一般事实、存在事实 Y，使得 X 与 Y 相符合。

（Ⅲ）若 X 为分子命题，则：

（ⅰ）若 X 为 $p \wedge q$ 的形式，则存在原子事实 $\boldsymbol{p'}$ 和 $\boldsymbol{q'}$ 使得，p 与 $\boldsymbol{p'}$ 相符合，q 与 $\boldsymbol{q'}$ 相符合；

（ⅱ）若 X 为 $p \vee q$ 的形式，则至少存在一个原子事实 $\boldsymbol{p'}$ 或 $\boldsymbol{q'}$，使得 p 与 $\boldsymbol{p'}$ 相符合或 q 与 $\boldsymbol{q'}$ 相符合；

（ⅲ）若 X 为 $p \rightarrow q$ 的形式，则存在原子事实 $\boldsymbol{q'}$ 使得 q 与 $\boldsymbol{q'}$ 相符合，或存在否定事实 $\neg \boldsymbol{p'}$ 使得 p 为假。

（Ⅳ）若 X 为逻辑命题，则 X 的真是先验的。

---

① 这里将属性看作是一个一元关系。

② 以下对罗素真理论的总结大部分来自 Russell B. 2009. *The Philosophy of Logical Atomism*. New York: Routledge, 也有一部分来源于罗素. 1992.《我们关于外在世界的知识》. 任晓明译. 北京：东方出版社。

③ 在罗素的原文中用的是"means"这个词，名词形式时用的是"meaning"这个词。按照常理，应该将"means"译为"意味着"，而不应该译为"意指"，但是由于罗素的意义理论是一个外在论，不同于我们一般理解的意义理论是一种内涵理论，考虑到这点，本文遵循《逻辑与知识》苑利均版本的译法，将其译为"意指"。但要提请读者注意的是，这一部分所使用的"意义"和"意指"二词，其实是同一个词的不同形态。

　　罗素的符合论被认为是符合论的代表性理论，"真值承担者为真是因为其与事实相符合"便一度成为符合论的代表性观点，在二十世纪初期与真理融贯论、实用主义真理论展开了激烈的论战。

　　这里要注意，有一类真理被认为是符合论鞭长莫及的，那就是逻辑数学真理。罗素认为这类命题的"真"是先验的，逻辑经验主义者更是主张对"真"进行分类，分为"分析的"和"综合的"，分析命题靠其形式先验为真，而综合命题则需要依靠经验事实为真为假。这也演变出了后来所有传统真理一元论所面临的困境——"领域问题"（the Scope Problem）①，即"真"在不同的话语领域下是否有不同的构成。本文无意讨论这个问题的解决方案，只是提醒读者注意，后文对于"弹弓论证"的分析中，会涉及这个问题。

二、真之符合论与"关涉性原则"

　　符合论还必须遵循一个推论，这里称之为"符合论的关涉性原则"（Aboutness principle of correspondence）：若一个命题（或语句）为真，那么这个命题（或语句）与相符合的实在之间必须具有密切相关性。②

　　这个直觉是可以从不同阶段符合论对于"符合关系"的刻画中得到。在摩尔的符合论中，一个信念为真，必须是它所"**指称**"的事实存在或的确如此，只有这样，真信念和事实之间才能构成"符合关系"。摩尔通过对信念的分析，确立了命题与事实之间的"指称关系"。他认为信念分为"信念的行为"（the act of belief）和"信念的对象"（the object of belief），"信念的行为"在每个信念中都相同，而"信念的对象"则各有不同，这个信念的对象就是"命题"③。摩尔将命题视为一种事实，视为宇宙中一种真实存在的东西④。因此，无论信念真、假，它们都对

---

　　① 这个叫法可参见 Sher G. 1998. "On the possibility of a substantive theory of truth," *Synthese*, 117: 133-172 和 Lynch M. 2004. "Truth and multiple realizability," *Australasian Journal of Philosophy*, 82: 384-408。

　　② Rasmussen J L. 2014. *Defending the Correspondence Theory of Truth*. Cambridge: Cambridge University Press, p.28.

　　③ Moore G E. 1953. *Some Main Problems in Philosophy*. London: Allen & Unwin, pp.258-259.

　　④ Moore G E. 1953. *Some Main Problems in Philosophy*. London: Allen & Unwin, p.260.

应着一个命题事实。但命题也有真值，是它所具有的、基础的、不可分析的属性。信念的"真"是由命题的"真"来决定的①。他进一步用"命题之真"来解释信念与事实之间的指称关系：一个信念所"指称"的事实，便是信念的对象为"真"时的那个事实，是"与那个信念有关系的事实，而非其他事实"②。虽然摩尔对于命题的定位、对于命题"真"的解释十分容易让人质疑，但是他却凭借信念的对象，确立了"信念"与相符合的"事实"之间的相关性：不同的真信念，信念的对象是不同的，因而不能符合相同的事实。罗素的理论更加体现了这一点，原子命题仅仅与其内部结构有一一对应关系的原子事实相符合：必须找到名称所指称的个体，谓词所指称的关系所组成的事实。因此，符号的"意指"关系，在确立真命题与所符合的事实之间的相干性上起到了关键的作用。

可以看出，导致"相关性"的要素，都包含在"符合关系"的定义当中，因此，符合论中对于关涉性条件的需求其实可以看作是"符合关系"的一种推论。"弹弓论证"之所以被认为是一种反符合论的论证，正是因为它的结论违背了符合论所主张的"关涉性原则"。

这里要提请读者注意两点：第一，如果说"关涉性原则"是"符合关系"的推论，那么随不同版本符合论对于"符合关系"定义的不同，其对于"关涉性原则"的要求程度是不同的。例如摩尔的符合论则是完全要求真信念与特定事实之间的"符合关系"是一种一一对应关系，因为信念不同，信念的对象也是不同的，这种符合关系对于相干性的要求最高。而罗素的同构符合论看似做了更为细致的要求，但是以符号的"意指"关系作为相干性的决定性因素，不禁会让人想到"共所指""共外延"的情况，这使得两个不同的命题符合于同一个事实的情况成为可能，下文我们便可以看到，"弹弓论证"所使用的两个重要原则便是在这方面做了文章。若将阿姆斯特朗的"使真者理论"看作是符合论的一种当代变种理论，那么"使真关系"便是一种弱化了的"符合关系"，允许多对多关系的成立，但这并不意味着"关涉性原则"所要求的，关系双方的"相干性"对于"使真关系"来讲是不必要的，相反正是由于"使

---

① Moore G E. 1953. *Some Main Problems in Philosophy*. London: Allen & Unwin, p.262.

② Moore G E. 1953. *Some Main Problems in Philosophy*. London: Allen & Unwin, p.262.

真关系"对于"相关性"要求的弱化，才导致了"不相干的使真者"系列论证对使真者理论的质疑[①]。所以，无论何种版本的"符合关系"，关涉性原则所要求的关系双方之间的"相关性"都是必要的，只是程度有所差别。第二，关涉性原则里的"密切相关"是一个相对模糊的概念，本文仅将其程度限定在否定可识别的基础之上，因为实际上我们总是能够就什么情况下这种相关性是丧失的达成一定的共识，目前将这个原则限定在这种程度之上便足够了。

三、戴维森的"弹弓论证"

戴维森在他的很多著作中都提及过"弹弓论证"。早在 1967 年的文章中，他用弹弓论证来表明：所有的真句子指称（refer to）同一实体（same entity）[②]。随着他反符合论的观点逐渐明确，在后期的著作中，他将这个结论的说法修改成："所有的真句子符合（correspond to）相同的事实，并且是唯一的大事实（the Great Fact）。"[③]这里要考察的便是他后期的版本，该版本的论证依赖于如下两个规则：

逻辑规则（LP）：

如果$<\varphi>\leftrightarrow<\psi>$，那么$[\varphi]_{fact}=[\psi]_{fact}$。

即任意两个逻辑等值的命题符合相同的事实。

语义规则（SP）：

如果$<\varphi>\leftrightarrow<\psi>$，那么$[\varphi]_{fact}=[\psi]_{fact}$。

即任意两个语义等值的命题符合相同的事实。

这里的语义等值的概念需要进一步说明：

语义等值：

$<\varphi>\leftrightarrow<\psi>$当且仅当：

（I）a 和 b 是两个具有共指（co-reference）的单称词项（singular

---

① "不相干的使真者"问题分为三个论证，第一个是必然真命题的广泛随附性问题，第二个是使真者不足道的问题，第三个是使真者一元主义。

② Davidson D. 1967. "Truth and Meaning". *Synthese*, (17): 314.

③ Davidson D. 2001. *Inquires into Truth and Interpretation*, Second edition. Oxford: Clarendon Press, p.42.

term）；

（Ⅱ）<φ(a/b)>＝<ψ>。

即两个命题是语义等值的，当且仅当它们的不同之处仅在于一个命题中的单称词项被另一个命题中的具有相同所指的单称词项所代替。

我们可以用如下三个命题解释这两个规则：

（1）<北京在石家庄的北方>

（2）<石家庄在北京的南方>

（3）<石家庄在中国首都的南方>

首先看命题（1）和（2），按照戴维森的观点，它们是两个逻辑等值的命题，根据 LP 规则，它们符合相同的事实。再看（2）和（3）两个命题的不同之处仅在于（2）中的"北京"被（3）中的"中国首都"所替换，但两个词项是共外延的，因而根据 SP 规则，它们符合相同的事实。若这两个规则是合理的，那么这三个命题符合相同的事实。单看这三个命题，它们似乎在说同一件事——两个城市的方位关系，并且它们都是真命题，因而它们应该符合相同的事实。

了解到了两个背景性原则以后，"弹弓论证"便可如下表示：

令<φ>和<ψ>是两个任意的真命题，o 是任意的对象的名称，那么如下论证成立：

[1]C_{OR}{<φ>[φ]$_{fact}$}（符合论）

[2]<φ>↔<ιx(x＝o∧φ)＝ιx(x＝o)>（逻辑等值）

[3]C_{OR} {<ιx(x＝o∧φ)＝ιx(x＝o)>[φ]$_{fact}$}（LP 规则）

[4] <ιx(x＝o∧φ)＝ιx(x＝o)>↔<ιx(x＝o∧ψ)＝ιx(x＝o)>（语义等值）

[5]C_{OR}{<ιx(x＝o∧ψ)＝ιx(x＝o)>[φ]$_{fact}$}（SP 规则）

[6]<ψ>↔<ιx(x＝o∧ψ)＝ιx(x＝o)>（逻辑等值）

[7]C_{OR} {<ψ>[φ]$_{fact}$}（LP 规则）[①]

下面对这个论证进行解释：

首先看[1]，C_{OR}{<φ>[φ]$_{fact}$}，表示命题<φ>和事实[φ]$_{fact}$之间有符合关系。因为<φ>是任意一个真命题，那么按照我们之前总结的符合论

---

① 在李主斌的文章中也列举了戴维森版本的"弹弓论证"，但是他将规则应用于"事实"一方，而不在"命题"一方，笔者认为，给出应用于"命题"一方的论证更为合理且更便于理解。

的事实观，有一个真命题那么就有一个与之相对应的事实，并且这个事实与这个命题之间应遵循"关涉性原则"，因而我们用真命题本身来标记它所对应的事实，将其符合的事实记为$[\varphi]_{fact}$[①]。

再看[2]，首先需要明确 $\iota x(x=\cdots\cdots)$ 这个记法的意思，它是一个限定摹状词，表示"那个特定唯一……的 x"。比如 $\iota x(x=Socrates)$ 表示"那个特定唯一的是苏格拉底的 x"，它是单称词项，指向苏格拉底本人。同样 $\iota x(x=o\wedge\varphi)$ 这个表达式所表达的是"那个特定唯一的 x，它是 o 并且 φ"，也就是"$o\wedge\varphi$"共同对 x 进行了限定。当后面的命题 φ 为真命题的时候，$\iota x(x=o\wedge\varphi)$ 便指向对象 $[o]_{fact}$，当后面的命题 φ 为假时，整个表达式无所指。在这样的背景下，[2]的成立得益于逻辑等值双条件的构建：一方面，如果 $<\varphi>$ 为真，那么 $\iota x(x=o\wedge\varphi)$ 指向 $[o]_{fact}$，并且 $\iota x(x=o)$ 也指向 $[o]_{fact}$，因此它们所指相同，命题 $<\iota x(x=o\wedge\varphi)=\iota x(x=o)>$ 为真；另一方面，若命题 $<\iota x(x=o\wedge\varphi)=\iota x(x=o)>$ 为真，那么说明 $\iota x(x=o\wedge\varphi)$ 和 $\iota x(x=o)$ 的所指相同，已知 $\iota x(x=o)$ 指向 $[o]_{fact}$，那么 $\iota x(x=o\wedge\varphi)$ 也指向 $[o]_{fact}$，也就意味着 $<\varphi>$ 为真。

然后[3]，前面已经证明了 $<\varphi>$ 和 $<\iota x(x=o\wedge\varphi)=\iota x(x=o)>$ 是两个逻辑等值的命题，那么根据 LP 规则，两个逻辑等值的命题符合相同的事实，已知 $<\varphi>$ 符合事实 $[\varphi]_{fact}$，那么 $<\iota x(x=o\wedge\varphi)=\iota x(x=o)>$ 与事实 $[\varphi]_{fact}$ 有符合关系。

[4]的成立是因为在 $<\iota x(x=o\wedge\varphi)=\iota x(x=o)>$ 和 $<\iota x(x=o\wedge\psi)=\iota x(x=o)>$ 这两个命题中只有单称词项 $\iota x(x=o\wedge\varphi)$ 和 $\iota x(x=o\wedge\psi)$ 不同，由于命题 $<\varphi>$ 和 $<\psi>$ 都是真命题，因此两个单称词项都有所指，且都指向 $[o]_{fact}$。根据语义等值的定义，它们是语义等值的命题。

根据 SP 规则，$<\iota x(x=o\wedge\varphi)=\iota x(x=o)>$ 和 $<\iota x(x=o\wedge\psi)=\iota x(x=o)>$ 符合相同的事实，由[3]可知 $<\iota x(x=o\wedge\varphi)=\iota x(x=o)>$ 符合 $[\varphi]_{fact}$，因此 $<\iota x(x=o\wedge\psi)=\iota x(x=o)>$ 符合同样的事实，[5]成立。

最后，与[2]同理，$<\psi>$ 和 $<\iota x(x=o\wedge\psi)=\iota x(x=o)>$ 逻辑等值，根据 LP 规则，它们符合相同的事实，$<\psi>$ 符合 $[\varphi]_{fact}$。

因此，戴维森用"弹弓论证"意在证明，任意两个真命题都符合相

---

① 这里说明一下，$[\cdots]_{fact}$ 这个符号在本文中的用法，括号内加上一个真命题表示那个真命题所符合的事实，加上一个名称表示那个名称所指称的对象，若加上谓词，则表示那个谓词所代表的属性或关系。

同的事实，进而推出所有的真命题都符合唯一的大事实，这无疑是违反符合论的"关涉性原则"的。进一步说，这样的结论如若成立，那么符合论的核心概念"符合关系"中的相干性刻画是缺失的，这会使得"符合关系"本身变得不足道，进而使得"符合论"作为真理论的合理性受到质疑。

我们可以看出戴维森的"弹弓论证"十分依赖逻辑规则和语义规则，这两个规则成立与否又涉及指称理论、摹状词理论等诸多问题，因此，若想考察"弹弓论证"的有效性，就要从这两个规则的分析入手。

四、对 LP 规则的考察

接受逻辑规则的直觉如下：命题是对世界的描述，如果两个命题的真值总是相同，说明它们所描述的东西也应该是相同的，进而它们所符合的事实也相同。因此，两个逻辑等值的命题符合相同的事实。但是，若要使得"弹弓论证"有反符合论的作用，那么它所使用的前提必须与符合论的观点不相冲突，若一开始，论证就建立在与符合论相悖的前提下，那么根本达不到反符合论的目的。这里就要探讨一下，能与符合论相适用的"逻辑等值"的标准到底是什么？看以下几组命题：

组 1： ┌ <北京在石家庄以北>
　　　 └ <石家庄在北京以南>

组 2： ┌ <北京在石家庄以北>
　　　 └ <并非并非北京在石家庄以北>

组 3： ┌ <北京在石家庄以北>
　　　 └ <罗素是罗素并且北京在石家庄以北>

组 4： ┌ <北京在石家庄以北>
　　　 │ <那个特定唯一的 x（x 是罗素并且北京在石家庄以北）
　　　 └ 等同于那个特定唯一的 x（x 是罗素）>

组 1 的两个命题被看作是逻辑等值的，保障它们能构建双条件句的规则为：如果 a 在 b 的北方，那么 b 在 a 的南方，反之亦然。就其本身的表述而言，两个命题都涉及相同的对象——北京和石家庄两座城市，不同之处在于使用了"南""北"两个不同的方位表达方式。虽然，无论从命题逻辑的角度将二者抽象化为 p 和 q，还是从谓词逻辑的角度上将二者形式化为 Nab 和 Sba，单从语形以及逻辑规律的方面考虑，二者都没有任何相互推演的能力，说其是逻辑等值略显牵强。但加上物理规律——Nxy↔Syx 的保障，说这两个命题符合相同的事实也不无道理。按照传统符合论的事实观来说，大多数符合论者会承认在这种类型的逻辑等值命题之间，LP 规则是有效的。

组 2 的两个命题的逻辑等值依赖于逻辑中双重否定规则的保障：p↔¬¬p，而这条规则的成立在语义上依赖于对逻辑常项"¬"的解释。命题 p 和 ¬¬p 是逻辑等值的，但是它们是否符合相同的事实就不像组 1 那么容易确认了。首先，无论在哪种符合论的观点之下，说<北京在石家庄以北>这个命题符合于[北京在石家庄以北]fact 这个事实是没有问题的，但是<并非并非北京在石家庄以北>这个命题是否也符合于同一个事实是有争议的，要看如何分析这个命题，若将其看成是如下形式：<¬q>（其中 q=¬p），那么应按照罗素的理论，该命题应该与一个否定事实相符合；按照使真者理论，该命题使真者应该包含一个二阶总事态[1]，因此它不可能与总是与原肯定命题符合相同的事实。其次，面对这种双重否定的模式，罗素也表明过，我们首先要处理的是句子的形式，而不是处理事实的形式，因此根据逻辑常项"¬"的解释，将<¬¬p>的真值问题归结到<p>这个命题上也符合逻辑原子论者的一贯作风。但要注意，这一切都要建立在对于"¬"这个常项的解释以及 p↔¬¬p 成立之上。但这个规则总是成立吗？在直觉主义逻辑中，根本没有 p↔¬¬p 这条规则，因而两个命题都不是逻辑等值的，二者真值并不总是相同的。最后，符合论的核心观点便是：不是我们语言中的东西，也不是我们思维中的东西，而是外部世界中的东西使得一个命题为真或为假。因此，既然对于"否定"的解释在某种程度上决定了该命题的真值，那么按照符合论的核心观点，它就应该对应着外部世界中的某样东西[2]，这个观点适用于追问所有包含逻辑联结词的命题，若果真如此，后一命题比前一命题在世界中对应着更多的东西，即使它们的真值总是相同，它们所

---

① 这所说的是阿姆斯特朗关于否定命题使真者的表述，详细可参见 Armstrong D M. 2004. *Truth and Truthmakers*. New York: Cambridge University Press.

② 吉拉·谢尔（G. Sher）的实质性真理论便是做了这方面的工作，详细请参见 Sher G. 2016. *Epistemic Friction: An Essay on Knowledge, Truth, and Logic*. Oxford: Oxford University Press.

符合的事实也是不同的。总之，LP 规则在这类逻辑等值命题上是否有效是存在争议的。

再看组 3，前两组等值的两个命题在表述内容上都有相关性，但这组逻辑等值命题不同，后一个命题比前一个描述了更多的内容。从真值上看，它们的确是等值的，等值式的构造基于两个背景条件：其一是罗素这个对象具有同一性使得命题<罗素是罗素>这个命题为永真式，其二是我们对于合取命题真值的解读方式。当然"合取"也是逻辑联结词的一种，这里不再讨论逻辑联结词对于真值的影响，只看在符合论的观点下，它们是否真的符合相同的事实。若二者符合相同的事实，那么<罗素是罗素>就不应该对应任何事物，这就涉及符合论者对于<罗素是罗素>这个命题如何理解的问题。与<北京在石家庄以北>命题不同，它们凭借自身的形式为真，无需经验内容。若我们将这类分析命题的真值判定排斥在符合论能解释的范围之外，如维特根斯坦那样认为"重言式并不是世界的图式"，抑或是像逻辑经验主义者那样将"真"进行分类，符合论的应用范围就缩减了，并不涉及对分析命题成真方式的解释，那么 LP 规则在这类等值命题中的运用是不合理的，原因在于：若命题包含了分析真命题作为组成部分，那么包含分析命题的那部分，我们就无法用符合论的方法验证它是否符合某一事实，因此这个包含分析真命题的命题本身包含两种成真方式，并不能简单地说它符合怎样的事实。也就是说<罗素是罗素并且北京在石家庄以北>这个命题不符合任何事实，那种将整个命题看作是符合事实的，又将命题的一部分看作不用符合事实的做法，本身就是一种秉持双重标准的做法。此外，如果符合论者不承认这种划分，坚持真理一元论，认为无论什么命题，它的"真"都是由世界决定的，那么，两个命题也并不符合相同的事实，LP 规则是不成立的。因此，在这类逻辑等值命题之间，LP 规则要么使用是不合理的，要么是不成立的。因而 LP 规则最好避免对含有分析命题的逻辑等值命题的讨论，只讨论那些描述具体事物的偶然命题。

为此，拉斯穆森提出了一个"限制版弹弓论证"[①]，认为只要将前提改为"任意两个描述具体事物的偶然真命题<φ>和<ψ>"即可，其余

---

① Rasmussen J L. 2014. *Defending the Correspondence Theory of Truth*. Cambridge: Cambridge University Press, p.179.

条件不变，得出的结论是"任意两个符合描述具体事物的偶然真命题符合相同的事实"，仍然对符合论造成威胁。但是，这种改造并没有解决实质问题，因为即使<φ>是描述具体事物的命题，与其逻辑等值的命题<ιx(x=o∧φ)=ιx(x=o)>是否与<φ>一样描述相同的内容也是不一定的，这一点我们可以通过组 4 看出。

组 4 的两个命题就是戴维森版本的"弹弓论证"逻辑规则的实例化。与组 3 不同，组 4 的两个命题的确都是关于具体事物的偶然命题，且从真值上看，两个命题的确逻辑等值。但它们真的符合同一个事实吗？很明显<北京在石家庄以北>这个命题是表达北京和石家庄这两个城市的方位关系，而<那个特定唯一的 x（x 是罗素并且北京在石家庄以北）等同于那个特定唯一的 x（x 是罗素）>这个命题主要表达的是两个被限定摹状词所指称的对象具有同一性。二者的表述并无直接关联，若它们都为真命题，那么根据符合论关涉性条件，它们所符合的事实必然不同。塞尔也表示过相同的观点，他认为在这两个命题中，罗素和他的同一性与<北京在石家庄以北>这个命题没有任何关系，它们并不应该符合相同的事实[①]。巴威斯和佩里也认为，命题所符合的事实应该是与命题的主题相关，因而前一个命题与罗素无关，后一个命题与罗素有关，二者不可能符合相同的事实[②]。其实这一点也可归结为和组 3 相同的解释中去，罗素这个对象的同一性在决定命题的真值上发挥了很大的作用，符合论不能忽略这个因素的存在，若强行认为 LP 规则对于这样的等值式是成立的，本身就违背了符合论的"关涉性原则"，使得整个论证从根本上建立在一个违背符合论的前提之上，自然会得出与符合论相悖的结论。

总之，要使 LP 规则能无争议地与符合论相适用，那么它最好是被应用于如组 1 那样的——不包含逻辑词汇、分析命题、数学命题、抽象实体、描述具体事物的——偶然命题上，且两个逻辑等值命题之间必须十分相关。我们很难看出"弹弓论证"所使用的逻辑等值规则能符合如上要求。同时，面对四组逻辑等值命题与 LP 规则之间的匹配所产生的矛盾，符合论者必须回答一个核心问题，那就是符合论是否承认领域间

---

① 塞尔：《社会实在的构建》，上海：上海人民出版社，2008 年，第 188-189 页。

② Barwise J, Perry J. 1983. *Situations and Attitudes*. Cambridge, MA: MIT Press, pp.24-25.

题？即是否承认在不同的话语领域下，句子的"真"的构成方式有所不同？若承认领域问题，那么，符合论仅仅只能应用于某个特定的话语领域，不能用于解释包含逻辑命题、数学命题等命题的真值。若不承认领域问题，那么符合论就要相继解释逻辑、数学、抽象命题到底在世界中扮演着怎样的角色，这又涉及实在论的立场。对此，李主斌也在他的文章中表示过："弹弓论证所基于的表面看来毫无问题的 SS 原则（就是本文中的 LP 规则）[①]实际上依赖一个非常有争议的论题。"[②]要使符合论免受类似的攻击，就要使理论更加全面和完善。[③]

五、对 SP 规则的考察

语义规则是说，两个语义等值的命题符合相同的事实。"弹弓论证"的支持者认为这个前提是可接受的，原因在于命题所符合的事实就是关于命题所描述的对象的实际情况，那么既然替换部分所指称的对象没变，那么事实的构成也就没发生变化，两个命题符合相同的事实。

但很快有人会提出如下反对意见：

组 5： ⎰ <夏洛知道马冬梅是马冬梅>
⎱ <夏洛知道那个住在楼上 302 房间的人是马冬梅>

这两个命题的唯一区别就是后一命题中的"马冬梅"换成了"那个住在楼上 302 房间的人"。但是它们显然不符合同样的事实，因为夏洛知道马冬梅具有同一性并不意味着他知道马冬梅的家庭住址。因此语义规则的适用范围被限定在不包含非外延性词汇（如相信、知道、渴望等）的语境当中。

接下来看一组不含非外延性词汇的命题：

组 6： ⎰ <亚里士多德是柏拉图的学生>
⎱ <亚里士多德是《形而上学》一书的作者>

---

① 括号内注释由笔者所加。

② 李主斌：《弹弓论证与恰当事实》，《科学技术哲学研究》2015 年第 32 卷第 1 期。

③ 其实，有很多版本的弹弓论证是不依赖于 LP 规则的，但是都会依赖其他前提，例如哥德尔版本的"弹弓论证"依赖于他所提出的（GI）原则，但是这些前提也是有问题的，详细可参见李主斌的《弹弓论证与恰当事实》。

在这两个命题中，"柏拉图的学生"和"《形而上学》一书的作者"进行了替换，并且它们实际上是共所指的，其余的部分保持不变。那么它们是两个语义等值的命题，根据 SP 规则，它们应该符合相同的事实。但很明显它们分别赋予了"亚里士多德"这个对象不同的属性，不可能符合相同的事实，因此 SP 规则并不总是有效的。

其实这种替换问题也可以类比到罗素的摹状词理论中关于同一性问题的例子当中："司各脱是司各脱"和"威弗利的作者是司各脱"这两个命题中，"司各脱"和"威弗利的作者"所指相同，因而二者语义等值。但是前者是重言式，无需经验内容，而后者必须依赖经验内容，替换后的两个命题并不符合相同的事实，仍然说明 SP 规则并不总是有效的。

当然，对这类命题的分析方法与摹状词理论有很大的关系。按照罗素的摹状词理论，限定摹状词并不是单称词项，不具有指称意义，因此"弹弓论证"中的摹状词"$\iota x(x=o \wedge \varphi)$"和"$\iota x(x=o \wedge \psi)$"根本不是单称词项，SP 规则在"弹弓论证"中的使用是不恰当的。当然也有摹状词理论认为摹状词是具有指称意义的，例如唐奈兰（K. Donnella）的观点，他区分了摹状词的两种不同的使用方式：归属性使用（attributive use）和指称性使用（referential use）[①]。当一个摹状词被归属性使用时，主要目的是将一些属性归属给适合该摹状词的对象；而指称性使用的目的则是在于指出所谈论的对象是哪一个。那么，按照 SP 规则要求，只有在指称用法的时候，摹状词才能相互替换。接下来看"弹弓论证"中用于替换的摹状词，"$\iota x(x=o \wedge \varphi)$"和"$\iota x(x=o \wedge \psi)$"，它们都可以被认为是一种描述性用法，前两个摹状词把"使命题 φ 或 ψ 为'真'"的属性赋予对象 $[o]_{fact}$，在使用这组摹状词的时候，重点不在于它所谈及的那个对象，而在于在什么样的条件下，它才是那个对象。因此，两组摹状词都是描述性使用，不符合 SP 规则的替换要求。

有人可能反对上面将两个摹状词理解为描述性用法，而认为它们是指称性用法，理解为表述在特定条件下的那个对象。接下来要讨论的是，即便强行认为"弹弓论证"中的摹状词具有指称功能，它们也不必然共

[①] 详细可参见 Donnellan K. 1996. "Reference and Definite Descriptions", *The Philosophical Review*, (75): 294-297。

所指，看下面的例子：

组 7：$\begin{cases} <\iota x(x=o\wedge\varphi)=\iota x(x=o)> \\ <\iota x(x=o\wedge\psi)=\iota x(x=o)> \end{cases}$

$\iota x(x=o\wedge\varphi)$ 和 $\iota x(x=o\wedge\psi)$ 这两个摹状词指称相同，都指向 $[o]_{fact}$。我们知道，限定摹状词的指称取决于它的表意，两个限定摹状词是否指称同一个对象，取决于它们的表意是否总能让我们准确无误地找到那个对象。但是我们看 $\iota x(x=o\wedge\varphi)$，$<\varphi>$ 并没有把什么东西归属给对象 o，因为它是任意的真命题，这种表达方法令人疑惑。

为了解释 $<\varphi>$ 和 $<\psi>$ 在限定摹状词中所起的作用，有人将它解释为"那个特定唯一的 x，x 是 o 假定（provided）φ"；或"那个特定唯一的 x，x 是 o 仅当（only if）φ"，我们这里仅分析拉斯穆森所给出的一种解释，将其解释为"在这样的一个宇宙中"（is in a universe in which...）[1]。那么组 7 就变成了：

组 8：

$<\iota x(\text{that is in a universe in which } (x=o, \text{and } \varphi \text{ is true}))=\iota x(\text{that is in a universe in which } (x=o)>$

$<\iota x(\text{that is in a universe in which } (x=o, \text{and } \psi \text{ is true}))=\iota x(\text{that is in a universe in which } (x=o)>$

先不论两个句子是否依然语义等值，就连表达式本身所表达的同一关系都很难保障。一旦引入"宇宙"这个条件作约束，"那个在 φ 为真的宇宙中的 o"和"o 本身"是否同一不能确定。因此，这两个命题很难说与 $<\varphi>$ 和 $<\psi>$ 有逻辑等值关系，LP 规则在这里首先就是使用不当的。

其次，若我们将那个"x=o, and φ is true"这样的"宇宙"记为 U_1，将"x=o, and ψ is true"这样的宇宙记为 U_2，那么，原来的两个摹状词就变为了"ιx that x is in U_1"和"ιx that x is in U_2"，除非能证明 U_1 和 U_2 总能是同一个宇宙，否则二者显然不能总是算作共指的。

因此，虽然"那个在 $<\varphi>$ 为真的宇宙中的 o"和"那个在 $<\psi>$ 为真的宇宙中的 o"都指向"o"，但是由于限定性条件的变化，个体的同一

---

① Rasmussen J L. 2014. *Defending the Correspondence Theory of Truth*. Cambridge: Cambridge University Press, pp.182-183.

性不能被保障，二者并不必然共指，两个命题不能算作是语义等值的。同理，若引入"宇宙"这样的概念，"北京"和"中国的首都"也不必然共指。因此，即使 SP 规则是正确的，"弹弓论证"也无法满足其共指的使用条件。

以上说法可能遭到如下质疑：

若规定$<\varphi>$和$<\psi>$存在于同一个宇宙中，那么 U_1 和 U_2 是同一个宇宙，这样就可以达到共指的要求了。

对此可以进行如下回应：既然引入了"宇宙"这样的概念，那么仅有两种情况能保障 U_1 和 U_2 总为同一个宇宙。首先，$<\varphi>$和$<\psi>$总是同一个命题，这一要求显然达不到，"弹弓论证"的主要前提就是$<\varphi>$和$<\psi>$是任意不同的真命题，若只是证明相同的命题总是符合相同的事实，并不会使得"弹弓论证"达到反符合论的目的。其次，只有$<\varphi>$和$<\psi>$都是必然真命题时，才能保证二者为真所在的宇宙可能是同一个宇宙。但我们前面对 LP 规则的分析可知，两个命题都被限定在表达具体事物的偶然真命题上，因此它们也达不到这样的要求。

若放弃拉斯穆森的改写方法，摹状词中的命题仅仅是表达一种限定条件，两组摹状词只是对同一个对象的不同称呼，那么，这又回到了最初的那个问题，既然$<\varphi>$和$<\psi>$对对象$[o]_{fact}$没有任何谓述作用，它们又不标记一个"宇宙"或"可能世界"，那么它们为什么能影响摹状词的指称，何以成为对同一个对象的不同称呼？有人仍可能质疑道，语言是有意向性的，我们可以有意将一个命题的真值同一个对象联结起来，或者就这样强行规定。若是这样，就要看所涉及的对象是否是人为可定义的了。一个纯客观对象$[o]_{fact}$，我们又如何有意地将一个与其不相干命题的真值，强行加注到这个对象的身上呢？

退一步承认这种摹状词构成的合理性，能够达到共指替换的要求，那么替换后的两个命题的确符合相同的事实吗？仍然看组 7，在前面讨论 LP 规则时曾说过，影响这组命题的真值的不仅是$<\varphi>$和$<\psi>$两个命题的真假，还有对象$[o]_{fact}$的同一性。有趣的是，"弹弓论证"中在强调逻辑等值命题符合相同的事实时，注重的是$[\varphi]_{fact}$和$[\psi]_{fact}$对逻辑等值的命题真值的作用，而强调语义等值命题符合相同的事实时，则是注重它们都表达了对象$[o]_{fact}$的同一性，这里出现了对$<\iota x(x=o\wedge\varphi)=\iota x(x=o)>$这个命题真值要素的不同侧重，其实两种说法都是不全面的。

六、总结

　　戴维森版本"弹弓论证"试图证明所有的真命题都符合同一个"大事实"，这个结论虽然在一定程度上并没有偏离符合论的立场，认为真值承担者为"真"的原因在于外部世界，却违背了符合论的一个重要推论——关涉性原则，即一个真命题要与其符合的事实之间有密切的相关性。符合论对这种"相关性"的要求源于各个版本的符合论对于"符合关系"的刻画之中，例如摩尔的"指称"关系刻画下的"一一对应"关系，以及逻辑原子论者所主张的命题与事实之间的"同构"关系等。若任意的真命题都能与相同的"事实"构成"符合关系"，那么意味着"符合关系"中的相干性刻画是缺失的，这会使得"符合关系"本身缺乏存在意义，变得不足道，而无论哪个版本的符合论，"符合关系"的刻画都是核心任务，因此"符合关系"的不足道就会导致"符合论"本身的无意义，因此若"弹弓论证"是成立的，那么的确可以达到反符合论的目的。

　　戴维森版本的"弹弓论证"十分依赖于逻辑规则和语义规则的使用，即 LP 规则和 SP 规则。通过分别考察这两个规则在"弹弓论证"中的使用，我们发现要使 LP 规则能无争议地与符合论相适用，那么它最好是被应用于不包含逻辑词汇、分析命题、数学命题、抽象实体、描述具体事物的偶然命题上，且两个逻辑等值命题之间必须十分相关。我们很难看出"弹弓论证"所使用的逻辑等值规则能符合如上要求。另外，"弹弓论证"中所构造的摹状词能否算得上单称词项是有争议的，即便是它们都有指称功能，由于它们的"奇特"构造也很难达到 SP 规则的"共指"要求。综上所述，无论是 SP 规则还是 LP 规则，在"弹弓论证"中的使用，都是错用或无效的，因而"弹弓论证"不能达到反符合论的目的。但是通过对"弹弓论证"的分析，却可以引申出一系列符合论的背景理论的探讨，例如实在论立场、事实概念的同一性问题、领域问题、指称理论等，符合论要发展完善，仍需对这些问题加以回应。

　　　　　　　　　　　　（本文原载《逻辑学研究》，2021 年第 4 期）

从《名理探》的翻译看中西思想与语言的差异

张逸婧

17 世纪时，葡萄牙耶稣会士傅汎际和中国士人李之藻合作，首次将亚里士多德逻辑学从拉丁文翻译成中文，并将译本冠名为《名理探》。该译本作为西方逻辑学传入中国的标志，已经吸引了不少研究者的注意。现有研究成果不乏对翻译相关问题的探讨，但主要集中于词汇层面，即逻辑学术语从西文到中文的转换。[①]事实上，词汇的对应是翻译工作的结果，而不是文本本身可以翻译的原因。西方哲学的大量概念在中国思想中没有天生的、现成的对应，时至今日，西方哲学的汉译仍然在很大程度上需要译者的创造。这一创造过程本身值得关注。《名理探》是史上最早的西方哲学译本之一，其中的翻译问题尤有代表性，而且许多翻译问题本身就是哲学问题。耶稣会士翻译亚里士多德哲学的目的是什么？他们遇到了哪些困难，其原因何在？本文将以这些问题为出发点来考察《名理探》所反映的中西思想的差别。考察将侧重于"异"而非"同"，即侧重于哲学上的差异，而不是字面上的对应。

一、为什么翻译《名理探》？

耶稣会士译介逻辑学的原因可以从耶稣会的神学立场和同时代的

---

① 参见：张西平等：《简析〈名理探〉与〈穷理学〉中的逻辑学术语》，《唐都学刊》2011（3），第108-114页；徐光台：《明末西方范畴论重要语词的传入与翻译——从〈天主实义〉到〈名理探〉》，《海外汉语探索四百年管窥》，北京：外语教学与研究出版社，2008年，第10-46页；王建鲁等：《〈范畴篇〉"十范畴"与〈名理探〉中"十伦"比较分析》，《哲学研究》2010（9），第77-82页。

中国哲学思潮两个方面来看。事实上，在耶稣会士引介西学的过程中，这两个方面总是相互关联的。从《名理探》的标题就可看出译者融合儒家思想和基督教思想的意图。将亚里士多德的著作冠以一个具有儒家思想色彩的标题，这种做法既符合当时的在华耶稣会所推行的、由利玛窦所倡导的"补儒政策"，也和佛教传入中国之初所发生的"格义"现象有异曲同工之处。

简单来说，在 17 世纪的中国，主流思想依然是宋明理学。从求知的角度来看，理学主张格物穷理。"理"可以理解为世界万物的基础和规律。可是，在格物的方法上面，理学没有像西方科学那样精确的方法。可以说，正是儒家学者对"理"的兴趣，以及理学在格物方法上的不足，这两个因素同时为耶稣会士引介西方科学提供了契机。钟鸣旦（N. Standaert）指出，耶稣会创始人圣依那爵有一句话概括了耶稣会士的世界观："在万物中寻觅天主。"①在耶稣会士翻译或撰写的许多西学著作中都可以看到两个词：一个是"穷理学"，指的是哲学；一个是"穷理者"，即哲学家。姑且不论天主教的天主和理学的理之间的差别，"在万物中寻觅（天主）"和"格物穷（理）"这两个表述从字面上看确实很接近。耶稣会士就这样把西方的哲学和中国的格物穷理之学对应起来。

《名理探》这一标题显然有意把亚里士多德的学说融入理学的体系。自诸子百家以来，中国思想中关于语言的讨论大多集中于"正名"问题。可以说，"名"这个概念代表了中国的语言哲学，所以《名理探》的"名"可以理解为"语言"的同义词。万物都有其理，语言也不例外。因此，"名理"即语言之理。《名理探》译者只说名理就是西方的"络日伽"，并没有解释"名理"两字的中文含义，或许正是因为其含义对于当时的读者来说是不言而喻的。李天经的序言中说，《名理探》"诚为格物穷理之大原本哉"②。虽然魏晋清谈中有"辨名析理"的说法，但从 17 世纪的时代背景来看，"名理"一词或许和理学更加相关。

① Nicolas Standaert, "The Investigations of Things and the Fathoming of Principles (*Gewu qionli*) in the Seventeeth-Century Contact Between Jesuits and Chinese Scholars", John. W. Witek, S. J., ed., *Ferdinand Verbiest (1623-1688), Jesuit missionary, Scientist, Engineer and Diplomat*, Nettetal: Steyler, 1994, p.398.

② 李天经：《名理探》"序"，傅汎际译义，李之藻达辞，姚大勇等校点，周振鹤主编，《明清之际西方传教士汉籍丛刊》（第二辑第五册），南京：凤凰出版社，2017 年，第 8 页。

　　《名理探》出版于 1631 年。所依据的文本是耶稣会编撰的亚里士多德著作《耶稣会柯因布拉学校评注系列之斯塔基人亚里士多德逻辑学全书》（Commentarii Collegii Conimbricensis, e Societate Jesu, in Universam Dialecticam Aristotelis Stagiritae）。耶稣会学校的逻辑学教学旨在训练辩论技能。利玛窦《天主实义》（1603）采用的问答形式就是一种辩论。利玛窦与徐光启翻译的《几何原本》（1607）最早向中国人展现了证明。在亚里士多德逻辑学体系中，辩论和证明是两种不同的论证形式。《天主实义》和《几何原本》出版后反响很大。从耶稣会士的角度来看，这两本书之所以能被中国人接受，是因为其中包含着自然理性，而证明天主的存在也需要自然理性。魏明德（B. Vermander）指出，利玛窦和徐光启一同翻译《几何原本》的过程，也是借助于科学理性寻求东西方共同语言的过程，而这样做的根据正是把理性看作人类共同具有的本性。[①]无独有偶，梅谦立（T. Meynard）提到，利玛窦写作《天主实义》时也是用自然理性作为论证依据[②]。既然《天主实义》和《几何原本》获得了成功，耶稣会士当然有理由相信，中国人有自然理性，因此能够接受逻辑学，也应该能够接受上帝存在的证明。实际上，在《天主实义》中，利玛窦已经运用亚里士多德的范畴理论来证明万物的本原是天主，而不是理学的"理"或"太极"[③]。

　　但是，《名理探》出版以后却并没有引起和前两本书同样大的反响。这一事实中有两点值得注意。

　　首先，虽然耶稣会士所受的教育以逻辑学为基础，但是来中国的耶稣会士最先翻译的并非逻辑学。《几何原本》就是一例。即使在耶稣会士所引介的亚里士多德著作中，逻辑学也不是第一部。徐光启和毕方济翻译的《灵言蠡勺》（1624）采用了亚里士多德《论灵魂》中的部分内容。傅汛际和李之藻在翻译《名理探》之前，先翻译了《寰有诠》，即亚里士多德的一部自然哲学著作。在《名理探》的李次彪"又序"里可

　　[①] B. Vermander, *Les Jésuites et la Chine: de Matteo Ricci à nos jours*, Bruxelles: Lessius, 2012, p.27.

　　[②] M. Ricci, *Le Sens réel de « Seigneur du Ciel»*, texte établi, traduit et annoté par T. Meynard, Paris: Les Belles lettres, 2013, p.XIV.

　　[③]〔意〕利玛窦：《天主实义今注》，梅谦立注，谭杰校勘，北京：商务印书馆，2014 年，第 95 页。

以找到为什么先翻译《寰有诠》的原因："盖寰有诠详论四行天体诸义，皆有形声可晰。其于中西文言，稍易融会。故特先之以畅其所以欲吐。"[1]这也就是说，《寰有诠》的内容比《名理探》容易翻译。此外，亚里士多德关于自然哲学的著作很多，为什么选择了谈论天体的《寰有诠》？很明显，这一选择和"天"在中国文化传统中的重要性有关。这也符合耶稣会的"补儒"政策。

其次，为什么《天主实义》和《几何原本》在中国受到欢迎，而《名理探》却被冷落？迄今为止，研究《名理探》的中国和西方学者大都认为原因在于其中包含大量的神学内容或专业术语[2]。可是，《天主实义》中的神学内容、《几何原本》中的专业术语丝毫不比《名理探》更少。而且，即便有神学内容，也并不妨碍中国人取其所需。《四库全书总目提要》中对《寰有诠》如此评价："欧罗巴人天文推算之密，工匠制作之巧，实逾前古。其议论夸诈迂怪，亦为异端之尤。国朝节取其技能，而禁传其学术，具存深意。"[3]由此可见，如果耶稣会士的书中具有实用性的内容，即科学技术方面的内容，中国人不会视而不见。既然如此，如果《名理探》的内容不被理解，就不能仅仅归结为宗教原因。在笔者看来，语言差异所造成的翻译困难是一个重要原因。

二、翻译困难与语言差异

关于翻译问题，耶稣会士以及与他们一起从事翻译的中国学者多有提及。根据英文版的《利玛窦札记》，利玛窦在谈到《几何原本》的翻译时说，"中文丝毫不缺乏习语或词汇来准确表达我们的科学术语"[4]。

---

① 李次彪：《名理探》"又序"，第12页。

② 参见：R. Wardy, *Aristotle in China*, Cambridge: Cambridge UP, 2004, p.86. J. Kurtz, *The Discovery of Chinese Logic*, Leiden: Brill, 2011, p.65. 部分国内学者受到这两位西方学者观点的影响，此处不一一列举。

③《四库全书总目》，子部，杂家类存目二，北京：中华书局，1965年，第1081页。

④ M. Ricci, *China in the Sixteenth Century: the Journals of Mattew Ricci*, translated from the Latin by Louis J. Gallagher, S. J., New York: Random House, 1953, p.477. 引文参照利玛窦、金尼阁著，《利玛窦中国札记》，何高济等译，北京：中华书局，1983年，第517页。笔者对中译文略有改动。

这句话从侧面表达了对自然理性的信念。与耶稣会士合作翻译了多部西学著作的徐光启和李之藻都在不同的书中引用一句心学（可以看作理学的分支）重要代表人物陆九渊的话："东海西海，心同理同。"这表明他们和耶稣会士站在同一立场：相信自然理性的普遍性，相信儒家思想和以天主教为代表的西方思想有相通之处。这样的信念也是他们从事翻译的动力。

　　然而，无论耶稣会士还是中国译者都承认翻译的艰难。利玛窦在《几何原本》的引言中写道："东西文理，又自绝殊，字义相求，仍多阙略，了然于口，尚可勉图，肆笔为文，便成艰涩矣。"①为什么这段话与上述《利玛窦札记》中的说法看似矛盾？如果从两个文本所面对的不同读者群体这一角度来看，就很好理解：札记是用意大利文写成，后由耶稣会士金尼阁翻译成拉丁文，并在欧洲出版。拉丁文版标题意为《基督教远征中国史》，从这一标题就可以看出这一版本是为西方读者而作。上面所引用的英文版札记正是从金尼阁的版本翻译的，而该句引文没有出现在从意大利文翻译的、利玛窦原著的最新中译本《耶稣会与天主教进入中国史》中②。因此可以断定，英文版中的话不是利玛窦的原话，而是金尼阁增加的。无论利玛窦还是金尼阁，他们作为传教士，无疑要在西方人面前捍卫天主教的普遍性和归化中国的可能性。而在面向中文读者的《几何原本》中，利玛窦承认中西语言和文化差异，这既可以看作身为译者的自谦，也真实地反映了这位中西文化交流先驱者在初次尝试西学汉译时所面对的巨大困难。

　　类似的谈论翻译困难的例子还有：

　　李之藻之子李次彪如此描述其父翻译《名理探》遇到困难时的情形："或只字未安，含毫几腐；或片言少棘，证解移时。"③

　　利类思的《超性学要》自序中有这样的话："下笔维难，兼之文以地殊，言以数限，反复商求，加增新语，勉完第一大支数十卷，然犹未

---

①〔意〕利玛窦：《译几何原本引》，朱维铮编，《利玛窦中文著译集》，上海：复旦大学出版社，2001年，第301页。

②〔意〕利玛窦：《耶稣会与天主教进入中国史》，文铮译，梅欧金校，北京：商务印书馆，2017年，第392页。

③ 李次彪：《名理探》"又序"，第6页。

敢必其尽当于原文。"①

利玛窦的"东西文理，又自绝殊，字义相求，仍多阙略"和利类思的"文以地殊，言以数限，反复商求"，这两句话读来何其相似。而李次霦的"只字未安，含毫几腐"实际上从另一个角度也表达了同样的意思。由此可见，这些译者所面临的一个共同困难就是在中文里找不到恰当的词来表达西方思想中的某些内容。其原因便是"东西文理，又自绝殊"，即中西思想各自在不同的环境中形成，具有不同的思维方式和表达方式。

关于中西语言的差异，谢和耐在《中国与基督教》一书中谈道："在汉语中，要用系统而非随意的方式来表示诸如具体和抽象、个别和普遍的区别是困难的。这一点困扰着历史上致力于用中文来翻译在希腊文、拉丁文或梵文这类屈折语言中所形成的概念的所有人。语言的结构不可避免地引出思维模式的问题。传教士们因为无法在中国人身上找到他们所习惯的思维方式而感到意外，就责怪他们缺乏逻辑。而逻辑正是来源于逻各斯。"②可见，耶稣会士所以为的自然理性，也许并非完全出于自然，而是部分来自习惯，或者说文化，包括语言。事实上，"逻各斯"（logos）在古希腊语中既有"语言"的意思，也有"理性"的意思。这个词本身就暗示了亚里士多德哲学和古希腊语之间的密切关系。下文中将以亚里士多德的范畴概念为例说明为什么逻辑来源于逻各斯。

前面提到，傅汎际和李之藻先翻译了《寰有诠》，因为"其于中西文言，稍易融会"。为什么同样是亚里士多德的著作，《寰有诠》更容易翻译？因为《寰有诠》所谈论的主要是感性事物，"皆有形声可晰"，而《名理探》的内容更为抽象。当然，《寰有诠》也是哲学著作，和《名理探》的区别是相对而言。但这一区别多少印证了解释学家、翻译理论家施莱尔马赫的观点：当一种语言所指向的事物对所有人是相对确定的，将它转换成另一种语言是较为容易的。相反，当语言指示的是思想，这

---

① 〔意〕利类思：《超性学要》（一）"自序"，利类思等译，肖清和等校点，周振鹤主编，《明清之际西方传教士汉籍丛刊》（第二辑第一册），南京：凤凰出版社，2017年，第18页。本文撰写时得到肖清和老师指点，特此致谢。

② J. Gernet, *Chine et christianisme, La Première confrontation*, Paris: Gallimard, 1991, p.323. 引文由笔者译成中文。

是最难翻译的情况，因为作者对他的语言进行了创造性的运用。①由此可以推知，在哲学著作中，语言不只是思想的载体、表达的工具，而在一定程度上就是思想内容本身，或者说语言参与了思想的创造。亚里士多德逻辑学正属于这种情况。既然作者对语言进行了创造，那么译者也需要进行相应的创造。

三、"人伦"与"物伦"

下面以《名理探》中"范畴"概念的翻译为例说明什么是语言参与思想创造的情况，也就是最难翻译的情况。首先说明，本文中使用的"范畴"是英语中的 category 一词的今译。在《名理探》中，对应的词是"伦"。亚里士多德的《范畴篇》在《名理探》中的对应部分叫作《十伦》。"范畴"这个词如今已经成为现代汉语中的常用词。实际上它来自和制汉语，是翻译 category 的日语译者所创造的新词。英语的 category 在词源上来自古希腊语。然而，无论现代汉语中的"范畴"，还是英语中的 category，其含义都远离了古希腊语词源的意义。

范畴概念是亚里士多德哲学体系中的一个重要概念。事实上，"范畴"一词正是从亚里士多德的《范畴篇》来的（尽管《范畴篇》这个标题系后人所加。有关亚里士多德文本流传的问题属于西方古典学问题，此处不赘）。

《名理探·十伦》的开头有一篇"总引"，其中第一句话如下：

> 十伦者，西言加得我利亚，译名则称谓，译义则凡物性上下诸称之位置也②。

在这短短一句话中，译者实际上用了三种方式来翻译和解释亚里士多德的"伦"（即"范畴"）概念。第一，"伦"对应西文中的"加得我利亚"，或者说音译为"加得我利亚"。第二，"伦"的字面意义是"称谓"。第三，"伦"的确切含义是"凡物性上下诸称之位置"。

---

① F. Schleiermacher, "On the Different Methods of Translating", L. Venuti, ed., *The Translation Studies Reader*, Second Edition, London, New York: Routledge, 2004, pp.46-47.

② 《名理探》，第 294 页。

从"称谓"这个译名可见，范畴（category）概念和语言有关，而这一点在"范畴"或"伦"这些字眼中是看不出来的。

为了判断"伦"是否能够对应西文中的"加得我利亚"，应该首先弄清"加得我利亚"在希腊文中的含义。英语的 category，以及其他欧洲语言中写法相似的同一个词，都是希腊文 *katēgoria*（加得我利亚）的转写。*Katēgoria* 是名词，它从动词 *katēgorein* 派生而来。该动词的本义是"控告"，原因是这个词由表示"反对"的前缀 kata 和表示市政广场的 agora 构成，它的字面意思是"在市政广场上公开说话反对某人"。在古希腊的城邦中，控告是在市政广场上进行的。控告的方式就是讲述某人做了某事。如果转换到亚里士多德逻辑学的语境中，"某人"是逻辑陈述的主语，"做了某事"是谓述。亚里士多德的十个范畴实际上就是谓述的十种类型。因此，*katēgoria* 在希腊文中的含义相当于 predicate 在英文中的含义。事实上，英文的 predicate 一词是来自拉丁文的 *praedicāre*，而这个词正是拉丁文中用来翻译希腊文 *katēgorein* 的词。然而，在英语中，表示范畴的 category 和表示谓述的 predicate 不再有任何词源上的联系，并且 category 在希腊文中的本义在现代英语中已经消失了。英语的 category 一词的常用含义是"人或物的种类或分类"（a class or division of people or things），这其实是亚里士多德范畴概念的引申意义。之所以这个引申意义被保留下来，是因为从希腊化时期到中世纪的欧洲，亚里士多德的范畴学说主要被用来解释其种属学说，十个范畴就是十个最高的种（genera）。这种理解也反映在《名理探》中，因为耶稣会继承了经院哲学对亚里士多德的阐释。

简言之，中文的"伦"相当于英文的 category，而"称谓"相当于 predicate。"伦"和"称谓"之间也没有任何词源上的联系。并且，如果和希腊文 *katēgoria* 一词的本义相比较，那么无论"伦"还是"称谓"都难以看作它的同义词。

中文"伦"字有很多含义，其中最主要的有：人与人之间的关系、类、次序。这三个含义应该是傅汎际和李之藻用"伦"来翻译亚里士多德"范畴"的原因。"类"这个意义最接近于亚里士多德的"种"和"属"的意义。"次序"则对应"凡物性上下诸称之位置"。这种位置次序也是和亚里士多德的种属理论有关的。

可是，在中文里，"类"和"次序"两个含义毕竟是从"人与人之间的关系"这个含义引申而来。明末的中文读者不懂西方语言，也不了解西方哲学。他们读《名理探》时只能从中文来理解，也就很可能从"伦"的本义去联想。耶稣会士的西学著作主要面向儒家士大夫。而"伦"正好是儒家学说中的一个重要概念。正如亚里士多德的十范畴为西方哲学家所熟知，儒家的五伦同样为中国学者所熟知。五伦涉及的是人际关系。或许是因为"伦"字单独使用时和"人伦"同义，所以《名理探》特地用"物伦"两字作为《十伦》篇的开头。"人伦"是汉语常用词汇。"物伦"则很可能是译者发明的新词。或许他们是想暗示读者，正如儒家的五伦设定了人与人之间的等级次序，亚里士多德的十伦设定了世界万物的等级次序。这样看来，不能不说"伦"是一个巧妙的翻译，让亚里士多德哲学"适应"了儒家思想。然而，亚里士多德逻辑学主要是关于谓述和论证的。中文读者从"伦"出发恐怕很难理解这一点。

从上面的分析可以看出，儒家的人伦概念和亚里士多德的范畴概念分别来自两个复杂的思想体系。这使得西方哲学汉译的复杂程度远远超出一般意义上的翻译。即使《名理探》的翻译达到了语义层面上的部分对应，也无法让只懂中文的读者仅从译本就能理解亚里士多德在古希腊特有的文化环境和古希腊语特有的表达方式中形成的思想。就"伦"这个例子而言，很难说"补儒"式的、或"格义"式的翻译究竟是方便了读者理解，还是把跨语言、跨文化的理解这件事情本身复杂化了。

四、《名理探》的翻译是好是坏？

关于《名理探》的翻译是否成功，大部分学者的回答是肯定的。但同时，对于《名理探》在中国思想界几乎从来没有产生过影响这一历史事实，没有人能够拿出充分的根据来解释。本文的目的不是提供新的解释，而是指出，《名理探》的翻译是好是坏这个问题，其提法本身就有问题。

近年来，一些研究《名理探》的西方学者，如瓦第（R. Wardy）和顾有信（J. Kurtz），用英汉对照的术语表来证明，所有的逻辑学术语都可以翻译成中文。"中文丝毫不缺乏可以表达西方知识的词汇"——利玛窦、金尼阁等耶稣会士早在四百年前就已经肯定了这一点。但是，关于《名理探》一书没有被中国读者接受和理解这一事实，这些学者又异口同声地说问题在于词汇。瓦第认为，读者只能靠自己来应付专业术语组成的无法穿越的障碍①。顾有信称："要通读《名理探》中引入的大量新词汇和新概念，需要坚持不懈的努力。……他们[译者]从来没有在译本中建设任何沟通概念的桥梁来方便读者把《名理探》所阐述的学说置于中文语境中。"②这类观点包含着一个矛盾：一方面，翻译是完美的，因为所有的概念都可以翻译成中文，中国没有的概念完全可以造新词；另一方面，翻译是无法理解的，因为很多概念都是新词。

瓦第的论述中还有一个矛盾：他一方面把《名理探》当作西方哲学具有超越语言的普遍性的证据，并且说"这个可以被称作西方形而上学历史上影响最大的文本[亚里士多德《范畴篇》]是否只不过一种语言（或一个语系）的产物和特征，这是一个令人尴尬的问题。……'中文根本不能应对《范畴篇》'这类预言被[《名理探》]一次次地打破了。"③另一方面，他却在谈到中国读者的理解困难时说："实事求是来讲，中国人只有自己能读全部拉丁文文献，才能学会辩论。……由此看来，直接教会他们拉丁语然后让他们自己去读原著，这样更好办。"④这等于是说：第一，《范畴篇》完全不是印欧语系的产物；第二，不学会希腊语或者拉丁语（即印欧语系语言）就无法读懂《范畴篇》。

以上这些自相矛盾的结论让人不由反思"《名理探》是不是一个好的译本"这个问题本身。从上面两位学者的研究方法来看，他们都预设了一个前提：好的翻译就是原文和译文能够对应。并且他们是通过考察词汇的对应来检验翻译好坏的。可是，《名理探》及其同时代耶稣会士著作的特殊性在于，中西语言的对应并非在耶稣会士到中国之前就存在，而正是由他们建立起来的，也正是通过翻译而建立的。并且，"伦"的例子表明，翻译取决于译者对中文和中国思想的理解，以及他们进行翻译的目的。因此，词汇的对应不是翻译的前提，而是翻译的结果。在《名理探》这个特例中，哲学文本的可译性并不等于哲学理论的普遍性。

事实上，所有西方学科术语都可以翻译成中文，这只能说明任何语

---

① *The Discovery of Chinese Logic*, p.105.

② *Aristotle in China*, p.65.

③ *Ibid.*, p.150.

④ *Ibid.*, p.86.

言都可以自己产生新词来表达外来的概念。之所以有些西方学者会得出自相矛盾的结论，是因为他们没有从中文语境的角度去理解《名理探》，而只是查字典，看某个西文术语和它的汉译词是不是在某条词义上对应。这种做法的问题在于忽略了一个事实：历史上最早编撰拉丁文（或其他西方语言）与中文双语字典的都是各个西方国家来华的传教士。他们也是最早进行西文和中文互译的人。因此，如果我们在今天的汉英字典里查到"伦"有和 category 相近的意思，不是说明：因为这两个词对应，所以几百年前的传教士这样翻译；而是说明：因为几百年前的传教士这样翻译，所以这两个词对应。

西方哲学和中国哲学都有自己的历史，都是在特定的语言环境中形成的。耶稣会士在翻译西方哲学上所做的努力表明：不是因为不同的哲学传统和语言本来就相互对应，所以翻译是可能的；而是因为有了翻译和阐释的努力，不同的哲学传统才有可能沟通。

（本文原载《西学东渐研究第九辑》，北京：商务印书馆，2020 年）

带交互的动态逻辑和认知逻辑的组合

及其表列系统*

李延军

一、导言

命题动态逻辑（PDL）是推理程序或动作的重要逻辑[6]。认知逻辑（EL）是一种模态逻辑，涉及推理主体的信息方面，特别是主体的信念和知识[11]。因此，EL 和 PDL 的结合是推理知识和行动之间相互作用的有力工具。在本文中，我们将 EL 和 PDL 的组合称为"认知命题动态逻辑"（EPDL）。

有两种方法可以组合 PDL 和 EL：乘积和融合[7]。在本文中，我们通过融合的方式将 PDL 和 EL 结合起来。结果表明，两种模态逻辑的融合继承了各个逻辑的完全性、有限模型性和可判定性等属性[12,13,26]。但是，如果通两种逻辑的交互来扩展融合，则要复杂得多。PDL 和 EL 组合中最常讨论的交互性质是完美回忆、无学习和 Church-Rosser 公理。完美回忆和无学习的结合在[7]中也称为交换性。

完美回忆（PR）通常由公理模式 $K[a]\phi \to [a]K\phi$ 所定义，其中[a]是 PDL 模态，K是认知模态。它表达了智能主体的知识在记忆方面的持久性。该模态公式可以用一阶句子 $\forall x \forall y \forall z(xRy \land y \sim z \to \exists u(x \sim u \land uRz))$ 所表示，其中R是解释原子动作 a 的二元关系，而~是解释 EL 的模态

---

* 该论文的完整版本见 Yanjun Li: Tableaux for a combination of propositional dynamic logic and epistemic logic with interactions, in *Journal of Logic and Computation*, 28 (2), 2018, pp.451-473。相关注释参照原文格式进行标注。

K 的等价关系。完美回忆可以描述如下：

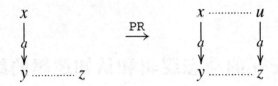

无学习（NL）通常由公理模式[a]Kϕ → K[a]ϕ所定义。该公式表达的是智能主体在采取一个行动之前就已经知道了该行动所能导致的后果。换句话说，主体在实际行动中不会学习到他之前没有预料到的新知识。该模态公式可以用一阶句子∀x∀y∀z(x ~ y ∧ yRz → ∃u(x ~ u ∧ uRz))所表示，并且可以描述如下：

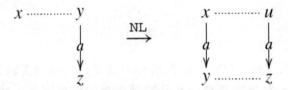

Church-Rosser 公理（CR）是公理模式¬[a]¬Kϕ → K¬[a]¬ϕ。该公式所表达的是如果主体可能通过执行动作 a 而知道 φ，那么他知道通过执行 a 可以实现 φ。该公式可以用一阶句子∀x∀y∀z(xRy ∧ y ~ z → ∃u(z ~ u ∧ yRu)所表示，并且可以描述如下：

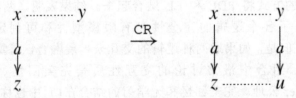

PDL 与不同版本的 EL（如 K45、KD45 和 S5）的融合并带有 PR、NL 和 CR 的各种选择在[7,17-19]中得到了很好的研究。例如，已经证明带有 PR 和 NL 的 PDL 和 S5 的融合与 PDL 和 S5 的乘积一致，并且证明了带有 PR 和 NL 的 PDL 和 S5 的融合具有指数大小的有限模型性质。同时，也证明了带有 NL 的 PDL 和 S5 的融合与带有 CR 的 PDL 和 S5 的融合是等价的，这与在二元关系~是等价关系时 NL 和 CR 等价是一致的。

除了 PR、NL 和 CR 以外，无奇迹也是一个重要的属性，它刻画了智能主体的行为和知识之间的相互作用[21-23]。无奇迹（NM）在句法上由公理模式 $\neg[a]\neg K\phi \to K[a]\phi$ 所表达。请注意，NM 公理模式不同于上面的 NL 的公理公式，其不同之处在于：在 NM 中 a 是一个全称模态词而在 NL 中它是一个存在模态词。这是因为并非所有动作在当前世界中都是可执行的。这一细微的差别使得 NM 更适合于捕捉知识与行为之间的交互，而NL 更适合于描述知识与时间之间的交互。可以在[23]中找到关于 NM 和 NL 之间差异的更详细讨论。直观地说，无奇迹表示不存在"奇迹"情况，即主体最初无法区分两种状态，但他可以区分对这两种状态执行相同动作所产生的状态。NM 可以用一阶句子 $\forall x \forall y \forall z \forall u((x \sim y \wedge xRz \wedge yRu) \to u \sim z)$ 所表示，并且可以描绘如下：

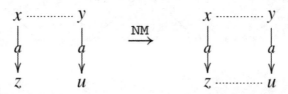

虽然 PDL 和 EL 与 PR、NL 或 CR 的组合得到了很好的研究，但与 NM 扩展的组合和这些特性尚未得到充分研究。在这个文章中，我们将重点介绍 PDL 和 EL 的融合，本文称为 EPDL，并以 PR 和 NM 来扩展 EPDL。我们观察到，在现实生活中，行为会发生一定的知识变化，因此用具有 PR 和 NM 属性的 EPDL 模型来刻画是很自然的。下面是两个类似的例子。

首先，让我们考虑一个简化版的 Monty Hall 问题。一共有三扇门：一扇门后面是一辆车；其他两扇门后面是山羊。最初主体不知道哪扇门背后是什么。现在发生了一个动作，即打开了一扇后面是山羊的门。此时，主体虽然知道汽车不在打开的那扇门后面，但他仍然不知道汽车在哪扇门后面。我们用 A 表示汽车在第一扇门后面，用 Ab 表示汽车在第一扇门后面并且第二扇门已经被打开了。动作 a 表示打开第一扇门。其他表示是相似的。图 1 所描述的模型代表了本示例中的知识变化，它具有 PR 和 NM 的性质。

在第二个示例中，带有 PR 和 NM 的 EPDL 是对确定性规划问题进行建模的自然方法（参见[25]）。确定性规划是指找到一个线性解决方案（一系列行动）的问题，该方案要保证在初始状态存在不确定性的情况下实现目标（参见[20]）。考虑图 2 所描述的示例，初始不确定性集是 s1,s2，目标集是 s3,s4。知识状态是状态空间的子集，它记录了计划执行期间主体的不确定性，例如 s1,s2 是初始知识状态。为了确保最终实现目标，在计划执行期间跟踪主体的知识状态的转换是至关重要的。图 3 描绘了一个带有 PR 和 NM 的 EPDL 模型，该模型显示了主体知识的发展历程。从图 3 中，我们可以看到动作序列 aa 是一个解决方案。在[25]中，已经证明规划问题是否存在一个解决方案可以用 EPDL 语言表示。因此，带有 PR 和 NM 的 EPDL 的可满足问题是有很重要的实际意义的。

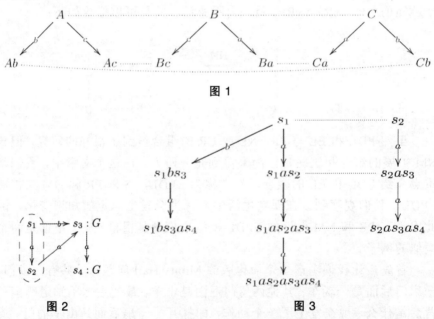

图 1

图 2　　　　　　　　　　图 3

本文提出了一种基于表列系统的决策算法，用于确定具有 PR 和 NM 属性的模型中单主体的 EPDL 公式的可满足性问题。EPDL 是一种二维逻辑，因为它具有两种模态词：PDL 模态词和认知模态词。对于这种二维逻辑的表列系统，本文所采用的方法是结合了[1,2,4,8,24]中使用的时态认知逻辑（TEL）的表列系统构建方法和[9,16]中使用的 PDL 的表列系统构建方法。TEL 是一种推理随时间推移主体知识演变的逻辑[5,15]，也是一种二维逻辑：它同时具有时态模态词和认知模态词。TEL

的表列系统的构建是基于气泡的,TEL 的表列系统所构建的是一个气泡组成的图。此外，与时态模态词的结构相比，PDL 模态词的结构要复杂得多。我们使用用于构建 PDL 表列系统的方法来处理 EPDL 中的 PDL 模态词。

二、EPDL 逻辑及其表列系统

本小节主要介绍 EPDL 逻辑的形式语言、模型和满足关系。

令 Φ_0 表示一个可数的命题变元的集合，Π_0 表示一个可数的动作集合。EPDL 的形式语言由下面的 BNF 规则给出（其中 $p \in \Phi_0$ 并且 $a \in \Pi_0$）：

$$\phi ::= \top \mid \neg\phi \mid (\phi \wedge \phi) \mid K\phi \mid [\pi]\phi$$
$$\pi ::= a \mid ?\phi \mid \pi;\pi \mid \pi + \pi \mid \pi^*$$

EPDL 的模型 M 是一个四元组 $M = <S, \{R_a \mid a \in \Pi_0\}, \sim, V>$，其中

- S 是一个非空的状态集合；
- R_a 是 S 上的一个二元关系；
- $\sim$ 是 S 上的一个等价关系；
- V 是一个赋值函数。

EPDL 中的满足关系的定义如下：

$$M, s \vDash \top$$
$$M, s \vDash p \quad \Leftrightarrow \quad s \in V(p)$$
$$M, s \vDash \neg\phi \quad \Leftrightarrow \quad M, s \nvDash \phi$$
$$M, s \vDash \phi \wedge \psi \quad \Leftrightarrow \quad M, s \vDash \phi \ 并且 \ M, s \vDash \psi$$
$$M, s \vDash K\phi \quad \Leftrightarrow \quad 如果 \ s \sim t \ 那么 \ M, t \vDash \phi$$
$$M, s \vDash [\pi]\phi \quad \Leftrightarrow \quad 如果 \ s \xrightarrow{\pi} t \ 那么 \ M, t \vDash \phi$$
$$\xrightarrow{a} \quad = \quad R_a$$
$$\xrightarrow{?\phi} \quad = \quad \{(s,s) \mid M, s \vDash \phi\}$$
$$\xrightarrow{\pi_1 + \pi_2} \quad = \quad \xrightarrow{\pi_1} \cup \xrightarrow{\pi_2}$$
$$\xrightarrow{\pi_1;\pi_2} \quad = \quad \xrightarrow{\pi_1} \circ \xrightarrow{\pi_2}$$
$$\xrightarrow{\pi^*} \quad = \quad \bigcup_{n \geq 0} \left(\xrightarrow{\pi}\right)^n$$

完美回忆和无奇迹属性的定义如下：

- 一个 EPDL 模型具有完美回忆属性，当且仅当，对所有的 $a \in$ Π_0 以及所有的 $s,t,y \in S$，如果 sR_at 并且 $t \sim y$ 那么一定存在一个状态 $x \in S$ 使得 $s \sim x$ 并且 xR_ay。
- 一个 EPDL 模型具有无奇迹属性，当且仅当，对所有的 $a \in \Pi_0$ 以及所有的 $s,t,x,y \in S$，如果 sR_at，$s \sim x$ 并且 xR_ay 那么一定有 $t \sim y$。

三、EPDL 的表列系统

本节主要介绍一个 EPDL 的表列系统程序以检查一个 EPDL 公式是否在带有完美回忆和无奇迹属性的模型类上可满足。

基于一个给定的 EPDL 公式 ϕ 的表列系统的构造分为三步进行：

- 第一步构造基于该公式的前表列系统（pre-tableau）；
- 第二步在前表列系统的基础上构造初始表列系统；
- 第三步在初始表列系统的基础上构造最终表列系统。

本论文证明了一个 EPDL 公式 ϕ 在带有完美回忆和无奇迹属性的模型类上可满足当且仅当存在一个基于 ϕ 的开放表列系统。

四、结语

本文介绍了一个基于表列系统的 EPDL 程序，具有完美回忆和无奇迹的属性。完美的回忆和无奇迹是捕捉知识和行动之间相互作用的重要属性。[1,2]开发了一种基于表列系统的 TEL 程序，同时带有无遗忘和无学习属性。EPDL 中的完美回忆特性与 TEL 中的无遗忘特性没有太大区别。然而，EPDL 中无奇迹的属性比 TEL 中没有学习的属性更复杂。与 TEL 相比，EPDL 具有分支动作，并且可访问性关系通常不是确定的。这使得无奇迹的 EPDL 的表列系统比无学习的 TEL 的表列更复杂。

在未来的研究中仍有许多问题需要探索。首先，本文中介绍的决策过程不能保证具有最佳复杂度。在[10]中证明了具有完美回忆且无学习的单主体 TEL 的复杂度是多项式空间的。更重要的是，在[7]中证明了具有完美回忆且无学习的 EPDL 的余问题是指数空间可判定的。我们可以改进我们的程序并比较复杂性,以观察在无学习的情况下无奇迹对问题复杂度所产生的影响。

此外,正如我们在开头提到的,带有完美回忆、无学习和 Church-Rosser 属性的各种 EPDL 组合在 [18] 中给出了较为详尽的研究。因此,另一个有趣的方向是对同时带有无奇迹属性的 EPDL 的组合进行类似的研究。同时,我们还可以扩展和调整本文中提出的表列系统以研究同时带有完美回忆、无奇迹、无学习和 Church-Rosser 属性 EPDL 组合。

参考文献:

[1] M. Ajspur. *Tableau-based Decision Procedures for Epistemic and Temporal Epistemic Logics*. PhD Thesis, Doctoral School of Communication, Business and Information Technologies, Roskilde University, Denmark, 10, 2013.

[2] M. Ajspur and V. Goranko. Tableaux-based decision method for single-agent linear time synchronous temporal epistemic logics with interacting time and knowledge. In *Logic and Its Applications*, *5th Indian Conference*, *ICLA 2013*, *Chennai*, *India*, *January 10-12*, *2013*. *Proceedings*, Vol. 7750 of *Lecture Notes in Computer Science*, K. Lodaya, ed., pp. 80-96. Springer, 2013.

[3] P. Blackburn, M. de Rijke and Y. Venema. *Modal Logic*. Cambridge University Press, 2001.

[4] S. Cerrito, A. David and V. Goranko. Optimal tableaux-based decision procedure for testing satisfiability in the alternating-time temporal logic ATL+. In *Automated Reasoning*, Vol. 8562 of *Lecture Notes in Computer Science*, S. Demri, D. Kapur and C. Weidenbach, eds, pp. 277-291. Springer International Publishing, 2014.

[5] R. Fagin, J. Y. Halpern, Y. Moses and M. Y. Vardi. *Reasoning about knowledge*. MIT Press, 1995.

[6] M. J. Fischer and R. E. Ladner. Propositional dynamic logic of regular programs. *Journal of Computer and System Sciences*, **18**, 194-211, 1979.

[7] D. M. Gabbay, A. Kurucz, F. Wolter and M. Zakharyaschev. *Many-dimensional Modal Logics: Theory and Applications*. Elsevier North Holland, 2003.

[8] V. Goranko and D. Shkatov. Tableau-based decision procedures for logics of strategic ability in multiagent systems. *ACM Transactions on Computational Logic*, 11, 3: 1-3: 51, 2009.

[9] R. Goré and F. Widmann. Optimal and cut-free tableaux for propositional dynamic logic with converse. In *Automated Reasoning, 5th International Joint Conference, IJCAR 2010, Edinburgh, UK, July 16-19, 2010. Proceedings*, Vol. 6173 of *Lecture Notes in Computer Science*, J. Giesl and R. Hähnle, eds, pp. 225-239. Springer, 2010.

[10] J. Y. Halpern, R. van der Meyden, and M. Y. Vardi. Complete axiomatizations for reasoning about knowledge and time. *SIAM Journal on Computing*, 33, 674-703, 2004.

[11] J. Hintikka. *Knowledge and Belief: An Introduction to the Logic of the Two Notions*. Cornell University Press, 1962.

[12] M. Kracht and F. Wolter. Properties of independently axiomatizable bimodal logics. *The Journal of Symbolic Logic*, 56, 1469-1485, 1991.

[13] M. Kracht and F. Wolter. Simulation and transfer results in modal logic: a survey. *Studia Logica*, 59, 149-177, 1997.

[14], Li, Yanjun. *Tableaux for Single-Agent Epistemic PDL with Perfect Recall and No Miracles*, pp. 230-242. Springer, 2015.

[15] R. Parikh and R. Ramanujam. A knowledge based semantics of messages. *Journal of Logic, Language and Information*, 12, 453-467, 2003.

[16] V. R. Pratt. A practical decision method for propositional dynamic logic: Preliminary report. In *Proceedings of the 10th Annual ACM Symposium on Theory of Computing, May 1-3, 1978, San Diego, California, USA*, R. J. Lipton, W. A. Burkhard, W. J. Savitch, E. P. Friedman and A. V. Aho, eds, pp. 326-337. ACM, 1978.

[17] R. A. Schmidt and D. Tishkovsky. Combining dynamic logic with

doxastic modal logics. In *Advances in Modal Logic*, Vol. 4, P. Balbiani, N.-Y. Suzuki, F. Wolter and M. Zakharyaschev, eds, pp. 371-392. King's College Publications, 2002.

[18] R. A. Schmidt and D. Tishkovsky. On combinations of propositional dynamic logic and doxastic modal logics. *Journal of Logic, Language and Information*, 17, 109-129, 2008.

[19] R. A. Schmidt, D. Tishkovsky and U. Hustadt. Interactions between knowledge, action and commitment within agent dynamic logic. *Studia Logica*, 78, 381-415, 2004.

[20] D. E. Smith and D. S. Weld. Conformant graphplan. In *Proceedings of the Fifteenth National Conference on Artificial Intelligence and Tenth Innovative Applications of Artificial Intelligence Conference*, J. Mostow and C. Rich, eds, pp. 889-896. AAAI Press/The MIT Press, 1998.

[21] J. van Benthem. *Logic in Games*. MIT Press, 2014.

[22] J. van Benthem, J. Gerbrandy, T. Hoshi and E. Pacuit. Merging frameworks for interaction. *Journal of Philosophical Logic*, 38, 491-526, 2009.

[23] Y. Wang and Q. Cao. On axiomatizations of public announcement logic. *Synthese*, 190, 103-134, 2013.

[24] P. Wolper. The tableau method for temporal logic: an overview. *Logique et Analyse*, 28, 119-136, 1985.

[25] Q. Yu, Y. Li and Y. Wang. A dynamic epistemic framework for conformant planning. In *Proceedings of the 15th Conference on Theoretical Aspects of Rationality and Knowledge, TARK 2015, Pittsburgh, USA, June 4-6, 2015*, R. Ramanujam, ed., pp. 298-318. EPTCS, 2016.

[26] M. Zakharyaschev, F. Wolter and A. Chagrov. Advanced modal logic. In *Handbook of Philosophical Logic*, Vol. 3, D. M. Gabbay and F. Guenthner, eds, pp. 83-266. Springer, 2001.

论证型式、批判性问题和完整的论证评价[*]

于诗洋　Frank Zenker

1. 引言

为了评估自然语言论证，论证型式及其相关的批判性问题一直是当代论证理论的核心。也许第一个在今天的技术意义上使用"批判性问题"的学者是 Hastings（1962）。在此之前，Perelman 和 Olbrechts-Tyteca（1958）提出了"论证型式"的概念。其概念来源 *topoi* 主要用于论证构建，论证型式和批判性问题则主要用于论证评价。当然，这两个概念是密切相关的。然而，即使局限于论证评价，对论证型式和批判性问题的统一理论理解仍然缺乏。

事实上，只要"现有的论证分类在许多方面都不令人满意"，就很难出现已经统一的论证型式分类。例如，语用论辩学家们将论证型式视作对理由支持立场方式的刻画。此外，非形式逻辑学家和人工智能与法学者们倾向于将论证型式视为日常论证的形式。此外，几乎所有的学者都认为"论证型式"表示一种语言结构，而一些人也认为这种结构是将（内部）推理型式外化。我们采用前者的用法。

当代的学者将批判性问题列表与论证型式相联系。这种联系发生在我们所谓的理论层面，分别是应用层面。然而，在这两个层面上，都没有达成一致的完整批判性问题列表停止标准，因此，分析师是否必须询问更多的批判性问题还不清楚。因此，我们在本文中的主要目标是开发完成基于批判性问题的评估的元层面条件。

---

[*]原文详见 Yu,S.,& Zenker,F. 2020. "Schemes, cntical questions, and complete argument evaluation". *Argumentation* 34:469-498.

2. 为什么要对论证型式进行逻辑解释？

2.1 层面

可以将批判性问题与论证型式或其特定实例联系起来。前一个层次我们称为理论性的，因为它抽象自论证的具体内容；后一层我们称之为应用。因此，可以将理论批判性问题与应用批判性问题区分开来，后者通过填充它们的占位符来指定理论批判性问题。这种区别也适用于论证模式。例如，考虑理论层面（1a-c）的"从某个位置了解"型式，并比较应用层面（1a'-c'）的三个实例。

（1a）论证型式"由位置而知"；理论层面，实例 1

a 可以知道 a 是否为真。

<u>a 断言 a 是正确的。</u>

一个是真的。

（1b）论证型式"由位置而知"；理论层面，实例 2

a 可以知道 a 是否为真。

a 断言 a 是正确的。

<u>如果 a 能够知道 a 是否为真，并且 a 断言 a 为真，那么 a 为真。</u>

一个是真的。

（1c）论证型式"由位置而知"；理论层面，实例 3

a 可以知道 a 是否为真。

a 断言 a 是正确的。

<u>A 是一个诚实的（可信赖的，可靠的）来源。</u>

一个是真的。

（1a'）论证型式"从一个位置知道"；应用层面，实例 1

哈里可以知道"玛丽是凶手"是不是真的。

<u>哈里断言："'玛丽是凶手'是真的。"</u>

"玛丽是凶手"是真的。

（1b'）论证型式"由位置而知"；应用层面，实例 2

哈里可以知道"玛丽是凶手"是不是真的。

哈里断言："'玛丽是凶手'是真的。"

如果哈利能够知道"玛丽是凶手"是不是真的，而哈利断言"玛丽是凶手"，那么"玛丽是凶手"就是真的。

"玛丽是凶手"是真的。

（1c'）论证型式"从一个了解的立场"；应用层面，实例 3

哈里可以知道"玛丽是凶手"是不是真的。

哈里断言"玛丽是凶手"是真的。

哈里是个诚实的（可信赖的，可靠的）消息来源。

"玛丽是凶手"是真的。

正如这些例子所示，在应用层面，第一层只是将"a"替换为"哈里"，将"玛丽是杀人犯"替换为"a"。此外，在理论层面，1（b）外部化了 1（a）背后的逻辑推理。最后，1（c'）表示信息。哈里是一个诚实的（值得信赖的，可靠的）消息来源——如果它是假的，就会表达1（b'）和（1b-1c）中推论的例外（我们将在第 2.2 节再回到这一点）。

评估一个给定的型式实例需要一个通用的规范性标准，一个不局限于特定型式或实例的标准。只有理论层面提供了这种规范性或合理性，这种规范性才能顺利地从理论层面转移到应用层面。这个约束迫使我们认识第三个层次：元层次。它的实例是逻辑形式（1a''-c''），它们本身比理论层面的实例更抽象。正如所期望的那样，这些元层次逻辑形式具有足够的普遍性，可以将其自身明显的合理性从元层次转移到理论层次。

（1a''）论证型式"由位置而知"；元层面，实例 1

前提（s）

结论

（1b''）论证型式"由位置而知"；元层面，实例 2

前提（s）

如果前提（s），那么结论

结论

（1c''）论证型式"由位置而知"；元层面，实例 3

前提（s）

没有例外（s）

结论

只要元层次是一个逻辑结构，就必须相应地把一个论证型式当作一个逻辑结构。这个结构可以独立于论辩或修辞的考虑进行研究，因为这些考虑既不会影响一个型式的结构，也不会影响它的组成部分。它们更适合于评价一个型式实例的标准，例如关于内部一致、受众接受、承担承诺、不负责任等。

2.2 论证型式的逻辑说明

因此，我们的叙述的两个基本特征是推理规则和例外。论证型式毕竟"通过将前提与结论之间的联系作为条件前提，可以转化为逻辑推理规则的实例"。因此，将型式视为逻辑结构意味着"评价论证的过程主要采取[非单调]逻辑的形式"。

例如，（2）中包含"通常"的推理规则是可撤销的推理规则。

（2）可废止的方法规则

P

如果 P，通常是 Q

因此（大概），Q

将（2）填充到"从某个位置到已知"型式，可以得到（3），其中包含一个可撤销的推理规则，或（4），其中包含一个本身必须是可撤销的广义条件前提（Prakken, 2010, pp. 7f.）。在（3）和（4）之间的选择，当然是一个品味的问题，而不是实质的问题。

（3）论证型式"由位置而知"；可废止的推理规则

a 可以知道 a 是否为真。

a 断言 a 是正确的。

一个是真的。

（4）论证型式"由位置而知"；普遍条件的前提下

a 可以知道 a 是否为真。

a 断言 a 是正确的。

如果 a 能够知道 a 是否为真，并且 a 断言 a 为真，那么 a 为真。

一个是真的。

当形成推理规则时，另一个问题则是是否包括一个专门的前提，说明没有例外，如第（5）。

（5）论证型式"由位置而知"；具有例外前提的推理规则说明

a可以知道a是否为真。

a断言a是正确的。

<u>A是一个诚实的（可信赖的，可靠的）来源。</u>

一个是真的。

超越单纯趣味的考虑，要完全评估一个可行的论证，必须先明确其隐含部分。在应用层面，这要求列出推理的例外。然而，与此同时，是否可以列出实际的和可能的例外情况尚不清楚。例如，即使（5）的所有前提都为真，人们也不能安全地推断"A是真"，因为A可能是假的。再举一个例子，前提"a通常是可靠的消息来源"并不意味着"a现在说的是实话"。否则，可以从"A通常是一个可靠的来源"和"A断言A"中推断出"A是真的"（因为这回避了前提"a有能力知道a是否为真"，然而，这也使人们对"从已知的位置"来看待这个型式产生了疑问）。因此，"一般"和"现在"之间的意义上的差距意味着隐含的部分，这是一种未得到满足的需求，它正确地引发了对应用批判性问题列表是否完整的怀疑。

在发展符合任何论证型式的逻辑解释时，上述提供了强烈的理由反对在应用层面上操作。相反，我们选择了一个可撤销条件前提的元层面版本，如（6）。

（6）任何论证型式的元级逻辑结构

前提（s）

<u>如果前提（s），那么结论</u>

因此，结论

当（6）从（2）中摘录时，可以省略"通常"（包含在"如果-那么"条件的填充版本中），因为这个术语在元层面上变得多余。论证型式的逻辑结构现在看起来是演绎的。然而，演绎结构非但不能提供清晰的表述，反而掩盖了"如果-那么"前提所表达的条件句的易被推翻的特征，这种特征以实质性信息而非逻辑信息为中心。因此，我们开始用实质性解释来补充我们的逻辑解释。

3．对论证型式的实质性叙述

3.1 语用论辩理论

语用论辩学家们认为论证"口头、社会和理性活动旨在说服一个合理的批评的可接受性的角度提出一个星座的命题证明或反驳中表达的命题角度"（van Eemeren & Grootendorst, 2004, p. 1）。正如作者正确地指出，逻辑本身提供了但有限的洞察力，以了解如何可接受的论点的前提，转移到一个主张。对于这种转移，"为了达到听者接受讲者观点的互动效果"，说话者依赖的不是逻辑，而是"一个现成的论证型式"——或论证型式——也就是说，"一种或多或少的传统方式，来表示论证中陈述的内容与观点中陈述的内容之间的关系"（van Eemeren & Grootendorst, 1999, p. 96）。

因此论证型式代表了前提或理由与观点或主张之间的各种关系。此外，作为该理论的基本类型，语用论辩法根据症状性、相似性或因果关系来区分关系（Garssen, 1994; 1997）。举个例子，如果"某人试图通过指出某件事是另一件事的症状来说服他的对话者"，那么可接受性就被"伴随关系"转移了（van Eemeren & Grootendorst, 1992, pp. 96f.）。在这种情况下，"论证被提出，就好像它是观点中陈述的一种表达、一种现象、一种迹象或某种其他类型的症状"（同上，p. 97）。与其他两种关系一样，这种关系引用的是实质内容而不是形式内容。

3.2 实质性解释的好处

作为一种逻辑前提，"如果-然后"前提对于演绎推理和归纳推理都至关重要。既然这三种基本关系规定了"如果-那么"前提的实质，那么，在第（6）项中适当的替换就会产生：

（7）元层面的组合论证型式

前提（s）。

前提（s）和结论的指称物 R 之间的关系。

因此，结论。

这指定了"如果-然后"前提的含义。与逻辑解释一样，实质性解释也允许区分三个层次。例如，考虑到相似性关系，我们可以很容易地得到三个越来越抽象的说明：

（8a）例子，相似关系，应用层次

"我提出的方法去年有效（这个问题与去年类似），所以这个方法将再次有效。"

（8b）实例、相似关系、理论层面

"对于[问题]X，[方法]Y是有效的，因为[，f]或[问题]Z，[方法]Y是有效的，X是可比的，因为它与Z是相关相似的。"

（8c）例子，相似关系，元层面

对于X，Y是有效的因为对于Z，Y是有效的；R连接X和Z。

在（8a）中，去年的问题和今年的问题之间的相似性应该支持该方法对今年的问题是有效的，这个结论是基于该方法对类似问题被证明是有效的。严格地说，如果可接受性基础相似关系R成立，它就不能在前提（部分）和结论之间成立，而必须在两个问题之间成立，一方面，在每个问题的方法有效性之间成立。当然，在语言和本体——词和物——之间的区别可以忽略不计的地方，我们可以进一步抽象R：

（9a）实例，相似关系，应用层次

我提出的方法在去年是有效的（该方法已被证明的解决去年问题的能力与该方法解决今年问题的有效性相似，因为问题是相似的），所以该方法将再次有效。

（9b）实例，相似关系，理论层面

前提（s）。

前提和结论之间存在相似关系。

因此，结论。

（9c）一般关系，元层次

前提（s）。

前提（s）与结论的关系R成立。

因此，结论。

与（1a''-c''）中对"由位置而知"型式的元层面处理一样，（9c）完全从作为相似性之一的关系中抽象化。因此，这一型式适用于所有类型的实质性关系。这样就表示了一个论证型式的结构，我们可以转向它的实质性方面。

3.3 定义论证型式

由于缺乏对"论证型式"的共识定义，我们自己的定义侧重于三个选择。这些与抽象层次、实质与逻辑的区别以及研究对象有关。第一，我们在元层次上定义了"论证型式"，理论和对象层次都隶属于元层次。例如，"从认知的位置出发的论证"型式，例证了论证型式这个概念，但这个型式本身与概念是不同的。第二，论证型式不仅引用逻辑解释"带走"的实质性信息，它们还引用逻辑解释帮助识别结构位置上的信息。因此，逻辑解释和实质性解释是相辅相成的。第三，如果一个人要在元层面上仅根据实质关系来定义一个论证型式，那么他只会抓住"如果那么"的前提。但是，显然不能在应用级进一步（重新）构造论证，从而使该型式填充。因此，我们的定义如下：

"论证型式"的定义：S 是一个论证型式，如果且仅当，S 是一个元层面论证，且至少包含一个前提和结论，可接受性由前提转移给结论是通过实质关系实现的。

这抓住了（7）中对论证型式的元层面解释。我们认为（7）体现了论证型式的结构及其实质。在这样定义了论证型式本体之后，我们可以转向它的评价，图尔明模型证明这个任务是充分的。

4. 结论

将论证型式作为一个逻辑概念来对待，我们试图利用论证型式的层面之间的区别，将应用层面、理论层面和元层面分开。如果这种评估自然语言论证的方法完全成功，那么这是因为我们针对元层面进行分析。

什么是语义学

潘道江

语义学（Semantics）是从哲学和语言学方面研究意义的一门学科（Semantics 一词源于希腊文的 semaino：意谓、意指）。与此相关的"符号学"（semoitic）一词来自 semiotikos；"释意学"（semo-logy）一词来自 sema（符号）和 logos（规律）。要明确地区分这些词是困难的：因为，尽管它们的含义各有偏重，但其用法仍在很大程度上是通用的。本文简述的是有关语义学的哲学和语言学理论。

一、语义学发展的简要回顾

第二次世界大战后，意义理论有了较快的发展。这种发展归因于许多学科的相互影响。自 19 世纪中叶起，逻辑学的发展空前高涨。G. 弗雷格、B. 罗素等人拓宽了作为人类推理媒介物的自然语言之研究领域，建立了新的人工语言。现代逻辑学的影响给以后的语义学研究打上了永久性的烙印。

早期数理逻辑的影响，后被维也纳学派的逻辑实证论所部分取代。该学派盛行于 20 世纪 20 至 30 年代，它由一群热心科学方法论和科学认识论的哲学家、数学家、物理学家组成。他们运用逻辑符号，来建构一种"理想"语言的句法（syntax），并按经验主义的观点来阐述其语义。在他们看来，日常语言是粗糙的、不精确的、易引起混乱的。他们竭力作出一种理论主张，目的在于形成一种依赖经验证实的意义标准。

另一个不满于日常语言的学派，是以美国的人类学语言学家 B. 沃尔夫为代表。在沃尔夫的语言学论题中包含了一种特殊的语言。这种语言是人们能够学到并可以使用的，而且确定着人们的感知结构与观念结构。

按照实证论或人类文化论的说法，如果语言是含糊、不精确、并充满片面性和迷信色彩的，那么就表现了语言使用者的精神世界是混乱的、充满偏见和迷信内容的。普通语义论运动的奠基人 A.柯日布斯基相信补救这些缺陷的方面，必然存在于对语言习惯的根本修正之中。

在各学派对日常语言的联合攻击下，一些学者提出了反驳意见。在英国哲学家 G.摩尔及奥地利籍哲学家 L.维特根斯坦的影响下，日常语言哲学在 20 世纪 40 年代盛行起来。按这个学派的观点，日常语言提供了所有思想的基本的、不可缺少的原始材料；任何"理想"语言只有作为自然语言的扩张才有意义。因此，理想语言不能取代日常语言。

语言科学在 50 年代开始了一次革命性的发展。美国语言学家 Z.海瑞斯、N.乔姆斯基建立了转换-生成语法，开创了深入研究自然语言的局面。这种研究不是仅仅描述语句的结构，而是深入揭示语句是如何一步一步由一些基本组成成分构成的。这种新语法在哲学方面不仅足以驳倒实证论者舍弃自然语言的做法，而且还有助于哲学家特有的概念分析工作。在这种理论的影响下，在 60 年代产生了自然语言的生成语义学和生成句法学等新理论。

二、意义的哲学观点

1. 意义与指称

研究意义问题，首先就会遇到符号的分类问题。可以将符号分为自然符号与非自然符号。人们见了烟，就会产生关于火的观念；沙滩上有人的脚印，会使人联想到有人路经这里。烟和脚印是某种事物的符号，这种符号是自然符号。自然符号与交通信号或产品商标等符号不同，后者是由人们的传统和约定建立起来的，是非自然符号。非自然符号被广泛运用于人类的交际过程。

语言基本成分表现为非自然符号。语词、语句是人们交际的主要媒介物。它们是这样一些符号：所指称的东西超出了自身；它们意味着人们所思考的事物。词句的意义就是其自身与所指事物之间的联系纽带。

有些语词很适合上述指称说法。例如，亚里士多德这个名称意指（意含、表示、指称或指示）那个伟大的古希腊哲学家。自从柏拉图之后，人们就很迷信这种意义的指称模式。人们曾把专名看成是标准词语，竭力把意义的指称模式推广到其他词语上去。

但是，当人们考虑动词、介词、连词的指称时，困难就接踵而来。对于关系和类等抽象实体的讨论丰富了意义的哲学理论。G. 弗雷格曾建立公设，把真假作为命题（语句）的指称。

指称论牵扯许多重要问题。首先，有相同指称的一些表达式具有不同的意义。例如，"晨星"与"昏星"指示同一星体，但它们的意义不同。因此，人们必须在名称的所指（指称、外延），即它指称对象，与它的所谓（含义、内涵），即它的意义之间作出区分。其次，某些短语有意义，但无指称。它们的意义常常掩饰其无所指称的方面。例如，"红脸的鬼"这样的虚项；"当今的法国皇帝"这样的无指称的限定摹状词。假如说这些短语无意义，那么人们会根本不知道它们有没有指称对象。B. 罗素和 W. 奎因对此类内容的分析，有效地把意义与指称区别开来，区分的方法是：当语句中使用了这些表达式，则称它们等价于一种存在命题的集合。如"当今的法国皇帝是秃头的"等价于"至少且至多存在一个统治法国的人，而且凡统治法国的人都是秃头的。"后一命题没有特定指称，却有真假作为它的意义。

实际上，专名或与之类似的名称并不是很有代表性的语言表达式。指称并不受名称有没有意义的影响。一般说来，尽管指称论有其合理性，但它无助于全面理解意义的特性。

2. 意义与真值

许多语言现象表明，要理解一个语句就应当了解使它为真或为假的事物情况。因此，罗素提出了依据真值概念来解决空指称问题的方案，在此之后，真值语义论有了不断的发展。这种理论认为：根据真值而不是根据指称，就能完满地解释意义概念。

颇具影响的真值语义论的代表是 A. 塔尔斯基。下述公式包括了他的语义真值定义：

（T）X 是真的，当且仅当，P。

"P"是代表任一语句的一个变项，"X"是代表那个语句式唯一性摹状词的名称的变项。下面是（T）的一个实例："雪是白的"是真的，当且仅当，雪是白的。这个实例及上述公式体现了目标语言与元语言的区别。语句（T）是在元语言中做出的陈述。塔尔斯基指出：没有语言能够包含对它自身的真值的断定，若不然的话，就容许了下述语句的存在：

（S）本行写出的这句话是假的。

显然，语句（S）是真的，当且仅当，它是假的。这就产生了一个悖论。因此，对任何语言来说，"……是真的"这种断定和某些其他语义论断一样都属于一种更高层的语言（即元语言）之中。

塔尔斯基根据可满足概念，提出了一种解决语义问题的函项方法。例如，由于"雪是白的"为真，所以雪满足"X 是白的"这个语句函项。"……是白的"这个断定的意义依赖着使它为真的对象的集合。

上述方法可推广到自然语言的许多类语词。但有时也会产生麻烦。如"我""这""因为""尽管""相信""知道"等词语就使这种方法产生了麻烦。乔治和玛丽满足"X 爱 Y"这个函项；但是，谁来满足"X 相信 Y""X 知道 Y"等等这样的函项呢？如果有人提出用命题、事件和可能性来满足函项的某些部分，那么，他就面临要处理类似的指称论中抽象实体的难题。

"善"与"美"等伦理学和美学词语产生了另一种困难。美可以是人们心目中的东西，以观察者为转移。一个人认作美的东西，另一个人可能不认为是美。人们会对某一事物美不美的问题永远争论不休。对词的意义，人们可能会取得一致的看法，但对它的用法，其见解就大相径庭。这是因为，许多语言现象不能单纯地由真值来决定。

自然语言中许多有意义的言语，都完全没有非真即假的属性。这个事实是对真值论的严重打击。例如，陈述、证言、报道是非真即假的，但与之相对的命令、承诺、规定、建议、祈祷等等，就不能依据真假来评断。在后者表现出的言语行为中，词语的运用同它们在负载真值的言语行为中的运用，与其意义的关联程度相差无几。

3．意义和用法

为了克服上述困难，出现了意义的用法理论。用法论不认为所有语句都有指称，也不认为所有语句都有或真或假的性质。它认为词句的意义是如何运用它们的限制、规定和规则的总和。

用法论的来源，在于人们在对"美"和"善"等概念的分析中，看到存在一种情感意义。我们要理解这类语词的意义，就应当了解它们蕴含的情感意义，就应当了解它们在表达情感方面的功能。其次，维特根斯坦提出了语言游戏说的重要思想。他认为：一个词的意义就是语言游戏中，词的运用方式的函项。"一个词真正是什么？"这个问题相当于"象棋中的一个棋子是什么？"。最后，奥斯汀提出了一种言语行为的分类。照他的说法，人们要表述某件事情，往往实践着相关的某种行为。人们常用一类特殊的行为动词来前缀言语的"规范形式"，以此来表述某种行为。该类行为动词如：陈述、宣称、判断、命令、允许、要求等等。这些词标志了言语的非语法意含（illocution force）。例如，"我答应明天和你一起去"，这段话表现了一种断言、承诺或预告，它实践着动词意含的某种行为。按言语行为论的观点，一个词的意义是它潜在的非语法意含行为，即它对言语行为的性质所起的作用。

维特根斯坦指出：符号从符号系统中、从它所从属的语言中得到它的意义；理解一个语句，就意味着要理解一种语言。言语行为论的观点与维特根斯坦的上述观点是一致的。但是，它们都会遇到一些麻烦。由于词语的运用是没有限度的，而照上述说法，若不了解语言的全部情况，就难以了解一个词语的意谓是什么。

实际上，仅仅依赖非语法意含对词义所下的定义，夸大了某些情况。有些出现于各种非语法意含言语中的词语，其非语法意含可以被减除。但是，所有语词都或多或少地用来表达某种事情，这个事实仍是不可动摇的。

4．意义与思维

语言的使用要比弈棋之类的游戏复杂得多。游戏仅局限于某些物件本身的活动，而语言的使用是与思维密切关联的。

按照一种传统的观念，人们表达语言时，总具有要求他人理解什么、接受什么的意思；表达事物的言语，总与相信、意向、知道、理解等等观念相联系。言语，本质上是思想的表达，词句是用来表达信念、判断、愿望或欲求的。

同一思想、同一命题能够在言语中被译为各种编码（即各种词句），亦能译为同一编码的各种形式。例如，"乔治偷了我的表"，"我的表被乔治偷了"，"偷我表的是乔治"，这些句子都表达同一观念，这些不同的形式叫作释意或转译的差别。基于这种认识，对于某事物的表达就应当包括为某种思想编码,还包括对编码和复原同一思想时人们所表现出的理解方式。词句的意义存在于它们与编码的思想之间的关系之中。这个说法就是有关意义的心理理论的论题。

围绕意义问题的种种哲学理论和争论,仍以很大势头在发展。当行为主义依据行为来说明意义的理解问题时,经验论却试图把大部分概念归结为意义材料的经验结构,或归为一种精神刺激的模型。现代唯理论则以坚持人类言语具有独特的内在本能,并以复活先验理念论来回答意义问题。在各派纷争的同时,他们也把逻辑学和语言学中不断出现的新语义理论当作有力武器。

三、语言学中的意义理论

语义学是语言科学中的一个相当重要的领域。有人认为它是语言科学研究的主要领域。语言学家在意义方面的兴趣与哲学家的兴趣有很大不同。哲学家要问的问题是:"意义是什么?"而语言学家要问的则是:"词的意义是怎样在语言中说明的?""如何确定意义?""把握意义变化的规律是什么?""词又是如何产生、如何表达的?"

1. 意义、结构和语境

人们在学习一种新语言时,并不是凭着一个空空的头脑来学习的。他们实际上是在寻求词句、语法结构和非语法意含的合理位置。寻找这些内容,对语言学家来说是有意识的,而在他人来说是无意识的。在语义平面上,人们希望把新语言的词句安排在自己已经熟悉的语义类中。他们相信自己意想掌握的新语言与已懂的语言是可以互译的。因此,尽管起初人们经过一个把词对号入座的学习阶段,但很快就会进到从语境中先猜测词义,后建立词义的阶段。充分而丰富的语境为了解词义和句义提供了线索。语境表达了概念。

上述看法已隐含在哲学家 P.佐夫的语义思想中。按佐夫的说法,一个词的意义首先是它的补集的函项,这种补集由所有出现该词的可接受性语句组成;其次,词义是它对应集的函项,这种对应集由下述语词组成:这些词能替换所有不表达异常情况的语句中的词语。

转换语法理论为改进上述想法提供了帮助。转换理论认为,语句属于简单的表层结构，它们与一种深层结构相对应。在深层结构中，语句的某些成分表现为基本成分或核心语句。佐夫之见的实质，可以按转换语法学家海里斯的观点重述如下：同现（替换补集）和同现差（替换对应集），这两者都限制为核心结构。由于语汇是有限的，而且核心结构也很少，因此，在基本语句的有限集上，可以确定词的意义。语法对语义的作用尚不止于此。在用同现把内容放入意义的"构架"之前，语法限制已表现了这种构架。给出词义的最初阶段，已阐述了名词、动词等语法范畴，虽未论及语法常项，但它们的意义可由语法派生形式来决定。

2. 词汇

好的辞典为词提供了各种语境，但没有一部辞典能够列出所有同现情况。实际上存在着用语境来揭示词义的一般概括方法。这就是辞典定义。科学语义学的一个分支就是处理辞典的词条定义之形式和确切性条件的。

对辞典词汇的一种系统式研究，是 20 世纪 60 年代由美国哲学家 J. 卡茨和 J. 福德做出的。按照他们的见解，词汇的标准形式含三种内容：语法标记、语义标记、区分成分。语法标记根据一种精细的语法范畴系统，来描述词项的语法行为。语义标记只是传统属种概念的发展。其发展结果是形成了语义标记系统，该系统包括了诸如"物质""对象""生物""人类""男性""年轻"等义素的内容。卡茨宣称，按词项分配语义标记，至少可以解决有关同义、分析性和矛盾性等问题。区分成分的作用在于，依靠给出的语义信息的剩余部分，来补足词汇的内容。

3. 生成语义学

遵循转换-生成语法的基本公式、语义和句法部分在语句的深层结构中，被看成是不同的东西。句法由短语标记关系组成。这种标记关系给出了语句的转换结构。它通常用树形图，以短语标记作结点来表示。语义内容通过词项插入过程而引进，即通过具有意义的词替换短语标记而进入句子。词语的插入被设定在一个转换序列的开头，这个转换过程逐步趋向语句的表层结构。通过转换产生了全部语句的语义解释，从而实现了意义的输入。

有些学者力图表明，上述句法同语义的分离是不必要的。有些词其自身就指示了一种句法结构。这些词在一种复杂的关系里包含了大量语义成分。这个事实支持了生成语义学家的观点。这种语义学否认语义同句法之间有明显的区别。它认为，基于语义表达（或逻辑形式），语句的转换本身与表层结构相联系。词语在语义表达中，可编码为语义初始成分，或编码为一种完整的结构。因之，在词项插入的语句转换中，没有确定的形义区分点。生成语义学的一个重要结论是：只需要一种和意义与词句编码相一致的语义与语音之间的简单划分，而不需要语义、句法、语音这种三重划分。到底有多少种语义结构能归为某种特定语言，有多少结构能看成是人类心灵普遍（可能是内在的）成分，这些都是正在研究的问题。

（本文原载《世界哲学》，1985 年第 3 期）

局部语言的代数结构

——关于局部语义的一些一般性观察

查非

一、引言

在模态逻辑中，出于构造有穷模型这一特殊动机，用于构造过滤的公式集 Γ 被设计成对所有子公式封闭的。抛开构造有穷模型这个动机本身，过滤提供了一种构造模型的方法：一个模型的过滤只为语言中的一部分表达式提供解释，使得这部分表达式在语言中形成了一个独立的部分，姑且称之为当前语言的一个局部。现在，根据经典定义，Γ 相对于子公式的封闭性要求语言的局部只能在命题变元集上被划定。

众所周知，关于自然语言的语义，存在着整体主义和原子主义之间的争议。而通过过滤划定的语言局部可以视为形式语言的某种功能上的局部。现在抛开语义整体论的问题，但就形式化工作而言，我们是否有必要在设计一种形式语言的时候设法使得全体符号或者全体合式公式中的一部分能够独立地在句法和语义上同时实现相对于语言总体的功能独立性？

事实上，很多非经典逻辑具有类似的倾向，我们可以笼统地将其概括为"反对形式系统在功能上的整体主义"，它们都有着各自独特的动机，信念修正或许是这方面最具典型性的例子：一个信念状态自身是封闭的，对于信念状态以外的表达式，信念状态具有功能上的独立性。这种独立性摆脱了传统本体论条件句逻辑的本体论包袱，而且贯彻了有限理性的直观思想。

　　还有些不那么典型的例子，譬如在句法或语义实体之间建立距离关系的各种努力：相干逻辑中，对相干蕴含式前后件在符号上的关联性，潜在地为表达式之间确立了某种距离关系。直陈条件句逻辑、本体论条件句逻辑同样以某种形式建立了表达式与表达式或者可能世界与可能世界之间的距离关系。语言的或语义的实体之间距离关系的建立意味着语言整体具有某种空间分布，这种空间分布决定了至少语言的一部分功能是依赖空间分布上的语言局部而实现的。此外，在涉及语境或者情境的各种形式系统中，可能世界被按照语境或情境的条件进行了分类，譬如 Kaplan 的二维语义[①]，Stalnaker 关于预设与语境的工作[②]。这种分类的本质是借助那些本体论上被假定为"完整的"可能世界而构造本体论上"不完整的"可能世界，即由那些被筛选出的可能世界的共同特征所决定的世界的局部。

　　我们看到，各种"反对形式系统在功能上的整体主义"的非经典逻辑，其语义要么依赖于某种针对可能世界的"类型选择"，要么可以被等价地转换为依赖"类型选择"的语义，其中的一部分要求对"类型选择"的方式描述得更加具体，而另一部分则诉诸 "选择函数"，并一直为如何定义"选择函数"而争论。"类型选择"在技术上就是"过滤"。如前所述，Γ 相对于子公式的封闭性要求语言的局部只能在命题变元集上被划定。命题变元是彼此独立的，因此可以生成自由的代数结构。但仅就构造过滤而言，这种"自由"是不必要的，因为一个布尔代数可以经由非独立的生成子生成。对于前述种种非经典逻辑而言，"语言的功能局部"的直观背景常常在句法上不涉及对"原子命题"的假设，在语义上相应的，不要求对"可能世界"的描述能够"极大一致"。这样看来，用"子公式封闭集"进行过滤，使得我们常常将过滤的"网眼"画得太细了，不仅限制了系统的功能性，也在说明语义的直观背景时被迫背负沉重的本体论负担。

　　上述"过滤"方法与直观背景之间呈现出的分裂可以归结为两种可能世界本体论直观之间的冲动："子公式封闭集"使得"过滤"方法倾

---

① D. Kaplan, 1989, *Themes From Kaplan*, Oxford: Oxford University Press.

② R. Stalnaker, 1974, *Context and Content*, New York: New York University Press.

向于一种对 Abstractionism[①]可能世界的本体论承诺，而"形式系统在功能上的局部主义"则倾向于 Combinatorialism[②]可能世界的本体论承诺。为区别两者，我们可以用一个不太恰当的比喻：如果说世界是一条染色体，那么 abstractionism 认为世界是事态的模态叠加，即一条染色体上有一系列固定的基因座位，每个基因座位决定了一系列等位基因，因此染色体（可能世界）的种类是每个基因座位上等位基因种类的数量相乘的结果，由基因座位所决定的基因的不同类型直接具有本体论的共同完备性（jointly exhaustive），等位基因之间则是互斥的（mutually exclusive）。而 Combinatorialism 则认为尽管存在着不同类型的基因，且同类型的基因之间（即等位基因之间）在染色体上互斥，但染色体的长度和顺序是不固定的，即诸类型之间没有共同完备性。所以依靠过滤的方法得到的模型，它会假设可能世界的结构是固定的，可以变换的只是每个"事态座位"上坐着哪个具体的原子事态，这在哲学上符合的是Abstractionism 的直观，而"语言功能的局部主义"更加符合Combinatorialism 的直观。

从技术上，本文的出发点是提供一种类似于"过滤"但公式集不对命题变元封闭的模型构造方法。在直观背景上本文以及本系列的后续文章的动机是贯彻"功能分布在语言的局部"的主张。即主张一个公式集能够在语言上形成一个局部，使得演绎封闭性被定义在这个语言的局部上，即演绎封闭的公式集只是对相应语言局部上的公式进行二分，而不是对语言上的全体公式。公式集不对命题变元封闭不等于不对"子公式"封闭，只是此时的子公式不只要求在全局语言上"可表征"（representable），如命题变元，而且要求其在局部语言上也是"可表征"的。如何在一个公式集 Γ 和组成 Γ 中公式的那些命题变元之间恰当地建立一个语言的局部是技术上的关键。这也使得"局部语言"的技术方法和直观背景在 Combinatorialism 的可能世界观上得到统一。

---

① R, Adams. Theories of Actuality. *Noûs*, 8: 211-31, 1974; reprinted in Loux (1979): 190-209;R, Adams. Actualism and Thisness. *Synthese*, 49:3-41,1981; A, Plantinga, 1974, *The Nature of Necessity*, Oxford: Oxford University Press.

② D. M. Armstrong, 1997, *A World of States of Affairs*, Cambridge, New York: Cambridge University Press.

二、预备

此部分内容主要整理自文献。[①]

基础语言 $\mathcal{L}_0$ 是代数类型 $\mathcal{F}_0 = \{\bot, \neg, \vee, \wedge\}$ 在一个以变元（符号）集 X 上的项集 $Term_0(X)$，相应的有项代数 $\mathbf{Term}_0(X) = \langle Term_0(X), \mathcal{F}_0 \rangle$。在后文中，当我们使用 $\mathcal{L}_0$ 指 $Term_0(X)$，用 $\mathbf{L}_0$ 指相应的代数 $\mathbf{Term}_0(X)$。令 $Y \subset X$，则有基础语言 $\mathcal{L}_0$ 的 x 型局部语言 $Term_0(Y)$，即 $\mathcal{F}_0$ 在 X 的子集 Y 上的项集。相应的有项代数 $\mathbf{Term}_0(Y) = \langle Term_0(Y), \mathcal{F}_0 \rangle$。 Sg 表示一个代数 $\mathbf{A} = \langle A, \mathcal{F}_0 \rangle$ 上的子域算子， $Sg(X)$ 在 $X \subset A$ 时表示由子集 X 生成的子域。一个 $\mathcal{F}$ 型代数的类 $\mathbf{K}$ 被称为一个簇（Varieties），如果它在子代数，同态映像，和直积下封闭，记作 $V(\mathbf{K}) = \mathbf{K}$。我们用 $\mathbf{Con(A)}$ 表示代数 $\mathbf{A}$ 上所有全等关系（Congruences）的集合；

用 $Id(X)$ 表示 $\mathcal{L}_0$ 上全体恒定式（Identities）的集合

$$\{p \approx q : \langle p, q \rangle \in \mathcal{L}_0 \times \mathcal{L}_0\};$$

将双射 $\tau : Id(X) \to \mathcal{L}_0 \times \mathcal{L}_0$ 定义为 $\tau(p \approx q) = \langle p, q \rangle$；用 $IS(K)$ 表示一个代数类 $\mathbf{K}$ 在子代数同构映像下的闭包；用"$\vDash$"表示代数（类）与恒定式（集）之间的满足关系。

定义 1 令 $\mathfrak{B}$ 是一族布尔代数，给定变元集 X 在 $\mathcal{L}_0$ 上定义了全等关系，其中 $\Phi_{\mathfrak{B}}(X) = \{\phi \in \mathbf{Con(L_0)} : \mathcal{L}_0 / \phi \in IS(\mathfrak{B})\}$。则称

$$\mathbf{KG}_0(\bar{X}) = \mathbf{F}_{\mathfrak{B}}(\bar{X}) = \mathcal{L}_0 / \theta_{\mathfrak{B}}(X)$$

为 $\bar{X}$ 上相对 $\mathfrak{B}$ 自由的布尔代数。

定理 1 对于每个 $\mathbf{A} \in \mathfrak{B}$ 以及每个映射 $\alpha : X \to A$，都存在一个同态 $\beta : \mathbf{KG}_0(\bar{X}) \to \mathbf{A}$。我们称这个结论为 $\mathbf{KG}_0(\bar{X})$ 在 X 上对 $\mathfrak{B}$ 的全局映射性，称 X 为 $\mathfrak{B}$ 的一个自由生成子的集合，并称 $\mathbf{KG}_0(\bar{X})$ 由 X 自由生成。

定理 2 $\theta_{\mathfrak{B}} = \tau(Id_{\mathfrak{B}}(X))$，其中 $Id_{\mathfrak{B}}(X) = \{p \approx q \in Id(X) : \mathfrak{B} \vDash p \approx q\}$。

定义 2 设 B 是 A 的子集， θ 是 $\mathbf{A}$ 上的全等。则

$$B^{\theta} = \{a \in A : B \cap a / \theta \neq \varnothing\}.$$

---

① G. Gratzer, 2008, *Universal Algebra*, New York: Springer; S. Burris and H. P. Sankappanavar, 1981, A Course in Universal Algebra, Springer.

令 $\mathbf{B}^\theta$ 是 $\mathbf{A}$ 经由 B^θ 的子代数。同时定义 $\theta\!\restriction_B$ 为 $\theta\cap B^2$，叫作 θ 对 B 的限制。

三、第一类基本结构

注记 1 以下，我们将借助 $\mathcal{L}_0$ 中的项构造一种代数（局部代数），它处于 $\mathfrak{B}$ 之内。尽管此类代数的元素来自 $\mathcal{L}_0$，但我们不能简单地认为它们是符号，确切地说，它们是作为符号的元素。我们会为局部代数建立一套统一的符号系统，这个系统通过 $\mathbf{KG}_0(\bar{X})$ 上项的唯一可读性、项所表征的函数以及项与项之间的子项关系为每个项确定了一个二叉树，并通过二叉树上的极大反链建立了子项之间的组合规则。有了这个系统，才有适用于局部代数的等式逻辑。但由于本文的篇幅所限，这部分内容将在后续文章中加以介绍。

通过 $\mathcal{L}_0$ 上的元素，有两种最直接的方式来构造新的代数：我们可以依赖于 X 的子集 Y 构造 $\mathbf{KG}_0(\bar{Y})$，也可以用子集 $\Gamma\subset\mathcal{L}_0$，用 $\Gamma/\theta_\mathfrak{B}$ 生成子 $\mathbf{KG}_0(\bar{X})$ 的子代数。前者可以使得每个等价类上项的变元被限制在 Y 之内，但结构上却是单一的，即如果 X,Y 具有相同的基数，则 $\mathbf{KG}_0(\bar{X})$ 与 $\mathbf{KG}_0(\bar{Y})$ 总是同构的，因为 Y 中的元素是彼此独立的。后者的生成集 Γ 上的等价类一般不是独立的，但在各等价类上，项的结构仍然依赖于 X，因为等价类是在 $\mathcal{L}_0$ 上被定义的。

现在，我们可以简单地将两种方式结合在一起，即由 $\Gamma\subset\mathcal{L}_0$ 中出现的全体变元确定一个 $Y\subset X$，再用 Y 对 $\theta_\mathfrak{B}$ 进行限制，即取 $\theta_\mathfrak{B}\cap(Term_0(Y)\times Term_0(Y))$ 记为 $\theta_{\mathfrak{B}\restriction Term_0(Y)}$，这是类似于模态逻辑过滤模型的方法，但是这依然要假定某种 Abstractionism 式的可能世界，也就是 $\mathbf{KG}_0(\bar{Y})$ 上的超滤。或者也可以直接把 Γ 上的元素作为生成子，从而把前面的限制条件由 $Term_0(Y)$ 换作 $Term_0(\Gamma)$，但此时 $Term_0(\Gamma)$ 上很多的项是可以用 $\mathcal{L}_0$ 上更简单的项来加以表征的，例如当 $x_1\vee(x_1\wedge x_2)\in\Gamma$ 时，如果 $x_1,x_2\notin\Gamma$，我们是否应该考虑在 $x_1\vee(x_1\wedge x_2)\in\Gamma$ 的子公式 $x_1,x_2,(x_1\wedge x_2)$ 中选择将 x_1 加入到当前语言的局部中来？另外，如果采用 Γ 上的元素作为当前局部的生成子，那么对于 $x_1\vee(x_1\wedge x_2)\in\Gamma$，我们一般不会有 $(x_1\wedge x_2)\vee x_1\in\Gamma$，更不会有 $x_1\vee(x_2\wedge x_1)\in\Gamma$，$(x_2\wedge x_1)\vee x_1\in\Gamma$，这是否是自然的？我们可以在 Γ 与 Y 之间建立某种中间的层位作为当

前局部的生成子集。

定义 3 令公式集 $\Gamma \subset \mathcal{L}_0$，令 $Y \subset X$ 是 Γ 诸项中所出现的变元的集合。则称 $Term_0(Y)$ 是由 Γ 生成的 x 型局部语言，记作 $_x\mathcal{L}_0(\Gamma)$，相应的有：

项代数 $\mathbf{xL_0}(\Gamma) = \langle \,_x\mathcal{L}_0(\Gamma), \mathcal{F}_0^{x\mathcal{L}_0(\Gamma)} \rangle$，和

局部代数 $_x\mathbf{KG_0}(\overline{\Gamma}) = \langle \,_x\mathcal{L}_0(\Gamma)/\theta_{\mathfrak{B}\restriction_x\mathcal{L}_0(\Gamma)}, \mathcal{F}_0^{x\mathcal{L}_0(\Gamma)/\theta_{\mathfrak{B}\restriction_x\mathcal{L}_0(\Gamma)}} \rangle$。

将 $\theta_{\mathfrak{B}\restriction_x\mathcal{L}_0(\Gamma)}$ 简记作 $\theta_{x,\Gamma}$，于是有

$$_x\mathbf{KG_0}(\overline{\Gamma}) = \langle \,_x\mathcal{L}_0(\Gamma)/\theta_{x,\Gamma}, \mathcal{F}_0^{x\mathcal{L}_0(\Gamma)/\theta_{x,\Gamma}} \rangle.$$

定义 4 一个代数 $\mathbf{A}$ 的元素 a 在其由 $\Gamma \subset A$ 生成的子代数 $\mathbf{B}$ 中是可表征的，如果 $p \in B$。

定义 5 令 $A \subset \mathcal{L}_0$，我们称 A 是 $\mathcal{L}_0$ 的局部语言，当且仅当，A 是 $\mathbf{L}_0$ 的子域，并且对于任意 $a, b \in \,_x\mathcal{L}_0(A), \langle a,b \rangle \in \theta_{\mathfrak{B}\restriction_x\mathcal{L}_0(A)}$，有若 $a \in A$，则 $b \in A$。

定理 3 我们定义 $\mathcal{L}_0(\Gamma) = (Sg(\Gamma))^{\theta_{x,\Gamma}}$，则有 $\mathcal{L}_0(\Gamma)$ 是 $\mathcal{L}_0$ 的局部语言。（证明略）

定义 6 相应的，定义局部项代数 $\mathbf{L}_0(\Gamma) = \langle \mathcal{L}_0(\Gamma), \mathcal{F}_0^{\mathcal{L}_0} \rangle$。继而定义 $\mathbf{KG_0}(\overline{\Gamma}): \mathbf{L}_0(\Gamma)/\theta_{\mathfrak{B}}\restriction_{\mathcal{L}_0(\Gamma)}$，称之为 Γ 定义的局部代数。则根据第三同构定理，有 $\mathbf{KG_0}(\overline{\Gamma}) \cong \mathbf{Sg}(\Gamma)/\theta_{\mathfrak{B}}\restriction_{Sg(\Gamma)}$。

四、原始配置

注记 2 $\mathbf{KG_0}(\overline{X})$ 相对于 $\mathfrak{B}$ 在 X 上自由，但其自身也同时是一种局部代数。此时，我们可以将 $\mathcal{L}_0$ 称为全局语言，并将作为局部代数的 $\mathbf{KG_0}(\overline{X})$ 称为全局代数。对于局部代数而言，我们不要求其生成子之间彼此独立，因此当 $\mathbf{KG_0}(\overline{X})$ 被用于局部代数时，我们可以假设 $\overline{X}$ 是不独立的，此时为了描述这种不独立性，我们为 $\mathbf{KG_0}(\overline{X})$ 添加一个 $\mathcal{L}_0$ 上项的有序对的集合 $I \in \mathcal{L}_0 \times \mathcal{L}_0$，并称其为对 $\mathbf{KG_0}(\overline{X})$ 的一个原始配置。

由原始配置，我们可以扩充局部代数上的全等关系，甚至使其退化（Degen-erate），但全局上的退化不意味着局部的退化，某个局部上的退化也不意味着其他局部的退化以及退化局部上更细小局部的退化。这也是 Combinatorialism 与 Abstractionism 两种直观背景的一个重要差异：前者不假定语言对世界的描述可以是极大一致的，因此语言构造了我们

对世界的印象，而后者的世界先于语言存在，语言的功能限于描述世界之间的差异。

定义 7　令 **A** 是一个代数，**Con(A)** 是 **A** 上全体全等关系的集合，则 **Con(A)** 是一个代数格。令 $\nabla = A \times A$，令 $\Delta = \{\langle a, a \rangle, a \in A\}$，则 ∇ 是 **Con(A)** 的全上界，Δ 是 **Con(A)** 的全下界。我们定义 **A × A** 上的代数封闭算子 Θ，使它恰是用来定义代数格 **Con(A)** 的子域封闭算子。

定义 8　对于由 X 生成的全局语言 $\mathcal{L}_0$，我们为其添加一个项的有序对的集合 $I \in \mathcal{L}_0 \times \mathcal{L}_0$。全局语言 $\mathcal{L}_0$ 在获得了原始配置 I 后，会获得一个新的全等关系 $\mathbf{\Theta}_{0,\mathrm{I}}(X) = \theta_{\mathfrak{B}}(X) \vee \Theta^{\mathcal{L}_0}(I)$，以及相应的全局代数

$$\mathbf{KG}_{0,I}(\bar{X}) : \mathbf{L}_0 / \mathbf{\Theta}_{0,\mathrm{I}}(X)。$$

定义 9　带原始配置的 x 型局部代数在由 $\Gamma \in \mathcal{L}_0$ 生成的，x 型局部语言 $_x\mathcal{L}_0(\Gamma)$ 上，由原始配置 I 会得到一个新的全等关系

$$\mathbf{\Theta}_{0,x,I}(\Gamma) : \theta_{x,\Gamma} \vee \Theta^{x\mathcal{L}_0(\Gamma)}(I \cap {_x}\mathcal{L}_0(\Gamma) \times {_x}\mathcal{L}_0(\Gamma)),$$

以及相应的 x 型局部代数 $_x\mathbf{KG}_{0,I}(\bar{\Gamma}) : {_x}\mathbf{L}_0(\Gamma) / \mathbf{\Theta}_{0,x,I}(\Gamma)$。

注记 3　原始配置 I 在语言局部的作用是具有伸缩性的：局部语言 $\mathcal{L}_0(\Gamma)$ 在 I 上划定了一个范围，只有当 $p, q \in \mathcal{L}_0(\Gamma)$ 时，$\langle p, q \rangle \in I$ 才能够在局部语言 $\mathcal{L}_0(\Gamma)$ 上被表征，但是 I 中能够被当前局部语言表征的部分会为 $_x\mathcal{L}_0(\Gamma)$ 扩充其全等关系，使得 $\mathcal{L}_0(\Gamma)$ 在扩充后的等价类上不再是整齐的，即不满足定义 5 对局部语言的要求。而当我们对 $\mathcal{L}_0(\Gamma)$ 进行扩充，使它在 $_x\mathcal{L}_0(\Gamma)$ 上重新变得整齐以后，就可能有新的 I 中的序对在新扩充的语言上变得可表征。这个过程循环往复，但这个过程是有极限的，因为局部语言的扩充显然存在一个上界，就是 $_x\mathcal{L}_0(\Gamma)$ 本身，而全等关系的扩充同样存在一个上界，就是 $\mathbf{\Theta}_{0,x,I}(\Gamma)$。并且明显地，局部语言 $\mathcal{L}_0(\Gamma)$ 受到 I 的控制，在 $_x\mathcal{L}_0(\Gamma)$ 上扩充的每一步，得到的都是 $_x\mathcal{L}_0(\Gamma)$ 上的一个整局部。

定义 10　受到 I 控制的**局部语言** $\mathcal{L}_{0,I}(\Gamma)$ 我们借助递归函数

$$\mathcal{L}_{0,I}(\Gamma, n)$$

来定义局部语言 $\mathcal{L}_{0,I}(\Gamma)$ 如下：

1. $\mathcal{L}_{0,I}(\Gamma, 0) = \mathcal{L}_0(\Gamma)$，

2. $\Theta_{0,I}(\Gamma,n) = \theta_{x,\Gamma} \vee \Theta^{x\mathcal{L}_0(\Gamma)}(I \cap (\mathcal{L}_{0,I}(\Gamma,n) \times \mathcal{L}_{0,I}(\Gamma,n)))$

3. $\mathcal{L}_{0,I}(\Gamma,n+1) = (\mathcal{L}_{0,I}(\Gamma,n))^{\Theta_{0,I}(\Gamma,n)}$,

于是，我们定义：

局部语言 $\mathcal{L}_{0,I}(\Gamma) = \bigcup\limits_{n \geq 0} \mathcal{L}_{0,I}(\Gamma,n)$.

局部全等 $\Theta_{0,I}(\Gamma) = (\bigcup\limits_{n \geq 0} \Theta_{0,I}(\Gamma,n))$。

局部项代数 $\mathbf{L}_{0,I}(\Gamma) = \langle \mathcal{L}_{0,I}(\Gamma), \mathcal{F}_0^{\mathcal{L}_{0,I}(\Gamma)} \rangle$。

局部代数 $\mathbf{KG}_{0,I}(\bar{\Gamma}) = \mathbf{L}_{0,I}(\Gamma) / (\Theta_{0,I}(\Gamma) \upharpoonright \mathcal{L}_{0,I}(\Gamma))$。

定理 4 对于任意 $n \geq 0$，有 $\Theta_{0,I}(\Gamma,n)$ 是 $_x\mathcal{L}_0(\Gamma)$ 上的全等，且 $\mathcal{L}_{0,I}(\Gamma,n)$ 是 $\mathcal{L}_0$ 的局部语言。（证明略）

注记 4 $\mathcal{L}_{0,I}(\Gamma,n)$ 是 I 在 $_x\mathcal{L}_0(\Gamma)$ 的范围内对 $\mathcal{L}_0(\Gamma)$ 实施的扩充。其中 $\mathcal{L}_0(\Gamma)$ 的构造依赖于 $\theta_{x,\Gamma}$，对 $\mathcal{L}_0(\Gamma)$ 扩充的每一个步骤依赖于对 $\theta_{x,\Gamma}$ 扩充的每一个步骤。我们称 $\mathcal{L}_0(\Gamma,n+1) - \mathcal{L}_0(\Gamma,n)$ 是扩充过程产生的语言的层，$\Theta_{0,I}(\Gamma,n+1) - \Theta_{0,I}(\Gamma,n)$ 是扩充过程中产生的全等的层。我们说 $\mathcal{L}_0(\Gamma,n+1) - \mathcal{L}_0(\Gamma,n)$ 这一层诱导了 $\Theta_{0,I}(\Gamma,n+1) - \Theta_{0,I}(\Gamma,n)$ 这一层。而 $\Theta_{0,I}(\Gamma,n+1) - \Theta_{0,I}(\Gamma,n)$ 这一层又继而诱导了 $\mathcal{L}_0(\Gamma,n+2) - \mathcal{L}_0(\Gamma,n+1)$ 这一层。

定理 5

一：$\Theta_{0,I}(\Gamma)$ 是 $_x\mathcal{L}_0(\Gamma)$ 上的全等。

二：$\mathcal{L}_{0,I}(\Gamma)$ 是 $\mathcal{L}_0$ 的局部语言。

三：$\Theta_{0,I}(\Gamma) \upharpoonright \mathcal{L}_{0,I}(\Gamma)$ 是 $\mathcal{L}_{0,I}(\Gamma)$ 上的全等。

（证明略）

定理 6 局部封闭定理

一：$\Theta_{0,I}(\Gamma)$ 不扩充 $\mathcal{L}_{0,I}(\Gamma)$，即对应任意 $p \in \mathcal{L}_{0,I}(\Gamma)$，有 $p / \Theta_{0,I}(\Gamma) \subset \mathcal{L}_{0,I}(\Gamma)$。

二：$\mathcal{L}_{0,I}(\Gamma)$ 不扩充 $\Theta_{0,I}(\Gamma)$，即 $\Theta_{0,I}(\Gamma) \cap I = (\mathcal{L}_{0,I}(\Gamma) \times \mathcal{L}_{0,I}(\Gamma)) \cap I$。

证明：

一：若 $p \in Sg(\Gamma)$，则结论明显成立，否则，或者 $p \in \mathcal{L}_0(\Gamma)$，或者存在 $n \geq 0$ 使得 $p \in \mathcal{L}_0(\Gamma,n+1) - \mathcal{L}_0(\Gamma,n)$。任取 $q \in p / \Theta_{0,I}(\Gamma)$，则

$\langle q,p\rangle \in \Theta_{0,I}(\Gamma)$，则或者 $\langle q,p\rangle \in \mathbf{0,I}(\Gamma,0)$，或者存在 $m \geq 0$，使得 $\langle q,p\rangle \in \Theta_{0,I}(\Gamma,m+1) - \Theta_{0,I}(\Gamma,m)$。若 $n \geq m$，则自然有 $q \in \mathcal{L}_{0,I}(\Gamma)$，若 $m > n$，则 $q \in \mathcal{L}_{0,I}(\Gamma,m+1)$。

二：第一步，往证 $\Theta_{0,I}(\Gamma) \cap I \subset (\mathcal{L}_{0,I}(\Gamma) \times \mathcal{L}_{0,I}(\Gamma)) \cap I$。任取 $\langle p,q\rangle \in \Theta_{0,I}(\Gamma) \cap I$。则要么 $\langle p,q\rangle \in \theta_{x,\Gamma}$，要么存在 $\langle p,q\rangle \in \Theta_{0,I}(\Gamma,0)$，要么存在 n 使得 $\langle p,q\rangle \in \Theta_{0,I}(\Gamma,n+1) - \Theta_{0,I}(\Gamma,n)$。故总是存在 $\mathcal{L}_0(\Gamma,n+1)$ 使得 $\langle p,q\rangle \in \mathcal{L}_0(\Gamma,n+1) \times \mathcal{L}_0(\Gamma,n+1) \cap I$。所以有

$$\langle p,q\rangle \in (\mathcal{L}_{0,I}(\Gamma) \times \mathcal{L}_{0,I}(\Gamma)) \cap I。$$

第二步，往证 $(\mathcal{L}_{0,I}(\Gamma) \times \mathcal{L}_{0,I}(\Gamma)) \cap I \subset \Theta_{0,I}(\Gamma) \cap I$：
任取 $\langle p,q\rangle \in (\mathcal{L}_{0,I}(\Gamma) \times \mathcal{L}_{0,I}(\Gamma)) \cap I$，
则总存在 $n \geq 0$ 使得 $p,q \in \mathcal{L}_{0,I}(\Gamma,n)$，则有 $\langle p,q\rangle \in \Theta_{0,I}(\Gamma,n)$。

定理 7 根据第三同构定理易知，若令 $Sg(\Gamma)/(\Theta_{0,I}(\Gamma){\restriction}Sg(\Gamma)) = A$，$\mathbf{A}$ 为以相应的 $\mathcal{F}$ 型代数，则有 $\mathbf{A} \cong \mathbf{KG}_{0,I}(\overline{\Gamma})$。

五、滤子

在以后的工作中，我们需要在为局部代数建立的符号系统上定义可满足性和演绎后承关系。由于我们的模型是由一个项集 $\Gamma \subset \mathcal{L}_0$ 生成的，因此定义可满足性的前提是明确项集 Γ 和由其生成的局部代数 $\mathbf{KG}_{0,I}(\overline{\Gamma})$ 之间"满足关系"，确切地说就是在 $\mathbf{KG}_{0,I}(\overline{\Gamma})$ 上是否存在一个超滤，使得 $\Gamma/\Theta_{0,I}(\Gamma)$ 是这个超滤的子集。更进一步地，如果存在着这样的超滤，那么它是不是唯一的。

定义 11 若 $X \subset B$，$\mathbf{B}$ 是布尔代数，则令 $\neg X = \{\neg a : a \in X\}$。

定理 8[1] 对于给定布尔代数 $\mathbf{B}$ 有：对于任意 $id \subset B$，id 是理想，当且仅当，$\neg id$ 是过滤。对于任意 $fi \subset B$，fi 是过滤，当且仅当，$\neg fi$ 是理想。

定理 9[2] 令 $\mathbf{B}$ 是布尔代数。若 θ 是 B 上的二元关系，则 θ 是 $\mathbf{B}$ 上

---

[1] S. Burris and H. P. Sankappanavar, 1981, *A Course in Universal Algebra*, Springer, p.143.

[2] S. Burris and H. P. Sankappanavar, 1981, *A Course in Universal Algebra*, Springer, p.144.

的全等当且仅当，$\perp/\theta$ 是一个理想且对任意 $a,b\in B$ 有：$\langle a,b\rangle\in\theta$ iff $\neg(a\leftrightarrow b)\in\perp/\theta$。

定理 10[①] 令 **B** 是一个布尔代数，则第一，**B** 上所有理想（ideals）的集合（记作 $Ideal(\mathbf{B})$）在 $\subset$ 下构成一个分配格。第二，**B** 上所有的过滤（filters）的集合（记作 $Filter((\mathbf{B}))$）在 $\subset$ 下构成一个分配格。第三，上述两个格都与 **Con B** 在下述映射下同构：

$$f_{ideal}:\theta\mapsto(\perp/\theta),\theta\in Con\mathbf{B}，$$

$$f_{filter}:\theta\mapsto(\top/\theta),\theta\in Con\mathbf{B}。$$

定理 11 令代数 $\mathbf{A}\in\mathfrak{B}$，$filter\in Filter(\mathbf{A})$，则有 $\neg(filter)\cup filter$ 是 A 上的子域。

证明：只需证明 A 上的任意元素对 $\wedge,\vee,\neg$ 封闭：

任取 $p\in filter$，则 $\neg p\in\neg(filter)$，于是有 $\neg p\in filter\cup\neg(filter)$。任取 $p,q\in filter$，自然有 $p\vee q\in filter$ 和 $p\wedge q\in filter$。若 $p,q\in\neg(filter)$ 亦然，这是根据过滤和理想的定义）。任取 $p\in filter,q\in\neg(filter)$，则有 $p\vee q\in filter$，$p\wedge q\in\neg(filter)$。

引理 1 **A** 是 $\mathcal{F}$ 型代数，$\theta\in\mathbf{Con(A)}$，$\alpha:A\to A/\theta$，则有

$$\alpha(Sg(\Gamma))=Sg(\Gamma/\theta)。$$

进一步地，若将 α 限制在 $Sg(\Gamma)$ 上的部分记为 α'，则其是从 **A** 的子代数 **B** 到 $\mathbf{A}/\theta$ 的子代数 **C** 的

满同态，其中 $B=Sg(\Gamma)$，$C=Sg(\Gamma/\theta)$。

证明：令

$$E(X)=X\cup\{f(a_1,\ldots,a_n):f\in\mathcal{F},a_1,\ldots,a_n\in X\}，\quad E^n(X) （n>0）$$

定义为

$$E^0(X)=X,E^{n+1}(X)=E(E^n(X))。$$

易知 $Sg(X)=X\cup E(X)\cup E^2(X)\cup\ldots$，则有

1. 将 α 的定义域限制在 Γ 上，则得到从 Γ 到 Γ/θ 的满射，记作 $\alpha(\Gamma)=\Gamma/\theta$。

2. $b\in E^{n+1}(\Gamma)-E^n(\Gamma)$，则存在 $b_1,\ldots,b_n\in E^n(\Gamma),f_n\in\mathcal{F}$，使得

① S. Burris and H. P. Sankappanavar, 1981, *A Course in Universal Algebra*, Springer, p.148.

$$f_n(b_1,\ldots,b_n) = b，$$

则存在 $\qquad\qquad \alpha(b_1),\ldots,\alpha(b_n) \subset E^n(\Gamma / \theta)$

使得 $\alpha(b) = \alpha(f_n(b_1\ldots b_n)) = f_n(\alpha(b_1)\ldots\alpha(b_n)) \in E^{n+1}(\Gamma / \theta)$。

若 $\alpha(b) \in E^n(\Gamma / \theta)$，则有 $b \in E^n(\Gamma / \theta)$，矛盾于 $b \in E^{n+1}(\Gamma) - E^n(\Gamma)$，故有 $\alpha(b) \in E^{n+1}(\Gamma / \theta) - E^n(\Gamma / \theta)$。

3. 对于任意 $a / \theta \in E^{n+1}(\Gamma / \theta) - E^n(\Gamma / \theta)$，必有

$$a_1 / \theta,\ldots,a_n / \theta, f_n \in \mathcal{F}，$$

使得 $\qquad\qquad a / \theta = f_n(a_1 / \theta \ldots a_n / \theta)，$

则必有 $\qquad\qquad b_1,\ldots,b_n \in E^n(\Gamma)，$

使得 $\qquad \alpha(b_1) = a_1 / \theta,\ldots,\alpha(b_n) = a_n / \theta,$ 且 $b = f_n(b_1\ldots b_n) \notin E^n(\Gamma)，$

故有 $\qquad\qquad b \in E^{n+1}(\Gamma) - E^n(\Gamma)。$

综上可知，若将 α 的定义域限制在 $Sg(\Gamma)$ 上，则有从 $Sg(\Gamma)$ 到 $Sg(\Gamma / \theta)$ 的满射，记作 $\alpha(Sg(\Gamma)) = Sg(\Gamma / \theta)$。

更进一步地，易知对于任意 $b_1,\ldots,b_n \in Sg(\Gamma), f_n \in \mathcal{F}$，有

$$\alpha(f_n(b_1\ldots b_n) = f_n(\alpha(b_1)\ldots\alpha(b_n)))。$$

因 $\qquad\qquad \alpha(b_1),\ldots,\alpha(b_n) \in Sg(\Gamma / \theta)，$

故有 $\alpha(f_n(b_1\ldots b_n) = f_n(\alpha(b_1)\ldots\alpha(b_n))) \in Sg(\Gamma / \theta)$。于是 α' 是从 $Sg(\Gamma)$ 到 $Sg(\Gamma / \theta)$ 的满同态。

引理 2 若 **A** 是一个代数，$\Gamma \in A$，$B = Sg(\Gamma)$，$\theta \in \mathbf{Con}(\mathbf{A})$，则有

$$\mathbf{B} / \theta_{\restriction B} \cong \mathbf{C}，\text{其中 } C = Sg(\Gamma / \theta)。$$

证明： 令 α 是从 **A** 到 **A** $/\theta$ 的自然同态，且 α' 是相应的从 **B** 到 **C** 的满同态。令 $\beta : b / (\theta \restriction \mathbf{B}) \to \alpha'(b)$，其中 $b \in B$，以下证明 β 是同构映射。

令 γ 是从 **B** 到 **B** $/(\theta \restriction \mathbf{B})$ 的自然同态，易知对应任意 $b_1, b_2 \in B$ 有 $b_1 / (\theta \restriction \mathbf{B}) = b_2 / (\theta \restriction \mathbf{B})$，当且仅当，$b_1 / \theta = b_2 / \theta$，则易知 β 是一一映射。任取 $b_1 / (\theta \restriction \mathbf{B}),\ldots,b_n / (\theta \restriction \mathbf{B}) \in B / (\theta \restriction \mathbf{B}), f_n \in \mathcal{F}$，则根据 β 的定义有 $\beta(b_i / (\theta \restriction \mathbf{B})) = \alpha'(b_i), 1 \leqslant i \leqslant n$，则有

$$\beta(f_n(b_1 / (\theta \restriction \mathbf{B})\ldots b_n / (\theta \restriction \mathbf{B})))$$
$$= f_n(\alpha'(b_1)\ldots\alpha'(b_n))\qquad\qquad 。$$
$$= f_n(\beta(b_1 / (\theta \restriction \mathbf{B})\ldots b_n / (\theta \restriction \mathbf{B})))$$

所以 β 是同构映射。

定理 12　令 $\Gamma \in L_0$，$Sg(\Gamma)/\theta B \restriction Sg(\Gamma) = A$，使得 **A** 是 F 型代数。若有 $filter \in Filter(\mathbf{A})$ 使得 $\Gamma/\theta B \restriction Sg(\Gamma) \subset filter$，则有 $filter$ 是 **A** 上的超滤或平凡滤。

证明：令 $C = Sg(\Gamma/\theta_{\mathfrak{B}})$，则有 $\mathbf{A} \cong \mathbf{C}$。

令 $\alpha : A \to C$ 是相应的同构映射，则有 $\alpha(filter) \in Filter(\mathbf{C})$。

令 $filter$ 不是 **A** 上的超滤或平凡滤，则存在 $a, \neg a \in A$，使得 $a, \neg a \notin filter$，则有 $\alpha(a), \alpha(\neg a) = \neg \alpha(a)$ 使得 $\alpha(a), \neg \alpha(a) \notin \alpha(filter)$。则有 $\alpha(a), \neg \alpha(a) \notin Sg(\alpha(filter))$，矛盾于 $C = Sg(\Gamma/\theta_{\mathfrak{B}})$。

定理 13　令 **A** 是一个布尔代数，$\theta \in Con\mathbf{A}$，则对于自然同态 $\alpha : \mathbf{A} \to \mathbf{A}/\theta$ 有对任意 **A** 上的超滤 $ultrafilter$ 有 $\alpha(ultrafilter)$ 要么是 $\mathbf{A}/\theta$ 上的超滤，要么是 A/θ。

证明：

1. 若存在 $\mathbf{A}/\theta$ 上的过滤 $filter$ 使得 $\alpha(ultrafilter) \subset filter$，且 $filter$ 不是超滤和平凡滤，则有存在 $a, \neg a \in A$ 使得 $a/\theta, \neg(a/\theta) \notin filter$，则 $a, \neg a \notin ultrafilter$，矛盾于 $ultrafilter$ 是超滤。

2. 若 $filter$ 是超滤，存在 $a \in filter$，且 $a \notin \alpha(ultrafilter)$，则存在 $b \in a/\theta$，使得 $b \notin ultrafilter$，且 $\neg b \in ultrafilter$，则 $\neg b/\theta = \neg a \in filter$，矛盾于 $filter$ 是超滤。故当 $filter$ 是超滤时有 $filter = \alpha(ultrafiler)$。

3. 若 $filter$ 是唯一的过滤满足 $\alpha(ultrafilter)$，且 $filter$ 是平凡滤，则令 $f_{filter}^{-1}(ultrafilter) = \phi$，则有 $\phi \vee \theta = \triangledown$，其中 $\triangledown = A \times A$，则
$$\alpha(ultrafilter) = A/\theta .$$

定理 14　令 **A** 是一个布尔代数，$\theta \in Con\mathbf{A}$，则对于自然同态 $\alpha : \mathbf{A} \to \mathbf{A}/\theta$，直接根据过滤的定义和上述结论，我们可以方便地证明以下结论：

1. 令 $filter$ 是 **A** 上的过滤，则 $\alpha(filter)$ 是 $\mathbf{A}/\theta$ 上的过滤。特别的，$\alpha(filter)$ 是超滤，当且仅当，$filter \vee f_{filter}(\theta)$ 是超滤；$\alpha(filter)$ 是平凡滤，当且仅当，$filter \vee f_{filter}(\theta)$ 是平凡滤，当且仅当，$f_{filter}^{-1}(filter) \circ \theta = \triangledown$。

2. 令 $filter$ 是 $\mathbf{A}/\theta$ 上的过滤，则 $\alpha^{-1}(filter)$ 是 **A** 上的过滤。特别的，若 $filter$ 不是平凡滤，则 $\alpha(filter)$ 不是平凡滤；若 $filter$ 不是超滤，则 $\alpha(filter)$ 不是超滤。

定理 15　在 $\mathbf{KG_{0,I}}(\overline{\Gamma})$ 上，若存在 $filter \in Filter(\mathbf{KG_{0,I}}(\overline{\Gamma}))$ 使得

$$\Gamma / \Theta_{0,I}(\Gamma) \subset filter \, ,$$

则 $filter$ 是超滤或平凡滤。

证明：令 $\Gamma \in \mathcal{L}_0$，$Sg(\Gamma) / \theta_{\mathfrak{B} \upharpoonright Sg(\Gamma)} = A$，$\mathbf{A}$ 为以相应的 $\mathcal{F}$ 型代数 $Sg(\Gamma) / (\Theta_{0,I}(\Gamma) \upharpoonright Sg(\Gamma)) = B$，$\mathbf{B}$ 为以相应的 $\mathcal{F}$ 型代数，则有：

若 $\Theta_{0,I}(\Gamma) = \triangledown = \mathcal{L}_{0,I}(\Gamma) \times \mathcal{L}_{0,I}(\Gamma)$ 则 $filter$ 是平凡滤.

若 $\Theta_{0,I}(\Gamma) \neq \triangledown$，则：

1. 首先，由于 $\theta_{\mathfrak{B} \upharpoonright Sg(\Gamma)} \subset \Theta_{0,I}(\Gamma) \upharpoonright Sg(\Gamma)$，则根据第二同构定理
$$\alpha : A / ((\Theta_{0,I}(\Gamma) \upharpoonright Sg(\Gamma)) / \theta_{\mathfrak{B} \upharpoonright Sg(\Gamma)}) \to B$$
是从 $\mathbf{A} / (\Theta_{0,I}(\Gamma) \upharpoonright Sg(\Gamma) / \theta_{\mathfrak{B} \upharpoonright Sg(\Gamma)})$ 到 $\mathbf{B}$ 的同构映射。

2. 令 $\beta : A \to A / (\Theta_{0,I}(\Gamma) \upharpoonright Sg(\Gamma) / \theta_{\mathfrak{B} \upharpoonright Sg(\Gamma)})$，则 β 是从 $\mathbf{A}$ 到 $\mathbf{A} / (\Theta_{0,I}(\Gamma) \upharpoonright Sg(\Gamma) / \theta_{\mathfrak{B} \upharpoonright Sg(\Gamma)})$ 的自然同态。

3. 据 7，有 $\mathbf{B} \cong \mathbf{KG}_{0,I}(\bar{\Gamma})$，令 $\gamma : \mathbf{B} \to \mathbf{KG}_{0,I}(\bar{\Gamma})$ 是其同构映射。

4. 若 $filter$ 既不是超滤，也不是平凡滤，则根据 γ 是同构映射，存在 $a \in Sg(\Gamma)$，使得 $a / (\Theta_{0,I}(\Gamma) \upharpoonright Sg(\Gamma)) \notin filter$，
且 $\qquad \neg a / (\Theta_{0,I}(\Gamma) \upharpoonright Sg(\Gamma)) \notin filter$。
则 $\alpha^{-1}(\gamma^{-1}(filter))$ 是 $\mathbf{A} / ((\Theta_{0,I}(\Gamma) \upharpoonright Sg(\Gamma)) / \theta_{\mathfrak{B} \upharpoonright Sg(\Gamma)})$ 上的过滤，且不是超滤和平凡滤，
且 $a / ((\Theta_{0,I}(\Gamma) \upharpoonright Sg(\Gamma)) / \theta_{\mathfrak{B} \upharpoonright Sg(\Gamma)})$ 和 $\neg a / ((\Theta_{0,I}(\Gamma) \upharpoonright Sg(\Gamma)) / \theta_{\mathfrak{B} \upharpoonright Sg(\Gamma)})$ 都不是其上的元素，并且 $\Gamma / ((\Theta_{0,I}(\Gamma) \upharpoonright Sg(\Gamma)) / \theta_{\mathfrak{B} \upharpoonright Sg(\Gamma)})$ 是它的子集。

5. 根据 14 有，存在 $\mathbf{A}$ 上的既不是超滤也不是平凡滤的过滤 $\beta^{-1}(\alpha^{-1}(\gamma^{-1}(filter)))$ 包含 $\Gamma / \theta_{\mathfrak{B} \upharpoonright Sg(\Gamma)}$ 为元素，这矛盾于定理 12。

注记 5 定理 15 告诉我们，如果在 $\mathbf{KG}_{0,I}(\Gamma)$ 上存在超滤，使得 $\Gamma / \Theta_{0,I}(\Gamma)$ 是它的子集，那么这个超滤是唯一的。这个结论很重要，因为如果相应的超滤不唯一，那就说明我们通过连续的局部扩充所获得的局部语言 $\mathcal{L}_{0,I}(\Gamma)$ 比我们试图要建立的那个局部要大。这就不符合我们在技术上的出发点，即在第三节所提到的，在 Γ 与 Y 之间建立一个的"中间层"这一预期目标。

六、第二类结构

在第一类局部结构中，我们需要借助于 $_x\mathcal{L}_0(\Gamma)$ 来完成对局部代数的构造，这使得最终 $\mathcal{L}_0(\Gamma)$ 与 $\mathcal{L}_{0,I}(\Gamma)$ 的生成元素会比我们所期望的要多。譬如对于 $x_1 \vee (x_1 \wedge x_2) \in \Gamma$，我们自然会有 $x_1 \in \mathcal{L}_0(\Gamma)$，但同时对于一个任意的 $x_n \in {}_x\mathcal{L}_0(\Gamma)$，即便 $x_n \notin \Gamma$，也会有 $x_1 \vee (x_1 \wedge x_n) \in \mathcal{L}_0(\Gamma)$，尽管此时可能并没有 $x_n \in \mathcal{L}_0(\Gamma)$。这不能说是一个十分理想的结果，但如果拒绝接受这个结果，我们也会付出相应的代价，譬如对于 $x_1 \vee (x_1 \wedge x_2) \in \Gamma$，我们可以令按照下面方法构造的局部语言包含 x_1，但它一般不会包含 $(x_1 \wedge x_2) \vee x_1$，以及 $x_1 \vee (x_2 \wedge x_1)$。

定义 12 令 $p \in \mathcal{L}_0$，我们用 $Sub(p)$ 表示 p 在 $\mathcal{L}_0$ 在 $\mathcal{L}_0$ 上子项的集合。相应的，我们可以定义 $\mathcal{L}_0$ 的 β 型局部语言如下：

1. $\mathcal{L}_{0,\beta}(\Gamma,0) = Sg(\Gamma)$，
2. $\mathcal{L}_{0,\beta}(\Gamma,n+1) = Sg(\bigcup\{p/(\theta_{\mathfrak{B}\upharpoonright Sub(p)}) : p \in \mathcal{L}_{0,\beta}(\Gamma,n)\})$，
3. $\mathcal{L}_{0,\beta}(\Gamma) = \bigcup \mathcal{L}_{0,\beta}(\Gamma,n)$，
4. $\mathbf{KG}_{0,\beta,I}(\overline{\Gamma^{\ast}}) = \mathcal{L}_{0,\beta}(\Gamma)/(\theta_{\mathfrak{B}\upharpoonright\mathcal{L}_{0,\beta}(\Gamma)} \vee \Theta^{\mathcal{L}_{0,\beta}(\Gamma)}(I \cap (\mathcal{L}_{0,\beta}(\Gamma) \times \mathcal{L}_{0,\beta}(\Gamma))))$。

与第一类局部结构不同的是 I 不扩充 $\mathcal{L}_{0,\beta}(\Gamma)$。此外所有结论的证明与第一类局部代数相仿，只是需要进行连续扩充的变成了 $\mathcal{L}_{0,\beta}(\Gamma)$。

此外，还存在着另一种建立局部语言的方法，就是借助于包含参数的 $\mathcal{L}_0$ 项可表征函数（我们根据 Γ 中的项 p 和其子项 q，$q \in \Gamma$，可以用 p 在 $\mathcal{L}_0$ 中所表征的函数构造一个包含参数的布尔可表征函数，再用这类函数构造局部语言和局部代数）这类似于布尔代数的相对化[1]，但依照此类方法由 Γ 生成的局部代数，即便不包含原始配置 I，也将是与 $\mathbf{L}_0/\theta_{\mathfrak{B}}$ 由 $\Gamma/\theta_{\mathfrak{B}}$ 生成的子代数不同构的。由于篇幅所限，对这种结构的讨论将在后续文章中进行。

（本文原载《逻辑学研究》，2017 年第 1 期）

---

[1] S. Koppelberg, 1989, *Handbook of Boolean Algebras* Volume 1, New York: Elsevier Science Publishers, p.38.